Die einkommensteuerrechtliche Behandlung blockchain-basierter Vermögenswerte

Bochumer Schriften zum Steuerrecht

Herausgegeben von Roman Seer

43

PETER LANG

Florian Schröder

Die einkommensteuerrechtliche Behandlung blockchain-basierter Vermögenswerte

PETER LANG

Bibliografische Information der Deutschen Nationalbibliothek
Die Deutsche Nationalbibliothek verzeichnet diese Publikation in der Deutschen Nationalbibliografie; detaillierte bibliografische Daten sind im Internet über http://dnb.d-nb.de abrufbar.

Zugl.: Bochum, Univ., Diss., 2022

Abbildung auf dem Umschlag: Siegel der Universität Bochum.
Abdruck mit freundlicher Genehmigung der Universität Bochum.

Gedruckt auf alterungsbeständigem, säurefreiem Papier.
Druck und Bindung: CPI books GmbH, Leck

D 294
ISSN 1613-933X
ISBN 978-3-631-87510-0 (Print)
E-ISBN 978-3-631-87520-9 (E-PDF)
E-ISBN 978-3-631-87521-6 (EPUB)
DOI 10.3726/b19598

Peter Lang – Berlin · Bern · Bruxelles · New York ·
Oxford · Warszawa · Wien

Diese Publikation wurde begutachtet.

www.peterlang.com

Meinen Großeltern

Vorwort

Diese Arbeit wurde im Wintersemester 2021/2022 von der juristischen Fakultät der Ruhr-Universität Bochum als Dissertation angenommen. Rechtsprechung und Literatur konnten bis April 2021 Berücksichtigung finden.

Mein besonderer Dank gilt meinem Doktorvater *Prof. Dr. Roman Seer*. Bereits zu Studienzeiten durfte ich als studentische Hilfskraft an seinem Lehrstuhl arbeiten. Damit ebnete er den Weg für die folgende wissenschaftliche Mitarbeit und auch diese Dissertation. Für den stets konstruktiven Austausch und die Aufnahme in diese Schriftenreihe danke ich ihm. Bedanken möchte ich mich zudem bei *Prof. Dr. Lars Rehfeld* für die Erstellung des Zweitgutachtens.

Einen großen Beitrag zum Gelingen dieser Arbeit haben meine Kolleginnen und Kollegen des Instituts für Steuerrecht und Steuervollzug geleistet. Ich hatte das Privileg, wertvolle Kritik und bereichernde Gedanken hinter der nächsten Tür zu finden. Für unermüdliche (fachliche) Gespräche und Ratschläge möchte ich zunächst *Prof. Dr. Maria Marquardsen* und *Dr. Dominik Ortwald* hervorheben und danken. Mein Dank gilt außerdem *Sascha Kargitta, Marc-Philipp Antoine, Maximilian Möller* und *Julia Döbler.*

Herzlichen Dank verdienen zuletzt meine Familie und Freunde, die mich unentwegt bestärkt und motiviert haben. An erster Stelle sind meine Eltern *Bettina Müller* und *Torsten Schröder* zu nennen, die mich vom ersten Semester bis zum Rigorosum bedingungslos unterstützt haben. Mein herzlicher Dank gilt außerdem *Dr. Suliko Schröder-Berndt*, *Sonja Grychnik* und *Rosa Haug* für das Lesen und Kommentieren des Manuskripts. Zuletzt gilt mein Dank *Lukas Lewin* für seine Hilfe in den letzten Jahren.

Bochum, Dezember 2021
Florian Schröder

Inhaltsverzeichnis

A. Einleitung und Forschungsgegenstand[1]

I. Einleitung

Der Terminus „blockchain-basierter Vermögenswert" weckt erst seit kurzer Zeit Assoziationen. Er trifft – ähnlich wie etwa „Blockchain", „Kryptowährungen" oder „Bitcoin" – beim Gegenüber zwar auf ein vages Verständnis: Neuartige, technisch geprägte Erscheinungen, die als Digitalwährungen bezeichnet werden können. Oftmals bleibt aber unberücksichtigt und unbekannt, dass eine ganze informationstechnologische Wissenschaft hinter diesen Schlagworten steckt. Anwendungsformen und Potenzial der Technologie lässt sich nicht auf digitale Formen von Währungen beschränken. Durch diese Wissenschaft hat sich mittlerweile ein eigener Wirtschaftsszweig entwickelt, bei dem täglich Milliardenbeträge transferiert und gehandelt werden. Seit der Etablierung erster[2] Kryptowährungen ist das Handelsvolumen auf ein Rekordmaß angewachsen.[3] Mit dem Zuwachs wirtschaftlicher Präsenz steigt auch das fiskalische und juristische Interesse an dem Thema – und mit diesem die Zahl klärungsbedürftiger Rechtsfragen. Hohe Kursgewinne werfen automatisch steuerrechtliche Fragen auf, da diese möglicherweise der deutschen Einkommensteuer unterliegen könnten. Durch aktuelle Entwicklungen – etwa die Ankündigung des Unternehmens Facebook, eine eigene Währung zu etablieren[4] – wird die Prominenz des Themas nicht gebremst, sondern eher potenziert.

---

1 Bisweilen wird in dieser Arbeit aus Gründen der besseren Lesbarkeit das generische Maskulinum verwendet – insbesondere bei Gesetzesbegriffen bzw. Fachtermini (z.B. „Mitunternehmer" oder „Miner"). Weibliche und anderweitige Geschlechteridentitäten sind dabei ausdrücklich einbezogen, soweit es für die Aussage erforderlich ist.

2 Die erste Kryptowährung „Bitcoin" wurde am 11. Februar 2009 initiiert, s. https://bitcoin.org/en/faq#who-created-bitcoin und das Whitepaper unter https://bitcoin.org/bitcoin.pdf.

3 Das tägliche Handelsvolumen lag in den Jahren 2013 – 2016 unterhalb einer Milliarde US-Dollar, wächst aber seitdem – unter großen Schwankungen – an. Ende des Jahres 2020 lag das tägliche Handelsvolumen zwischen 150 und 200 Milliarden US-Dollar. Daten nach https://coinmarketcap.com/charts/.

4 Das Unternehmen plant eine eigene Kryptowährung mit dem Namen diem, welches ein alternatives globales Bezahlsystem darstellen soll, s. https://www.diem.com/en-us/white-paper/.

Das Aufkommen sogenannter Kryptowährungen in den vergangenen Jahren hat auch die Blockchain-Technologie bekannt gemacht. Aufsehen erregten die Kryptowährungen aber nicht durch ihre Novität oder Innovation, sondern vielmehr durch hohe Kursgewinne von Spekulanten[5], kriminelle Verwicklungen[6] oder durch sie hervorgerufenene Engpässe in der Stromversorgung[7]. Die Kryptowährungen und die Blockchain umgeben daher schon immer eine gewisse „Mystik" – mal werden sie als heilbringend gepriesen[8], mal als vorübergehender Trend verrissen[9]. Diese Uneinheitlichkeit in der Beurteilung der Technologie

5 Seit Herbst 2020 steigen die Kurswerte der Kryptowährungen etwa deutlich an. Alleine Bitcoin hat innerhalb weniger Wochen eine Steigerung des Kurswertes von über 30% erfahren, vgl. https://coinmarketcap.com/currencies/bitcoin/ und https://www.sueddeutsche.de/wirtschaft/bitcoin-kurs-entwicklung-risiko-1.5164233.

6 Die Online-Börse Mt. Gox stellte 2014 den Betrieb ein, nachdem mehrere hunderttausend Werteinheiten Bitcoin „verloren gingen", s. *Rosenberger,* Bitcoins, 41 ff. und https://www.theverge.com/2014/2/19/5425220/protest-at-mt-gox-bitcoin-exchange-in-tokyo. Geschäfte über die DarkNet-Börse Silk Road wurden ausschließlich mit Kryptowährungen abgewickelt. Zu den gehandelten Waren gehörten Drogen und Pharmazeutika, auch Hacks oder digitale Güter konnten erworben werden, s. https://www.wired.com/2015/05/silk-road-untold-story/.

7 S. den Bericht des Handelsblatts v. 13.2.2018: „Der hohe Energieverbrauch zur Erzeugung der Digitalwährung Bitcoin sorgt für Schlagzeilen. Die in Island beheimateten Bitcoin-Produzenten dürften in diesem Jahr mehr Strom verbrauchen als alle isländischen Privathaushalte zusammen, (…): ‚Wenn all diese Projekte realisiert werden, haben wir nicht genug Energie dafür'.", abrufbar unter https://www.handelsblatt.com/finanzen/maerkte/devisen-rohstoffe/kryptowaehrung-bitcoin-boom-auf-island-stromkonzern-fuerchtet-energienotstand/20956254.html. Unter https://digiconomist.net/bitcoin-energy-consumption/ sind verschiedene Statistiken zum Energieverbrauch des Bitcoin-Netzwerkes dargestellt. Nach dieser Quelle ist die Menge der vom Bitcoin-Netzwerk verbrauchten Energie vergleichbar mit der des Staates Chile. Der CO^2-Ausstoß befindet sich auf einem Niveau mit dem des Staates Neuseeland.

8 *Stefan Berger*, Mitglied des Europäischen Parlaments, sieht Digitalwährungen als zukünftig unvermeidlich an. Hierzu formulierte er kürzlich: „(…) A digital euro is not an option. A digital euro is a necessity for Europe to achieve digital sovereignty. (…) the question is not if there will be digital currencies in the future, but who will issue and control them?". Zitat aus der Debatte zu EU 2020/2036(INI) unter der Kennung CRE 07/10/2020 – 15, abrufbar unter https://www.europarl.europa.eu/doceo/document/CRE-9-2020-10-07-ITM-015_EN.html.

9 George Soros sprach Kryptowährungen Anfang 2018 jede Tauglichkeit ab und befand sogar, dass Bitcoin als Finanzinstrument von Diktatoren genutzt werde, s. Handelsblatt v. 26.1.2018, abrufbar unter https://www.handelsblatt.com/finanzen/maerkte/devisen-rohstoffe/george-soros-der-bitcoin-ist-keine-waehrung/20894914.html.

und ihrer Phänomenologie bedingt, dass sie weiterhin als experimentell und undurchsichtig betrachtet wird. Eine breite Öffentlichkeit hat die Technologie noch nicht erreicht – zu groß ist offensichtlich der Skrupel vor der Nutzung und Beteiligung an den unbekannten Netzwerkformen.[10]

Die mit den Kryptowährungen stets im gleichen Atemzug genannte Sicherungstechnologie, die Blockchain, basiert auf einem System der Schwarmintelligenz und ist dezentral, automatisiert und (in den meisten Fällen) fälschungssicher. Oft unterschlagen wird jedoch ihre Variabilität – es gibt nicht „die eine" Blockchain, sondern unzählige Variationen und Anwendungen. Kern der Technologie ist aber die Möglichkeit, jede Transaktion und Verschiebung von Daten nachverfolgen zu können. Daher wird eine Nutzung der Technologie in verschiedenen Bereichen erprobt.[11] Mit der Erschließung neuer Geschäfts- und Nutzungsmöglichkeiten ist stets die Folgefrage verbunden, wie die Vorgänge rechtlich zu bewerten sind. Dabei ist nicht nur an die Kompatibilität der Besteuerungstatbestände zu denken, sondern auch an Verfahrensfragen, die durch die Blockchain-Technologie erschwert wie vereinfacht werden können.[12]

Die folgende rechtswissenschaftliche Betrachtung behandelt nicht nur steuerjuristische Problemstellungen, sondern hat ebenso ein informationstechnologisches – und damit wissenschaftlich fremdes – Phänomen zum Gegenstand. Die bekannte juristische Methodik ist mithin um eine Betrachtung der unbekannten und unjuristischen Blockchain-Technologie zu ergänzen. Die Verflechtung beider und die daraus erwachsenden steuerrechtlichen Fragen sind Forschungsgegenstand dieser Arbeit. Dabei ist von besonderem Interesse, ob die Regelungen de lege lata die blockchain-basierten Vorgänge hinreichend erfassen und der Besteuerung zugänglich machen können. Dazu werden die bekannten Steuervorfälle systematisiert und unter die Regelungen de lege lata subsumiert.

---

10 Mitte 2019 gaben in einer Umfrage von Statista lediglich 4% der befragten Personen an, Kryptowährungen zu besitzen bzw. zu nutzen, s. https://de.statista.com/infografik/18102/nutzung-von-kryptowaehrungen/.

11 So finden sich etwa im Koalitionsvertrag zwischen CDU, CSU und SPD Erwägungen zur Potenzialisierung der Blockchain-Technologie sowie zum Handel mit Kryptowährungen, s. Koalitionsvertrag v. 14.3.2018, S. 43 f., 70 f.: „Um das Potenzial der Blockchain-Technologie zu erschließen und Missbrauchsmöglichkeiten zu verhindern, wollen wir eine umfassende Blockchain-Strategie entwickeln und uns für einen angemessenen Rechtsrahmen für den Handel mit Kryptowährungen und Token auf europäischer und internationaler Ebene einsetzen.", abrufbar unter https://www.bundesregierung.de/Content/DE/StatischeSeiten/Breg/koalitionsvertrag-inhaltsverzeichnis.html.

12 Zu diesen Möglichkeiten s. *Hinerasky/Kurschildgen*, DB-Beilage 04/2016, 35 (36 ff.).

Zum Thema sind bereits zahlreiche Aufsätze und Abhandlungen verschiedenen Umfangs erschienen. Dennoch gibt es bislang nur eine Dissertation[13], die sich schwerpunktmäßig mit der Einkommensbesteuerung sogenannter Kryptowährungen auseinandersetzt. Die Besteuerungsfragen haben mittlerweile auch die Finanzgerichte erreicht.[14]

II. Eingrenzung des Forschungsgegenstandes

1. Begrenzung in tatsächlicher Hinsicht

Die vielfältigen Erscheinungsformen blockchain-basierter Technologie sind zu inhomogen und zahlreich, um sie mit der gebotenen Sorgfalt aufzuarbeiten. Alleine die Sparte der Kryptowährungen kennt mittlerweile über 7.700 individuelle Blockchains.[15] Aufgrund der schieren Menge kann nicht jedes Netzwerk auf seine Charakteristika untersucht und einer expliziten Rechtsanwendung zugänglich gemacht werden kann. Jedes einzelne Phänomen der vielschichtigen und inhomogenen Blockchain-Technologie zu analysieren würde den Rahmen dieser Arbeit überdehnen. Anstatt jedes Phänomen rudimentär und oberflächlich zu behandeln, soll vielmehr ein Teilbereich der Technologie umfassend und präzise beschrieben und untersucht werden. Der Forschungsgegenstand ist daher zunächst in tatsächlicher Hinsicht zu begrenzen.

Von besonderer Bedeutung und in der Literatur bereits eingehend rezipiert worden sind die sogenannten Kryptowährungen, welche eine Teilmenge blockchain-basierter Anwendungen ausmachen. Ihnen soll das Hauptaugenmerk gelten, da sie im besonderen Besteuerungsfragen aufwerfen und – rein fiskalisch betrachtet – ein nicht zu unterschätzendes Handelsvolumen erbringen.[16]

---

13 Dies ist namentlich die Arbeit von *Hötzel*, Virtuelle Währungen im System des deutschen Steuerrechts. Erwähnenswert ist außerdem die Dissertation von *Bal*, Taxation, Virtual Currency and Blockchain, welche allerdings einen rechtsvergleichenden Ansatz verfolgt; das deutsche Einkommensteuerrecht wird dabei kursorisch einbezogen. Auch die Arbeit von *Penner*, Virtuelle Wirtschaftsgüter, tangiert die Thematik; diese nimmt aber keinen maßgeblichen Stellenwert in der Dissertation ein.

14 FG Berlin-Brandenburg v. 20.6.2019 – 13 V 13100/19, juris (rkr.); FG Nürnberg v. 8.4.2020 – 3 V 1239/19, juris (rkr.).

15 Daten von https://coinmarketcap.com/.

16 Laut https://coinmarketcap.com/ beträgt das tägliche Handelsvolumen um die 200 Milliarden US-Dollar (bei ~ 8.100 individuellen Netzwerken). Nach https://www.coingecko.com/en/global_charts schwankt das tägliche Handelsvolumen zwischen 150 und 200 Milliarden US-Dollar (bei ~ 6.000 individuellen Netzwerken).

Die Genese der bisher erschienenen Literatur lässt zudem darauf schließen, dass dieser Bereich der Technologie eine Vielzahl ungelöster Rechtsprobleme aufwirft und daher im besonderen Maße als Forschungsgegenstand geeignet ist. Dabei soll jedoch nicht nur das Bitcoin-Netzwerk – als bekanntester Vertreter der Kryptowährungen – Erwähnung finden. Vielmehr soll die Arbeit eine konzeptionelle Aufarbeitung der Kryptowährungen insgesamt erbringen. Die Bereiche der Smart Contracts oder des Initial Coin Offerings sollen zwar dargestellt, aber nicht rechtlich erörtert werden.

Konkret werden zunächst die systemimmanenten Funktionen der Blockchains und Kryptowährungen beleuchtet. Hierzu gehört die Transaktionsfunktion, welche die Übermittlung von Werteinheiten ermöglicht und faktisch ein eigenes Wirtschaftssystem erschafft. Mit diesem verbunden ist die Frage, wie die Transaktionsvorgänge in das System eingespeist werden können. Daher bedürfen auch die Konsensmechanismen, insbesondere das sogenannte Mining, einer eingehenden Bearbeitung. Dabei sollen auch Sonderphänomene wie Mining-Pools, Cloud-Mining und das Staking Berücksichtigung finden. Eine technische Anomalie stellt dabei die sogenannte Hard Fork dar: Sie ist Folge einer gescheiterten Konsensfindung und wirft ebenso komplexe wie interessante Fragen auf. Schließlich soll die Betrachtung nicht nur auf systemimmanente Prozesse beschränkt bleiben. Bei der Befassung mit der Blockchain-Technologie drängen sich schnell weitere, neuartige Geschäftsmodelle auf. Hierzu gehört etwa das sogenannte Lending, bei welchem Werteinheiten gegen ein Entgelt „verliehen" werden. Auch gibt es sogenannte Airdrops oder Faucets, bei denen Währungs-Guthaben gratis oder nur gegen geringe Gegenleistungen ausgegeben werden.

Die Einschränkung des Forschungsgegenstandes in tatsächlicher Hinsicht führt zwangsläufig zu einer phänomenologisch geprägten Betrachtung. Die Aufteilung der Arbeit in Einzelphänomene bedingt eine gewisse Fragmentarisierung, ermöglicht aber gleichzeitig eine eingehende Auseinandersetzung mit der Rechtstatsächlichkeit und damit einhergehend einer klaren und strukturierten Subsumtion unter die aufgeworfenen Rechtsfragen. Die Komplexität und Novität der Technologie setzen eine technische Einführung voraus, welche den ersten Teil der Arbeit in Anspruch nehmen wird.

2. Begrenzung in rechtlicher Hinsicht

In rechtlicher Hinsicht ist die Einordnung blockchain-basierter Vermögenswerte in das System des Einkommensteuerrechts Ziel dieser Arbeit. Schwerpunkt ist daher die Subsumtion der technischen Vorgänge unter die Einkunftsarten des § 2 Abs. 1 S. 1 EStG. Eine umfangreiche systematische Einführung in und

Darstellung des einkommensteuerlichen Besteuerungssystems erscheint aufgrund der phänomenologischen Ausrichtung nicht geboten; die blockchain-basierten Vermögenswerte ändern am Besteuerungssystem nichts, weswegen die Einkünftequalifikation der maßgebliche Untersuchungsgegenstand ist. Fragen des Steuerbilanzrechts und der Einkünftequantifikation sollen kontextuell verarbeitet, aber nicht programmatisch aufgearbeitet werden.

Bei der Einkünftequalifikation ergeben sich bedeutende Schnittmengen mit Materien des Zivilrechts, des allgemeinen Steuerverfahrens- und des internationalen Steuerrechts. Diese werden erörtert, soweit es für die Beantwortung der einkommensteuerrechtlichen Fragestellung bedeutsam ist. Der rechtliche Fokus soll insgesamt aber auf Auslegung und Interpretation der Besteuerungstatbestände im Kontext der blockchain-basierten Vermögenswerte liegen. Dies nimmt den zweiten und größten Teil der Arbeit ein.

B. Definition und Konzeption blockchain-basierter Vermögenswerte

I. Definition der wichtigsten Begrifflichkeiten

1. Die Blockchain-Technologie und ihre Anwendungsformen

a) Vermeidung sprachlicher Ambiguität

In einem ersten Schritt sollen die technischen Grundlagen vermittelt werden, die sich alle blockchain-basierten Vermögenswerte teilen und auf denen diese aufbauen. Das Verständnis der technischen Termini ist unerlässlich, um die Vorgänge rechtlich und auch steuerlich differenziert einordnen und die Phänomenologie sukzessive vollständig erfassen zu können. Eine fundierte Subsumtion der Rechtstatsächlichkeit erfordert zunächst, diese technisch handhabbar zu machen. Hierzu gehört Grundwissen über die Blockchain-Technologie, welche die dezentrale Speicherung und Verwaltung der Vermögenswerte ermöglicht; aufgrund dessen ist sie die Basis und zugleich Voraussetzung für alle kryptografisch gesicherten Vermögenswerte.

Zunächst gilt es, einen Überblick und ein grundsätzliches Verständnis der wichtigsten Begriffe zu schaffen. Denn die technischen Phänomene selbst stellen nicht die erste Herausforderung dar, sondern die Sprache: Die immense Heterogenität der bekannten Netzwerke und Spezifika erschweren eine präzise Einordnung der Begriffe. Um sprachlicher Ambiguität entgegenzuwirken, werden die wichtigsten Begriffe sprachlich fixiert und definiert. Die Kryptografie und die Digitalisierung eint eine Form der Sprache, die mittels einzelner anglistischer „Key-Phrases" komplexe und vielschichtige Abläufe umschreibt.[17] Als Beispiele können Begriffe wie „Hash", „Mining" oder „Fork" angeführt werden. Es gilt daher auch, die der Thematik inhärente „Sprache" zu erlernen. Nachfolgend wird der Untersuchungsrahmen durch Definition der wichtigsten „Key-Phrases" zunächst festgelegt. Erst im anschließenden zweiten Schritt (Kapitel C.) soll eine detaillierte Aufarbeitung der Phänomenologie erfolgen.

---

17 Ähnlich *Müller*, StB 2020, Heft 11 S. I: „Die Digitalisierung des Steuerrechts fühlt sich häufig wie eine Aneinanderreihung von Schlagworten an (...)".

b) Blockchain

Essentiell für das tatsächliche und rechtliche Verständnis der blockchain-basierten Vermögenswerte ist die Sicherungstechnologie, auf welcher diese beruhen und die zum Symbol einer ganzen technologischen Sparte geworden ist – die Blockchain.

Dabei ist zunächst eine sprachliche Klarstellung vorzunehmen: Token, Kryptowährungen oder virtuelle Währungen einerseits und Blockchain andererseits sind keinesfalls Synonyme. Die Blockchain ist eine Technologie, welche Token und Kryptowährungen erst ermöglicht, sich aber nicht auf sie beschränkt. Mit anderen Worten: Token, Kryptowährungen oder auch Smart Contracts sind bloße Anwendungsformen der Blockchain – diese ist aber nicht auf diese Phänomene beschränkt.[18] Es ließe sich vereinfachend darstellen, dass die Blockchain das Betriebssystem für darauf aufbauende Anwendungen ist. Sie wird gegenwärtig noch als „Experimentaltechnologie" angesehen, weswegen ihr Nutzen zurzeit in verschiedenen Bereichen erprobt wird.[19]

Die technische Grundidee der Blockchain ist es, anfallende Daten und Informationen dezentral in einem sogenannten Peer-to-Peer-Netzwerk zu speichern und zu verifizieren. Das bedeutet, dass die Kommunikation und der Austausch von Daten, die mit der jeweiligen Anwendung zusammenhängen, direkt zwischen den beteiligten Personen („Peers") stattfinden; diese sind gleichberechtigte Netzwerkbeteiligte.[20] So wird ein Verifizierungs- und Kommunikationsintermediär (insbesondere Banken, aber auch zentrale Server) obsolet. [21] Das Vertrauen wird vielmehr in die Masse der Nutzenden gelegt; die Rede ist häufig von Schwarmintelligenz oder dezentralisiertem Konsens. Die Blockchain bildet daher einen Gegensatz zu zentralisierten Systemen, insbesondere Banken

---

18 *Ertel/Löhmann*, Angewandte Kryptographie, 151; *Schlund/Pongratz*, DStR 2018, 598. Zu den Anwendungsformen Smart Contract und Initial Coin Offering s. sogleich.

19 UNICEF hat eine Ausschreibung für Start-Up Unternehmen gestartet, um humanitäre Probleme zukünftig mithilfe der Blockchain-Technologie anzugehen. Beispielhaft werden etwa ein digitales Geburtsregister und die Vorbeugung von Menschenhandel genannt, Informationen von https://www.unicef.org/innovation/applyBlockchainCrypto. Das Projekt COALAIP ermöglicht es Künstlern, ihre Nutzungsrechte abzusichern und transparent zu verwalte, vgl. https://www.coalaip.org/. Zu Anwendungsmöglichkeiten im juristischen Bereich s. etwa *Schrey/Thalhofer*, NJW 2017, 1431.

20 *Penner*, Virtuelle Wirtschaftsgüter, 13; *Sixt*, Bitcoins, 13; *Roßbach* in: FinTech-Handbuch, § 4 Tz. 13 ff.

21 *Narayanan et al.*, Bitcoin and Cryptocurrency Technologies, 28 ff., auch zum Folgenden.

und sonstigen Finanzdienstleistern.[22] Während sich die technische Umsetzung innerhalb der Anwendungen vereinzelt unterscheidet, findet sich dieser Wegfall jeglicher Intermediäre doch stets als Ergebnis der Vorgänge.[23] So wird der Blockchain regelmäßig zugeschrieben, ein transparentes (da lückenloses und für alle einsehbares) und autarkes Register zu sein, welches den Teilnehmenden und Nutzenden ermöglicht, selbstorganisiert Datenströme zu lenken.[24] Souverän sind dabei die Nutzenden, allerdings fehlt die zentrale Vertrauensinstanz. Diese wird bei der Blockchain-Technologie durch sogenannte Konsensmechanismen ersetzt.[25]

Hinzu kommt, dass die Technologie kryptografisch gesichert ist. Konkret bedeutet dies einerseits, dass sämtliche Transaktionen aus den öffentlich zugänglichen Daten nachvollziehbar sind.[26] Dabei werden die Datensätze mittels kryptografischer Prozesse verschlüsselt und komprimiert. Auf diese Weise wird vermieden, dass die Blockchain auf eine enorme Speichergröße anwächst.[27] Insbesondere bedingt die kryptografische Verschlüsselung jedoch – im Idealfall – ein manipulationsbeständiges System.[28] Dies bedeutet, dass jede Transaktion verschlüsselt ist und transferierende wie empfangene Person grundsätzlich vollständig anonym bleibt; Manipulierende Einwirkungen auf das System haben keinen Erfolg.[29]

c) *Smart Contract*

Als Smart Contracts werden Programme bezeichnet, welche – durch die Parteien bestimmte – Vertragsbedingungen automatisch effektuieren.[30] Die Verträge

22 *Roßbach* in: FinTech-Handbuch, § 4 Tz. 6 ff.

23 Vgl. *Fill et al.* in: Blockchain, 4.

24 *Rosenberger*, Bitcoin und Blockchain, 2 f.

25 *Roßbach* in: FinTech-Handbuch, § 4 Tz. 17. Die in dieser Arbeit betrachteten Proof-of-Work- und Proof-of-Stake-Verfahren werden eingehend in Abschnitt C. II., S. 59 ff. erläutert.

26 *Sixt*, Bitcoins, 39 f.

27 Vgl. *Nakamoto*, Bitcoin: A Peer-to-Peer Electronic Cash System, 4. Die Bitcoin-Blockchain hat bei Fertigstellung dieser Arbeit dennoch eine Größe von 340 GB erreicht; sie enthält aber auch über 630 Millionen Transaktionen. Daten einsehbar unter https://www.blockchain.com/charts/blocks-size bzw. https://www.blockchain.com/charts/n-transactions-total.

28 *Penner*, Virtuelle Wirtschaftsgüter, 13; *Roßbach* in: FinTech-Handbuch, § 4 Tz. 13 f.

29 *Campbell-Verduyn* in: Bitcoins and Beyond, 1.

30 *Sixt*, Bitcoins, 14; *Paulus/Matzke*, ZfPW 2018, 431 (433 f.).

werden dabei formal erfasst und durch algorithmische Programmierung modifiziert, sodass die Erfüllung definierter Bedingungen zu einem determinierten Ergebnis führt.[31] Dies lässt sich durch einen Verkaufsautomaten veranschaulichen, welcher bei Einwurf eines festgelegten Betrags an Münzgeld einen Schokoriegel ausgibt.[32] Aufgrund der determinierten Ergebnisse fällt der Bedarf für einen moderierenden Intermediär (etwa Rechtsberatende oder Schlichtungsstellen) und Verwaltungskräfte (etwa zur Zuordnung der Zahlungseingänge) weg.[33] Der Anwendungsbereich ist damit gleichzeitig auf konkret beschreibbare Zustände beschränkt, da Smart Contracts eigenständige Bewertungen von Eingaben nicht vornehmen können.[34]

Smart Contracts dienen dabei oftmals dem Vollzug eines Vertrages, ändern aber nicht dessen Rechtsnatur und stellen auch selbst keinen solchen dar; die Technik diktiert nicht das Recht.[35] Speziell in steuerrechtlicher Hinsicht werfen sie daher – isoliert betrachtet – keine eigenständigen Probleme auf. Hinsichtlich des Betrachtungsgegenstandes dieser Arbeit sind sie daher zu vernachlässigen.

d) Initial Coin Offering

Mit dem sogenannten Initial Coin Offering[36] (ICO, auch „Token Sale") werden Token[37] (vorwiegend Utility und Investment Token) erstmalig auf den „Markt" gebracht. Start-Ups und kleinere Unternehmen bedienen sich dieser Anwendungsform der Blockchain-Technologie, um Kapital zu beschaffen.[38] Dabei

---

31 *Fill et al.* in: Blockchain, 12; *van Aubel*, in: Habersack/Mülbert/Schlitt, § 20 Tz. 17. Dies lässt sich auf Rechtsebene mit der Phrase „Code is Law" verdeutlichen, s. *Börding/Jülicher/Röttgen/v. Schönfeld*, CR 2017, 134 (138).

32 Beispiel nach *Narayanan et al.*, Bitcoin and Cryptocurrency Technologies, 264. Smart Contracts funktionieren nach dem „if/then-Prinzip", das heißt wenn eine Bedingung („if") erfüllt ist, wird das Ergebnis effektuiert („then"). Dieses Prinzip gibt es nicht erst seit Smart Contracts, vgl. *Rosenberger*, Bitcoin und Blockchain, 97 f.; *Sixt*, Bitcoins, 14.

33 *Ertel/Löhmann*, Angewandte Kryptographie, 165; *Campbell-Verduyn* in: Bitcoins and Beyond, 10; *Rosenberger*, Bitcoin und Blockchain, 97 f.

34 *Roßbach* in: FinTech-Handbuch, § 4 Tz. 80. Komplexere Fragen müssen daher weiterhin von moderierenden Stellen gelöst werden.

35 Vgl. *Möllenkamp/Shmatenko* in: Hoeren/Sieber/Holznagel, § 13.6 Tz. 72 f.

36 In Anspielung auf das „Initial Public Offering", den Börsengang.

37 Der Begriff des Tokens umschreibt die Werteinheiten auf einer Blockchain, eingehend s.u. 3., S. 38 ff.

38 *van Aubel*, in: Habersack/Mülbert/Schlitt, § 20 Tz. 62; *Hötzel/Krüger/Niermann/Scherer/Lehmann*, ifst-Schrift 533, 19.

werden Token erschaffen und vergeben, für welche der Erwerber später Waren, Dienstleistungen oder Rendite einfordern kann, sobald das Unternehmen den Geschäftsbetrieb aufgenommen hat.[39] Diese werden durch Applikationen auf der Blockchain abgesichert und verwaltet, ggf. noch durch Smart Contracting modifiziert.[40] Die Art der ausgegeben Token hängt dabei entscheidend vom betriebenen Geschäftsmodell ab, sodass es kein typisches Initial Coin Offering gibt. Für junge Unternehmen, die insbesondere Digitalkonzepte im weitesten Sinne anbieten wollen, haben ICOs den Vorteil, die ganze Breite des Internets ausnutzen zu können.[41] Durch die große Reichweite werden mehr Interessierte angesprochen. Eine Beteiligung setzt dabei regelmäßig nur einen geringen Mindestbetrag voraus, sodass die Aggregation von Kapital dem Crowdfunding ähnelt.[42] ICOs gleichen einem Crowdfunding-Projekt auch im Ablauf.[43] Dies bietet allen Beteiligten nicht nur große Transparenz; es muss auch kein Unternehmen gegründet werden.[44]

Der Bereich der Initial Coin Offerings ist als Anwendungsfall der Blockchain neben der Schaffung von Vermögenswerten bzw. der Durchführung von Transaktionen zu nennen. Da sich die Untersuchung auf eben diese Bereiche beschränkt, ist eine Auseinandersetzung mit Initial Coin Offerings nicht vorgesehen. Überschneidungen werden sich gleichwohl ergeben, da Token aus ICOs im Wege des derivativen Erwerbs veräußert werden können.

2. Virtuelle Währung, Kryptowährung und blockchain-basierter Vermögenswert

a) Virtuelle Währung bzw. digitale Währung

Als Stellvertreterbegriff für Werteinheiten in Blockchain-Netzwerken wird oft der Begriff der virtuellen/digitalen bzw. Kryptowährung angeführt.[45] Im Folgenden soll eruiert werden, ob diese Beschreibungen für den rechtlichen Forschungsgegenstand der Arbeit treffend sind oder eine andere Bezeichnung

39 *Bal*, Taxation, Virtual Currency and Blockchain, 41.

40 *Lutzenberger*, GmbHR 2018, R231; *Niedling/Merkel*, RdF 2018, 141.

41 *Hötzel/Krüger/Niermann/Scherer/Lehmann*, ifst-Schrift 533, 24.

42 *van Aubel*, in: Habersack/Mülbert/Schlitt, § 20 Tz. 64.

43 S. eingehend zum Ablauf *van Aubel*, in: Habersack/Mülbert/Schlitt, § 20 Tz. 48 ff.; *Bal*, Taxation, Virtual Currency and Blockchain, 40 ff.; *Hötzel/Krüger/Niermann/Scherer/Lehmann*, ifst-Schrift 533, 19 ff.

44 *Bal*, Taxation, Virtual Currency and Blockchain, 40.

45 *Omlor*, ZHR 2019, 294 (307).

vorzugswürdig ist. Für den Rahmen der Untersuchung soll der Begriff dabei das Spektrum der zu diskutierenden Phänomene abdecken, sich also spezifisch auf blockchain-basierte Vorgänge – wie etwa die Konsensmechanismen oder Transaktionen – beziehen. Da Smart Contracts und Initial Coin Offerings nicht den Schwerpunkt der Arbeit ausmachen, sind vor allem Werteinheiten mit Wertaufbewahrungs- und Ersatzzahlungsfunktion zu betrachten.[46]

Durch den Begriff virtuelle Währung oder digitale Währung wird schnell das Bild eines Geldmittels suggeriert, welches sich – wie alle tradierten Währungen – insbesondere als Bezahlmittel eignet und allgemeine Akzeptanz erfährt. Tatsächlich stellen diese Währungen aber keine „digitale Krügerrand" dar, sondern verhalten sich eher wie Buchgeld[47]: Sie sind schlussendlich bloße Datenmengen, auf die eine einzelne Person Zugriff hat und über welche er verfügen kann.[48]

Eine virtuelle Währung wird im Rahmen der 5. Geldwäsche-Richtlinie[49] wie folgt definiert: „(…) eine digitale Darstellung eines Werts, die von keiner Zentralbank oder öffentlichen Stelle emittiert wurde oder garantiert wird und nicht zwangsläufig an eine gesetzlich festgelegte Währung angebunden ist und die nicht den gesetzlichen Status einer Währung oder von Geld besitzt, aber von natürlichen oder juristischen Personen als Tauschmittel akzeptiert wird und die auf elektronischem Wege übertragen, gespeichert und gehandelt werden kann." Der europäische Gesetzgeber stellt dabei, im Sinne einer Negativdefinition, ein wesentliches Kriterium heraus: Den virtuellen Währungen fehle, anders als den staatlichen Währungen, jeder Bezug zu einer Zentralbank oder einer gouvernalen Aufsicht. Die Abwicklung von Transaktionen findet unmittelbar zwischen den Beteiligten statt, ohne jegliche Intermediäre.

Die Europäische Zentralbank[50] formuliert die folgende Positivdefinition: "a virtual currency is a type of unregulated, digital money, which is issued and usually controlled by its developers, and used and accepted among the members of a specific virtual community". Herauszustellen ist demnach zusätzlich, dass die

---

46 Hinsichtlich der Funktionsabgrenzung innerhalb der Werteinheiten (Token) s. sogleich, unter 3., S. 38 ff.

47 *Kaulartz,* CR 2016, 474.

48 *Ertel/Löhmann*, Angewandte Kryptographie, 154; *Schlund/Pongratz*, DStR 2018, 598 (600); *Kaulartz*, CR 2016, 474 (475 f.); *Heuel/Matthey*, NWB 2018, 1037.

49 RL 2018/843 v. 30.05.2018, Abl. EU L 156, 43 (54).

50 S. Bericht der EZB vom Oktober 2012 über "virtual currency schemes", abrufbar unter https://www.ecb.europa.eu/pub/pdf/other/virtualcurrencyschemes201210en.pdf, S. 13.

virtuellen Währungen – wie das bekannte Fiat-Geld – gehandelt, verwahrt oder verfügt werden können. Virtuelle Währungen nehmen daher insgesamt eine Surrogatfunktion zum (staatlichen) Geld ein, ohne selbst solches zu sein.[51]

Der Begriff der virtuellen bzw. digitalen Währungen umfasst also alle nichtstaatlichen Zählwerte, die virtuell existieren. Aus diesem Bereich fällt somit das elektronische Geld heraus, also die digitale Verkörperung des staatlichen Fiat-Geldes.[52] Voraussetzungen einer virtuellen Währung sind folglich die digitale Nutzbarkeit i.S.e. Handel- und Verfügbarkeit, die Entkoppelung von staatlichen Institutionen, fehlende Währungseigenschaft im Rechtssinne und Akzeptanz in einem gewissen Kreis von Nutzenden. Üblicherweise fehlt zudem die Bindung an andere Währungen oder real existierende Gegenwerte.[53] Unter den Begriff fallen daher Spielwährungen[54] wie auch Kryptowährungen[55].

Bedeutsam ist zuletzt, dass die Einordnung als „Währung" irreführend ist. Denn als Währung im juristischen Sinne versteht sich zunächst das auf einer gesetzlich bestimmten Rechnungseinheit aufgebaute staatliche Geldsystem.[56] Entscheidend ist insoweit vor allem die Zugehörigkeit zur Geldverfassung eines Staates als konkrete Komponente einer Währung: die Blockchain und ihre Werteinheiten als Gegenentwurf zum staatlichen Geldsystem sind gerade nicht Teil einer solchen Verfassung und dementsprechend auch keine Währung im Rechtssinne.[57] Die Bezeichnung als Währung ist daher rechtstechnisch verfehlt.[58]

---

51 *Pinkernell*, Ubg 2015, 19 (21).

52 § 1 Abs. 2 S. 3 ZAG. Vgl. auch RL 2018/843 v. 30.05.2018, Abl. EU L 156, 43 (54), wo explizit zwischen virtuellen Währungen und E-Geld unterschieden wird. Zum ganzen siehe auch *Beck*, NJW 2015, 580 (582).

53 *Zöllner*, BKR 2020, 117 (121).

54 Dies umfasst jegliche Form von Werteinheiten, die in Videospielen für Transaktionen oder Spielfunktionen genutzt werden können, etwa „Gold" in World of Warcraft, „Gold" und „Sonnen" in Siedler von Catan Online oder „Riot Points" in League of Legends. Hierzu s. *Penner*, Virtuelle Wirtschaftsgüter, 12 ff. und *Richter/Augel*, FR 2017, 937 (938).

55 *Behrendt/Janken*, DStZ 2018, 342 (343); *Brinkmann/Meseck*, RdF 2018, 231.

56 *Hahn/Häde*, Währungsrecht, 11 Tz. 2; eingehend und m.w.N. *Omlor*, ZHR 2019, 294 (307).

57 *Omlor/Spiegel* in: FinTech-Handbuch, § 19 Tz. 22; *Beck/König*, JZ 2015, 130 (135).

58 *Omlor*, JZ 2017, 754 (758).

b) Kryptowährung

Unter den Begriff der virtuellen Währungen lassen sich die Kryptowährungen fast ausnahmslos subsumieren, da auch sie ganz überwiegend nichtstaatlich, handelbar und in einem gewissen Kreis von Nutzenden etabliert sind.[59] Der Wortbestandteil „Krypto" stammt aus dem Griechischen und bedeutet „versteckt/verborgen".[60] Im Kontext der zuvor besprochenen virtuellen und digitalen Währungen soll dies ausdrücken, dass die Kryptowährungen in besonderem Maße gegen Hacking oder sonstigen Entzug gesichert sind, was sie von der breiteren Masse der virtuellen Währungen abgrenzt. So sind etwa Zahlmittel aus Videospielen virtuelle Währungen: sie sind nichtstaatlich, handelbar, haben keinen realen Gegenwert und haben Geldsurrogatfunktion (zumindest innerhalb des Spiels). Sie sind aber keine Kryptowährungen – ihnen fehlt die zugrundeliegende kryptographische Sicherungstechnologie.[61] Die Begriffe sind daher genau abgrenzbar. Eine derzeit populär werdende Unterkategorie der Kryptowährungen bilden die sogenannten Stablecoins.[62] Bei diesen ist die Währung nicht ungedeckt, sondern einen bestehenden Wert gekoppelt (z.B. US-Dollar), um die Volatilität der Kurse zu begrenzen.[63] Die bloße Kopplung an reale Gegenwerte führt per se nicht zu unterschiedlichen rechtlichen Einordnungen.[64]

Kryptographie ist als Wissenschaft von der Datenverschlüsselung und der Informationssicherheit zu verstehen.[65] Den Kryptowährungen ist also ein Sicherheitsstandard immanent, welcher durch den Einsatz der Blockchain erreicht wird. Der rein sachliche Anwendungsbereich ist durch den Begriff daher akkurat erfasst.

Die Einordnung als „Währung" stößt aber auch hier auf Probleme. Denn auch sogenannte Kryptowährungen sind, wie zuvor besprochen, keine Währungen im juristischen Sinne; sie sind nichtstaatlich und erfüllen somit nicht das rechtliche

---

59 *Behrendt/Janken*, DStZ 2018, 342 (343).

60 *Beutelspacher*, Kryptologie, 2.

61 Vgl. *Richter/Augel*, FR 2017, 937 (938).

62 Hierzu s. die zweiteilige Abhandlung *Liegmann/Farruggia-Weber*, BB 2019, 2455; *Dies.*, BB 2019, 2524.

63 *Liegmann/Farruggia-Weber*, BB 2019, 2455 f.

64 Vgl. *Liegmann/Farruggia-Weber*, BB 2019, 2455 (2461). Dies gilt allerdings nur, soweit die Blockchain nicht von einem einzelnen Rechtssubjekt beherrschend verwaltet wird; in diesen Fällen stellen sich andere Implikationen.

65 *Wätjen*, Kryptographie, 1; *Beutelspacher*, Kryptologie, 2 f.

Verständnis einer Währung.[66] Während der Begriff sachlich präzise ist, können die Werteinheiten nicht als Währungen im juristischen Sinne bezeichnet werden. Auch der weit verbreitete Begriff der Kryptowährung ist daher für die Zwecke dieser Arbeit nicht heranzuziehen.

c) Blockchain-basierter Vermögenswert

Es bedarf daher eines Begriffs, der den sachlichen Anwendungsbereich abgrenzt und gleichzeitig juristisch präzise ist. In der Literatur werden dabei die Formulierungen „blockchain-basierte Zahlungsmittel[67]", „blockchain-basierte Vermögenswerte[68]", „Krypto-Token[69]" oder „Kryptowerte[70]" angeführt.

Die Untersuchung bezieht sich auf die Blockchain und ihre Phänomenologie. Die Begriffe der „Krypto-Token" und „Kryptowerte" erscheinen daher zu weit, da diese auch Sicherungstechnologien außerhalb der Blockchain einschließen.[71] Folglich geben allein „blockchain-basierte Vermögenswerte" und „blockchain-basierte Zahlungsmittel" den sachlichen wie rechtlichen Rahmen der Arbeit wieder. Die Bezeichnung als „Zahlungsmittel" wirkt jedoch zu sehr auf die Funktion als Ersatzzahlungsmittel fixiert, obwohl die (noch) übliche Verwendung der Werteinheiten der eines Spekulationsobjektes entspricht. Es ist daher sachgerechter, den Begriff „Vermögenswerte" anstatt „Zahlungsmittel" zu verwenden.[72]

---

66 *Omlor/Spiegel* in: FinTech-Handbuch, § 19 Tz. 22; *Beck/König*, JZ 2015, 130 (135). S. auch zuvor unter a).

67 *Omlor*, ZHR 2019, 294 (297); *Omlor/Spiegel* in: FinTech-Handbuch, § 19 Tz. 8 ff.

68 *Wighardt/Krekeler*, StB 2019, 16. Ähnlich *Albrecht/John*, FR 2019, 393 „(...) Distributed Ledger Technologie-basierte Vermögenswerte, (...)".

69 *Albrecht/John*, FR 2019, 393 f.

70 So nunmehr die Formulierung in § 1 Abs. 11 S. 1 Nr. 10 KWG, eingefügt durch Gesetz v. 12.12.2019, BGBl. I 2019, 2602 (2623).

71 Es gibt andere Sicherungstechnologien, die ebenfalls eine kryptographische Absicherung der Vermögenswerte ermöglichen. Als Beispiel ließen sich Public-Key-Infrastrukturen anführen, s. *Ertel/Löhmann*, Angewandte Kryptographie, 164 f.; *Pohlmann*, Cyber-Sicherheit, 514 ff. Auch innerhalb der Distributed-Ledger-Technologie gibt es mehr als nur die Blockchain, vgl. *Narayanan et al.*, Bitcoin and Cryptocurrency Technologies, 28 ff.

72 So auch *Wighardt/Krekeler*, StB 2019, 16.

d) *Zusammenfassung*

Die verbreiteten Begriffe der virtuellen/digitalen bzw. Kryptowährung implizieren einen Währungscharakter, welcher bei Vermögenswerten auf Blockchains aber juristisch nicht besteht. Im Rahmen dieser Untersuchung wird daher der Begriff „blockchain-basierter Vermögenswert“ verwendet. Dieser umfasst alle Recheneinheiten, die in einem Blockchain-Netzwerk bestehen und einen eigenständigen Wert haben. Ihrer Funktion nach werden sie als Spekulationsobjekt – gemäß ihrer Wertaufbewahrungsfunktion – oder als Ersatzzahlungsmittel verwendet.

3. Token als Recheneinheit blockchain-basierter Vermögenswerte

a) *Überblick und Kategorisierung*

Blockchain-basierte Vermögenswerte sind – wie auch Fiat-Geld – in Wert- bzw. Zähleinheiten aufteilbar. Wie der Euro in Cents oder die Deutsche Mark in Pfennig ausgedrückt werden kann, sind auch die besprochenen Vermögenswerte in einzelnen Einheiten fassbar. Hierfür hat sich mittlerweile die Bezeichnung als Token etabliert, auch wenn es keinen übergreifenden Konsens in dieser Frage gibt.[73] Alternativ wird von (Krypto-)Coins gesprochen.[74]

Jeder Einheit auf der Blockchain ist ein Wert oder Nutzen inhärent, der regelmäßig übertragen werden kann oder bestimmte Berechtigungen widerspiegelt.[75] Die innehabende Person kann über ihn verfügen, sei es durch Transaktion oder Konsumption. Die Blockchain verifiziert dabei, dass die Transaktionskette bei der innehabenden Person des Tokens endet. Dies ermöglicht der Person, über die nächste Transaktion zu bestimmen, was schlussendlich auch den Wert eines Token ausmacht: die Möglichkeit, den Wert zu nutzen und zur nächsten Transaktion freizugeben.[76]

---

73 Eingehend *Hötzel/Krüger/Niermann/Scherer/Lehmann*, ifst-Schrift 533, 12 ff.; s. auch *Kaulartz/Matzke*, NWB 2018, 3278; *Borkert*, ITRB 2018, 39 (41 f.); *Albrecht/John*, FR 2019, 393 (394 f.); *Wighardt/Krekeler*, StB 2019, 16 (17 f.); *Bal*, Taxation, Virtual Currency and Blockchain, 40 ff. Die Bezeichnung ist freilich eine Stilfrage.

74 *Pesch*, Cryptocoin-Schulden, 52; *Campbell-Verduyn* in: Bitcoins and Beyond, 8 f. („coins or tokens“).

75 *Fromberger/Zimmermann* in: Handbuch Kryptowerte, § 1 Tz. 4 f.; *Kaulartz/Matzke*, NWB 2018, 3278, auch zum Folgenden.

76 *Hötzel*, Virtuelle Währungen, 17; *Albrecht/John*, FR 2019, 393 (394).

Geläufig ist eine Unterteilung der Token in die drei Archetypen: Currency Token, Utility Token und Investment Token.[77] Mischformen zwischen den einzelnen Typen sind möglich und wahrscheinlich, da Eigenschaften der Token in jeder Blockchain individuell festgelegt werden können. In den nachfolgenden Abschnitten werden die Archetypen anhand ihrer Funktionsweise dargestellt und erläutert.

b) Currency Token

Mit den Currency Token sind im wesentlichen Zahlungsmittel gemeint, die auf dem digitalen Markt gehandelt werden. Ganz überwiegend ist diese Art von Token gemeint, wenn allgemein von Kryptowährungen oder virtuellen Währungen die Rede ist. Sie entsprechen der „klassischen" und populären Erscheinungsform der blockchain-basierten Vermögenswerte als Handels- oder Spekulationsobjekt, sind aber grundsätzlich als Ersatzzahlungsmittel konzipiert.[78] Voraussetzung ist daher die grundsätzliche Kompatibilität zur Bezahlung von Waren oder Dienstleistungen. Die Currency Token lassen sich häufig in kleinere Untereinheiten zerlegen.[79] Currency Token vermitteln regelmäßig keine konkrete Gegenleistung. Es ist hervorzuheben, dass die Bedeutung der Bezahlfunktion weiterhin deutlich hinter der Wertaufbewahrungsfunktion zurückgeblieben ist. Im Kontext der in dieser Arbeit zu besprechenden Phänomenologie werden Currency Token der Regelfall der besteuerungsrelevanten Werteinheiten sein. Denn bei der Betrachtung blockchain-spezifischer Phänomene, wie etwa

---

77 S. etwa *Hötzel/Krüger/Niermann/Scherer/Lehmann*, ifst-Schrift 533, 15 ff.; *Borkert*, ITRB 2018, 39 (42); *Krüger/Lampert*, BB 2018, 1154 (1155); *Arendt* in: Steuer- und Bilanzrechtslexikon, „Kryptotoken" Tz. 2; *van Aubel* in: Habersack/Mülbert/Schlitt, § 20 Tz. 26 ff. Für diese Unterteilung gibt es keine „herrschende Meinung". Mangels Rechtserheblichkeit dieser Differenzierung bedarf es auch keiner Festlegung. Eine alternative Einordnung anhand der vermittelten Rechte wird etwa von *Hötzel/Krüger/Niermann/Scherer/Lehmann*, ifst-Schrift 533, 12 ff. vorgeschlagen. Da die rechtliche Einordnung jedoch stets der tatsächlichen Funktion folgt, was die Ermittlung eben dieser bedingt, erscheint diese Einordnung ohne Mehrwert.

78 Auch zum Folgenden s. *Hötzel/Krüger/Niermann/Scherer/Lehmann*, ifst-Schrift 533, 16; *van Aubel* in: Habersack/Mülbert/Schlitt, § 20 Tz. 32.

79 1 Euro lässt sich bekanntlich in 100 Cent zerlegen. Ebenso lassen sich auf volle Beträge lautende Token in Untereinheiten aufteilen. 1 Bitcoin (Bitcoin-Blockchain) entspricht 100.000.000 Satoshi. 1 Ether (Ethereum-Blockchain) lässt sich in bis zu 1.000.000.000.000.000.000 Einheiten aufteilen.

den Konsensmechanismen oder dem Online-Handel mit Token, begegnen dem Rechtsanwendenden fast ausschließlich Currency Token.

Das bekannteste Beispiel für Currency Token ist der Bitcoin[80]. Auch die sogenannten Altcoins, also auf der Bitcoin-Blockchain basierende Parallelwährungen wie Litecoin[81] oder Tether[82] stellen Currency Token dar. Ein Beispiel für Currency Token außerhalb des Bitcoin-Kosmos sind etwa Ethereum[83] oder Ripple[84].

c) *Utility Token*

Die Utility Token sind im Gegensatz zu den Currency Token nicht als Handelsobjekt konzipiert. Sie gewähren der innehabenden Person konkrete rechtliche Ansprüche auf den Erhalt einer Leistung oder Ware. Dies kann etwa Software, Ansprüche gegen Dritte oder der Zugriff auf Daten(-Banken) umfassen. Sie haben daher eine gutscheinähnliche Funktion.[85]

Ein Beispiel für Utility Token ist Stellar[86], ein Finanznetzwerk, welches Finanztransaktionen (mit „herkömmlichen“ Finanzmitteln) verifiziert und abwickelt. Hierfür wird eine Gebühr einbehalten, welche aus Utility Token („Lumens[87]“) entrichtet wird. In diesem Beispiel lassen sich die Token für eine Dienstleistung (die Verifizierung und Abwicklung der Transaktion) verwenden, haben aber gleichzeitig auch eine Funktion als Currency Token, da sie handelbar sind und eine Wertaufbewahrungsfunktion aufweisen. Insofern können Erkenntnisse aus der steuerrechtlichen Behandlung von Currency Token auf Utility Token übertragbar sein, denn viele Currency Token haben eine Mischfunktion als Utility Token.[88] „Reine“ Utility Token kommen insbesondere bei Initial Coin Offerings vor.

---

80 https://bitcoin.org/.

81 https://litecoin.org/.

82 https://tether.to/.

83 https://ethereum.org/, zum Mischtypus s. sogleich.

84 https://ripple.com/xrp/.

85 *Krüger/Lampert*, BB 2018, 1154 (1155 f.); *Hötzel/Krüger/Niermann/Scherer/Lehmann*, ifst-Schrift 533, 17.

86 https://www.stellar.org/learn/intro-to-stellar.

87 https://www.stellar.org/lumens.

88 Bei Stellar muss etwa jede Transaktion, auch über Fiat-Währungen, mit Lumen versehen werden, um das Netzwerk nutzen zu können (die Gebühren werden daher als „fuel“, also Treibstoff, bezeichnet). Gleichzeitig sind diese Token handelbar, vgl. https://stellar.org/lumens. Sehr ähnlich funktioniert das Netzwerk Ethereum, vgl. https://ethereum.org/en/eth/.

d) *Investment Token*

Investment Token bezeichnet ein heterogenes Gemenge aus verschiedenen Anlage- und Beteiligungsmodellen am ausgebenden Unternehmen oder Projekt. Die Modelle eint, dass die innehabende Person jeweils einen Rückzahlungsanspruch eines geleisteten Betrages erhält. Dies ist einerseits aktiv, also vergleichbar mit einem Geschäftsanteil, als auch passiv, vergleichbar mit einem Kredit, vorstellbar.[89] Auch eine Ausgestaltung ähnlich einer Aktie ist vorstellbar. Mitunter werden Anteile am Unternehmen bzw. Geschäftsanteile als Equity Token bezeichnet; Darlehen werden auch als Debt Token benannt.[90] Alle Varianten erscheinen als digitale Kapitalanlage und sind, im Gegensatz zu den bereits vorgestellten Token-Arten, auf (langfristige) Rendite und nicht einmaligen Umschlag ausgelegt. Sie werden von den Emittenten fast ausschließlich zur Kapitalbeschaffung ausgegeben und sind daher eng mit Initial Coin Offerings verbunden. Geringere Schnittmengen haben Investment Token mit den hier zu analysierenden blockchain-spezifischen Vorgängen. Sie werden daher nicht weiter besprochen.

e) *Erwerb von Token: Originär- und Derivativerwerb*

Von vornherein soll eine Differenzierung zwischen der Herkunft der Token getroffen werden. Wie noch zu zeigen sein wird, entscheidet sich die steuerrechtliche Bewertung von Einzelfällen oftmals an der Frage, wie die Token in die Inhaberschaft der berechtigten Person gelangt sind.[91] Dies kann in den originären und den derivativen Erwerb unterteilt werden.[92]

Als originär sind im Rahmen dieser Arbeit alle Token anzusehen, die den Steuerpflichtigen im Wege eines Herstellungsprozesses zufließen, also erst in seinem Herrschaftsbereich entstehen. Diese Prozesse werden im Teil D. der Arbeit behandelt. Im Unterschied hierzu umfassen derivativ erworbene Token alle Werteinheiten, die von einem anderen Netzwerkbeteiligten erhalten werden – dabei gibt es vielfältige, in Teil E. zu erörternde Formen des Erwerbs. Wechselt

89 Vgl. *Dietsch*, MwStR 2018, 546 (547 f.); *Hötzel/Krüger/Niermann/Scherer/Lehmann*, ifst-Schrift 533, 18 f.

90 So etwa *Wighardt/Krekeler*, StB 2019, 16 (17); *Bal*, Taxation, Virtual Currency and Blockchain, 39.

91 Dies wirkt sich etwa bei der Bestimmung einer Anschaffung im Rahmen eines privaten Veräußerungsgeschäfts aus, s. Abschnitt E. IV. 4. b) cc), S. 198 ff.

92 Vgl. *Fromberger/Zimmermann* in: Handbuch Kryptowerte, § 1 Tz. 78 ff.

die Inhaberschaft an originär erworbenen Token, werden diese fortan derivativ veräußert.

4. Zusammenfassung

Die Auseinandersetzung mit den verschiedenen Begriffen hat zunächst gezeigt, dass die bekannten Bezeichnungen „virtuelle Währung“ oder „Kryptowährung“ nicht hinreichend präzise sind, um die folgende Untersuchung auf ihnen aufzubauen. Sie sind daher durch den Begriff „blockchain-basierter Vermögenswert“ zu ersetzen. Die Werteinheiten dieser Vermögenswerte werden in dieser Arbeit als Token betitelt. Dabei wird es sich überwiegend um die Gattung der Currency Token handeln, während Utility- und Investment-Token eine geringe Rolle spielen dürften. Gleiches gilt für Smart Contracts und Initial Coin Offerings.

II. Konzeption der Blockchain-Technologie

1. Die Blockchain und ihre Anwendungsmöglichkeiten als Gegenentwürfe zum heutigen Bankensystem

Für die weitere Untersuchung sind Idee und Struktur der Blockchain-Technologie bedeutsam. Viele steuerliche Zusammenhänge im Finanzwesen sind eng mit den vorhandenen Bank- und Kapitalmarktstrukturen verknüpft.[93] Ob sich die Blockchain-Netzwerke in diese vorhandenen Muster einfügen kann daher rechtserheblich sein.

Die Blockchain-Technologie verkörpert eine zentrale Idee: Die Abwicklung von Datenströmen ohne Intermediäre zu ermöglichen, das heißt, eine unmittelbare Kommunikation zwischen den Netzwerkbeteiligten zu eröffnen.[94] Außerhalb des Bargeldverkehrs sind Banken an praktisch allen Transaktionen des Lebens beteiligt, seien es Überweisungen, Kredite oder SCHUFA. Die Blockchain-Technologie eröffnet die Möglichkeit, diese Vorgänge ohne Intermediäre abzuwickeln.[95] Sie stellt damit einen Gegensatz zum bekannten Bankensystem dar. Die erste Kryptowährung – Bitcoin – wurde im Jahre 2008 geschaffen.[96]

93 Zu denken ist etwa an das gesamte System der Abgeltungsteuer oder den automatischen Austausch von Finanzkontendaten.

94 *Pohlmann*, Cyber-Sicherheit, 467.

95 *Rosenberger*, Bitcoin und Blockchain, 2.

96 Die Bitcoin-Blockchain wurde von *Satoshi Nakamoto* entwickelt und veröffentlicht – allerdings handelt es sich dabei um ein Pseudonym. Bis heute ist nicht klar, wer die

Diese und andere blockchain-basierte Systeme sind Hoffnungsträger für viele, ein neues Bezahlsystem zu schaffen, welches auf Vertrauen in die Netzwerke, nicht in die Banken setzt. Anstelle des starren und gigantischen Bankenapparats soll ein mitgliederkontrolliertes, transparentes und selbsterhaltendes System treten. Die zugrundeliegende Technik folgt diesen Maßstäben. Viele Instrumente und Abläufe, die im Folgenden erklärt werden, stehen daher im Kontrast zum bekannten Bankensystem.

Der moderne Finanzapparat funktioniert fast ausschließlich über das Bankensystem. Dieses ist an jeder Transaktion beteiligt und nimmt dabei besonderes Vertrauen in Anspruch, da es die Geldreserven des größten Teils der Gesellschaft verwaltet. Mit der Blockchain kann dieses Konstrukt durchbrochen werden.

Unter Betrachtung der Kryptowährung, des prominentesten Anwendungsfalles der Blockchain, lassen sich potentielle Effizienz- und Kostenoptimierungen erkennen. So schreibt bereits *Satoshi Nakamoto*, ErfinderIn des Bitcoin[97], dass die Abwicklung von Transaktionen über Banken einer ständigen Mediation bedürften, was Kosten und Aufwand bedeute.[98] Aus der Tatsache, dass die Transaktionen über Banken grundsätzlich reversibel seien, leitet *Nakamoto* zudem ein gesteigertes Bedürfnis nach Vertrauen ab. Handelstätige müssten so ihre Kundschaft um mehr Daten anhalten als sie eigentlich brauchen, weil sie im Falle einer Rückbuchung auf diese Daten angewiesen sind.[99] Auf physischem Wege, also im Bargeldverkehr, seien die Banken entbehrlich; in der digitalen Welt sollen die Kryptowährungen Banken entbehrlich machen. Die Blockchain kann daher Effizienz- und Kostensteigerungen bewirken, wenn sie Intermediäre wie Banken obsolet macht.[100]

Die Blockchain beeinflusst außerdem einen Wert, der nicht quantifizierbar ist: Vertrauen. Banken und Staaten nehmen im Finanzsektor großes Vertrauen in Anspruch – doch Vertrauen kann erschüttert werden. Durch die Finanzkrisen der 2000er Jahre und das gesellschaftliche Streben nach mehr Transparenz und Schutz der Privatsphäre hat sich ein Spannungsverhältnis zwischen Finanzsektor und Nutzenden entwickelt.[101] Missmut über politische und ökonomische

---

Bitcoin-Blockchain erschaffen hat. S. auch das Whitepaper in *Nakamoto*, Bitcoin: A Peer-to-Peer Electronic Cash System.

97 Zur Identität s. bereits FN 96.

98 *Nakamoto*, Bitcoin: A Peer-to-Peer Electronic Cash System, 1.

99 *Nakamoto*, Bitcoin: A Peer-to-Peer Electronic Cash System, 1.

100 *Pohlmann*, Cyber-Sicherheit, 467; ebenso lässt sich die Blockchain aber auch von Intermediären nutzen, um ihre Prozesse zu optimieren, vgl. *Roßbach* in: FinTech-Handbuch, § 4 Tz. 94.

101 Vgl. *Hütten/Thiemann* in: Bitcoin and Beyond, 25 (27, 31 ff.).

Entscheidungen hat die Etablierung von Technologien wie der Blockchain vorangetrieben. Diese kann durch weitgehende Anonymität bei gleichzeitiger Volltransparenz das schaffen, was dem Bankensystem kritisch vorgehalten wird.[102] Der scheinbare Widerspruch zwischen Anonymität und Transparenz kann durch die Blockchain aufgelöst werden: Eine Partizipation ist jedem Interessierten möglich, ohne dass die Identität preisgegeben werden muss. Hierfür werden die öffentlichen Keys bzw. Adressen geschaffen.[103] Das Netzwerk selbst basiert auf vollständig veröffentlichtem Open-Source-Code. Das System braucht daher gar kein Vertrauen („trustless[104]"); es funktioniert maschinell und logisch, ohne die Zwischenschaltung einer vertrauensbedürftigen Institution. Die Blockchain erhält so eine politische Dimension.

Viele Mechanismen des bekannten Bankensystems fallen daher weg. In steuerrechtlicher Hinsicht betrifft dies beispielsweise den bereits angesprochenen Austausch von Finanzkontendaten und das System der Abgeltungsbesteuerung.[105]

2. Struktur eines typischen Blockchain-Netzwerkes

Bei Blockchain-Netzwerken werden die Transaktionen dezentral in einem sogenannten Peer-to-Peer-Netzwerk verifiziert und gespeichert. Zu diesem Zweck wird die gesamte Datenbank auf den teilnehmenden Rechnern gespeichert (sog. „Nodes", also Knotenpunkte).[106] Durch diese Verteilung wird keine Zentralisierung (wie etwa beim Grundbuchamt oder einer Bank, vgl. sogleich Abb. 1) erreicht, sondern eine dezentrale Verteilung der Datenbestände geschaffen.[107] Die Nodes verifizieren erfolgte Transaktionen durch einen Abgleich mit den bestehenden Daten – sehen mehr als 50% der Nodes die Daten als integer an, wird die Transaktion verifiziert.[108] So wird ein einzelnes Verifizierungs- und Authentifizierungsinstitut obsolet und durch das „Votum" der teilnehmenden

102 *Lerch*, ZBB 2015, 190 (192).

103 *Nakamoto*, Bitcoin: A Peer-to-Peer Electronic Cash System, 6. S. auch *Rosenberger*, Bitcoin und Blockchain, 14 f. Zu Keys und Adressen s. unten Abschnitt C. I., S. 49 ff.

104 *Hütten/Thiemann* in: Bitcoin and Beyond, 25 (30).

105 *Kollmann* in: Handbuch Kryptowerte, § 17 Tz. 61.

106 *Narayanan et al.*, Bitcoin and Cryptocurrency Technologies, Foreword XXI.

107 Ein alternativ gebräuchlicher Name für die Technologie ist daher die „Distributed-Ledger-Technologie", sinngemäß die „Technologie verteilter Kontenbücher". S. hierzu *Roßbach* in: FinTech-Handbuch, § 4 Tz. 10 ff.

108 *Ertel/Löhmann*, Angewandte Kryptographie, 154 f.; *Roßbach* in: FinTech-Handbuch, § 4 Tz. 30 ff., auch zum Folgenden.

Rechner ersetzt. Die Verifizierung erfolgt dabei rein maschinell durch kryptografische Funktionen.[109] Grundlage des Netzwerkes ist sind also partizipierende Rechner, welche die Verwaltung und Wartung des Netzwerkes übernehmen. Hierfür ist aber keine menschliche Interaktion erforderlich, da das System maschinell-autark läuft. Auch Änderungen oder Updates am System müssen auf diesem Wege implementiert werden. Dies bedingt, dass viele blockchainbasierte Phänomene ohne menschliche Tätigkeit abgewickelt werden; dies wirft steuerrechtliche Fragen auf, da einige Besteuerungstatbestände ihre Verwirklichung an menschliches Handeln knüpfen.[110]

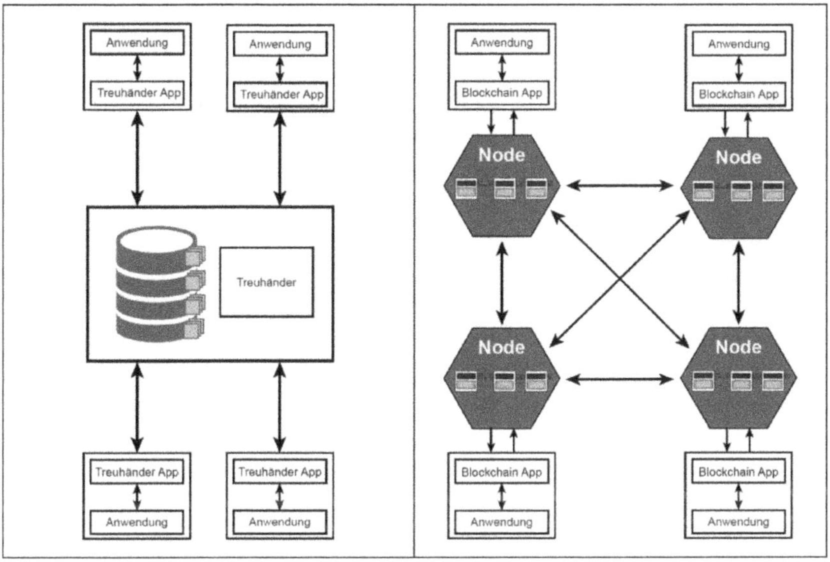

Abb. 1: Gegenüberstellung einer Zentralarchitektur (z.B. Banken-System) und eines typischen Blockchain-Netzwerkes. Die Nodes kommunizieren kontinuierlich und sind gleichberechtigt. Jede Node hat die vollständige Blockchain installiert; für eine Änderung der bzw. Hinzufügung zur Blockchain bedarf es im hier illustrierten Fall einer Übereinstimmung von mindestens drei Nodes. Die hier gewählte, vereinfache Darstellung soll nicht über die Komplexität der tatsächlichen Netzwerke hinwegtäuschen: Dort gibt es Tausende bis Millionen von Nodes. Grafik aus *Pohlmann*, Cyber-Sicherheit, 468.

109 Diese werden eingehend in Abschnitt C. II., S. 59 ff. besprochen.
110 So knüpfen § 15 Abs. 1 und 22 Nr. 3 EStG die Besteuerung an das Vorliegen einer Leistung bzw. eines Leistungsaustausches. Detailliert s. Abschnitt D. II., S. 84 ff.

3. Sicherheitsstandard und Manipulationsschutz

Eine weitere Eigenschaft, welche blockchain-basierten Systemem zugeschrieben wird, ist ein hoher Sicherheitsstandard und damit einhergehender Manipulationsschutz.

Bei einer Manipulation eines Datensatzes durch einen Teilnehmenden würden die falschen Informationen den übrigen Nodes bzw. dem System auffallen. Durch die zugrundeliegende kryptografische Sicherung besteht Kollisionsresistenz: Die kryptographische Programmierung bedingt, dass ein bestimmter Input an Daten ein exakt definiertes Ergebnis auslöst; die kleinste Änderung würde dieses Ergebnis invalidieren.[111] Dies gilt nicht nur für zu validierende Blöcke, sondern auch für bereits validierte Blöcke. Denn jeder Block trägt die Informationen des vorherigen in sich, sodass auch eine Manipulation vergangener Datenströme nicht möglich ist.[112] Insofern stützt sich die Blockchain auf die Idee der Schwarmintelligenz: Was mehr als 50% der Teilnehmenden im Netzwerk als richtig erachten und erachtet haben, gilt als konsentiert. Diese Rückverfolgbarkeit kann etwa den Finanzbehörden ermöglichen, die Herkunft von Vermögenswerten nachzuvollziehen oder Veräußerungszeitpunkte zu bestimmen.[113]

Die Schwarmintelligenz ist aber gleichzeitig eine (theoretische) Schwachstelle des Systems: Würde eine einzelne Person bzw. eine Gruppe kollusiv Zusammenwirkender über mehr als die Hälfte der Nodes verfügen, könnte ein falscher bzw. manipulierter Datensatz in die Blockchain aufgenommen werden; das System setzt das um, was durch die Mehrheit der Netzwerkbeteiligten beschlossen wird. Ein solch forcierter „50%+1-Angriff" würde den Angreifenden0020aber nicht zur Inhaberschaft aller Token verhelfen, sondern eine Gabelung des Blockchain-Netzwerkes bewirken.[114] Die Nodes, die nicht am Angriff partizipieren, würden die Fehlerhaftigkeit des neuen Blocks erkennen und ohne diesen weiterarbeiten. Praktisch bedeutet dies, dass sie die Blockchain mit dem Stand vor dem Angriff als maßgeblich erachten. Ein solcher Vorgang ist also theoretisch vorstellbar, hätte für die Angreifenden aber keinen Wert. Praktisch ist die

111 S. *Ertel/Löhmann*, Angewandte Kryptographie, 155 f. mit Beispielen.

112 *Roßbach* in: FinTech-Handbuch, § 4 Tz. 31 f.

113 Dies ist hinsichtlich der Haltefristen im Rahmen der privaten Veräußerungsgeschäfte, §§ 22 Nr. 2, 23 Abs. 1 S. 1 Nr. 2 EStG, relevant.

114 Auch zum Folgenden s. *Narayanan et al.*, Bitcoin and Cryptocurrency Technologies, 48 ff. Zum Phänomen einer solchen, „Fork" genannten, Gabelung s. Abschnitt C. II. 4., S. 73 ff.

Blockchain-Technologie daher äußerst manipulationsbeständig.[115] Daten können damit bis zu ihrem Ursprung zurückverfolgt werden, was einen Vorteil für die Steuererhebung darstellt.

Trotz der gerade konstatierten Manipulationsbeständigkeit gibt es doch zahlreiche Berichte über Diebstähle von Vermögenswerten.[116] Dies ist kein Widerspruch, sondern erklärbar: Die Blockchain selbst ist manipulationssicher. Nicht schützen kann die Blockchain-Technologie aber vor unbefugten Zugriffen auf die Rechner der Nutzenden selbst, wodurch unter Umständen die Zugriffsdaten exponiert werden können.[117] Dabei handelt es sich aber nicht um eine systemimmanente Schwäche, sondern um defizitäre Sicherheitsvorkehrungen bei der Aufbewahrung der Zugangsdaten seitens ihrer Inhabenden. Diese Anfälligkeit ist vergleichbar mit dem Phishing oder Ausspähen von Kontodaten bei Banken. Schadsoftware, aber auch individuelles Fehlverhalten können und werden weiterhin zum Verlust von Vermögenswerten führen.

---

115 *Pohlmann*, Cyber-Sicherheit, 508 ff.; *Roßbach* in: FinTech-Handbuch, § 4 Tz. 25 ff.; *Fill et al.* in: Blockchain, 10 ff.

116 Beispielhaft titelt das Handelsblatt, es seien kürzlich Token im Wert von rund 31 Millionen Euro bei einem Hackerangriff auf eine südkoreanische Tauschbörse „entwendet worden", s. https://www.handelsblatt.com/finanzen/maerkte/devisen-rohstoffe/kryptowaehrungen-bitcoin-kurs-bricht-nach-hackerangriff-auf-kryptoboerse-ein/22670236.html. Es handelt sich dabei aber weder um einen Diebstahl im juristischen noch im semantischen Sinne: Der Schaden liegt in der Ausspähung der privaten Zugangsdaten, welche bei der Börse abgespeichert waren. Wie bereits oben gezeigt können Token gar nicht „entwendet" werden, schon gar nicht in ihrer Verkörperung als Datensatz auf der Blockchain. Hier liegt vielmehr ein Fall des Phishings bzw. eine Datenpanne vor.

117 *Pohlmann*, Cyber-Sicherheit, 512 f.

C. Phänomenologie der Herstellung und Übertragung blockchain-basierter Vermögenswerte

I. Die Abwicklung von Transaktionen im Blockchain-System

1. Überblick über das Instrumentarium und Hilfsmittel

Nach der Einführung und Konturierung der essentiellen Begrifflichkeiten blockchain-basierter Netzwerke ist nun detailliert auf die Phänomenologie einzugehen und herauszustellen, wie die technischen Vorgänge in die Rechtstatsächlichkeit diffundieren. Dabei soll zunächst der Kern der Netzwerkfunktionen beleuchtet werden: das Durchführen von Transaktionen. Diese Transaktionen werden durch die übrigen Netzwerkbeteiligten verifiziert und so in die Blockchain aufgenommen. Dies wird durch verschiedene Konsensmechanismen erreicht, welche in einem zweiten Schritt dargestellt werden.

Technisches Kernstück der Blockchain und ihrer Vermögenswerte sind die Transaktionsvorgänge. Diese funktionieren, stark simplifiziert, nicht wesentlich unterschiedlich zum Online-Banking: Die Token lagern in einer digitalen Geldbörse („Wallet") und können von dort aus an die Adresse („Public Key") eines jeden Netzwerkbeteiligten geschickt werden. Zur Authentifizierung ist ein privater Schlüssel erforderlich, welcher nur der innehabenden Person bekannt sein sollte („Private Key").[118] Die abgeschlossene Transaktion wird sodann durch das System und die übrigen Netzwerkbeteiligten verifiziert und bestätigt („Mining" bzw. „Staking").[119] Für sämtliche dieser Anglizismen lässt sich ein Gegenstück im bekannten Bank-Überweisungsverfahren finden[120]: Wallets entsprechen den Websites und Apps der Bank, um das Online-Banking zu betreiben. Public Keys sind mit Bankadressen, Private Keys mit den zugehörigen PINs vergleichbar. Die Verifizierung erfolgt durch die Mitarbeitenden bzw. den Server der Bank. Es scheint also prima facie, als gäbe es keine paradigmatischen Unterschiede zwischen den Systemen. Zur präzisen Bestimmung der Tatsachengrundlage reicht

118 Die Begriffe werden sogleich erläutert, Wallets unter 2. a), S. 50, Keys unter 3., S. 56.

119 Diese Konsensmachnismen werden eingehend unter II. besprochen, S. 59 ff.

120 Vgl. auch zum Folgenden *Fromberger/Zimmermann* in: Handbuch Kryptowerte, § 1 Tz. 16 ff.; *Hötzel*, Virtuelle Währungen, 19 ff.

ein solch kursorischer Blick jedoch nicht aus. Um die Phänomenologie der blockchain-basierten Vermögenswerte akkurat in die Einkunftssystematik des Einkommensteuerrechts einzuordnen, bedarf es einer ebenso akkuraten Aufarbeitung der Rechtstatsächlichkeit.[121] Spezifika zu kryptographischen Fragen und Abläufen werden dabei nicht vertieft, soweit ihnen keine Rechtserheblichkeit zukommt.

Im Folgen werden die oben eingeführten Begriffe erklärt und in den Kontext des Blockchain-Netzwerkes gebracht. Anschließend wird der Ablauf einer Transaktion illustriert und erklärt. Bereits jetzt ist herauszustellen, dass sich die Erläuterungen auf typische Vorgänge in Blockchain-Netzwerken beziehen. Die Codierung ist allerdings flexibel und kann daher variieren. Für den Großteil der Netzwerke dürfte aber eine Struktur vorherrschen, welcher der Bitcoin-Blockchain nahekommt und im Folgenden dargestellt wird.

2. Instrumente zum Verwalten von Werteinheiten: „Wallets" und weitere Programme

a) „Wallets"

Die Blockchain als digitales Netzwerk bedingt den Einsatz von Applikationen, mithilfe derer die Nutzenden ihre Token-Bestände einsehen und verwalten können. Diese Apps sind die Schnittstelle zwischen Blockchain und Anwendenden. Die Blockchain wird durch diese Apps überhaupt erst handhabbar gemacht; in ihrer Rohform ist die Blockchain schlussendlich nur ein Berg aus Daten, der für eine fachfremde Person unmöglich zu interpretieren ist. Den Apps kommt daher die wichtige Aufgabe zu, die Informationsmenge zu rationalisieren und wichtige Instrumente zu bieten (z.B. die Suche nach Transaktionen). Die Vielfalt in solchen Applikationen ist daher enorm.

Zentral für die Verwaltung der Token sind die Wallets. Diese sind üblicherweise als App oder Computer-Programm ausgestaltet, mit welchen die Nutzenden ihre Währungsbestände einsehen und verwalten kann.[122] Sie enthalten die „Zugangsdaten" des jeweiligen Nutzenden und sind als digitale Geldbörse anzusehen.[123] Es ist jedoch wichtig, hervorzuheben, dass die Token nicht in den Wallets abgelegt sind. Diese bieten vielmehr die Zugriffsmöglichkeit auf die

---

121 Vgl. *Hötzel/Krüger/Niermann/Scherer/Lehmann*, ifst-Schrift 533, 6 f.

122 *Pesch*, Cryptocoin-Schulden, 13.

123 *Narayanan et al.*, Bitcoin and Cryptocurrency Technologies, 77 ff.; *Rosenberger*, Bitcoin und Blockchain, 22 ff.

Token durch die Hinterlegung der Zugangsdaten.[124] Die Funktionsweise dieser Programme ist dabei breit gestreut, sodass bereits Ratgeber existieren, welche Wallet für die Bedürfnisse der Nutzenden am besten geeignet ist.[125] Ein wichtiger Unterschied zwischen den Wallet-Programmen ist, dass einige gleichzeitig die Funktion als Node[126] erfüllen. Dementsprechend muss bei diesen Programmen die Blockchain fortlaufend aktualisiert werden, was einen hohen Datenfluss mit sich bringt. Die „Standard-Wallets" sind daher nicht gleichzeitig Nodes, sondern beinhalten lediglich eine Schnittstelle zum Datenfluss der Blockchain. Umfassendere Programme bringen Kapitalmarktdaten oder Kursraten mit sich.

Abb. 2: Benutzeroberfläche der Wallet „Electrum[127]" für Bitcoin. Die Reiter geben Optionen, um Kontobewegungen nachzuvollziehen („History"), Token zu versenden („Send"), Token zu empfangen („Receive") und Adressen wie Token zu verwalten („Addresses" und „Coins"). Die öffentliche Adresse, an welche Token gesendet werden, ist im oberen Feld eingeblendet und kann kopiert werden. Mithilfe des Interfaces kann auch ein „Request", also eine Zahlungsanfrage, formuliert werden. Token können auch

124 *Hötzel*, Virtuelle Währungen, 20; *Fromberger/Zimmermann* in: Handbuch Kryptowerte, § 1 Tz. 25.

125 So stellt https://bitcoin.org/en/choose-your-wallet einen Ratgeber zur Hand, welcher anhand getroffener Vorentscheidungen eine Wallet vorschlägt.

126 Hierzu s. bereits in Abschnitt B. II. 2., S. 44.

127 www.electrum.org.

transferiert werden, indem der QR-Code eingescannt wird. Die Wallet bietet insgesamt wenig Funktionen und richtet sich daher an „Neulinge".

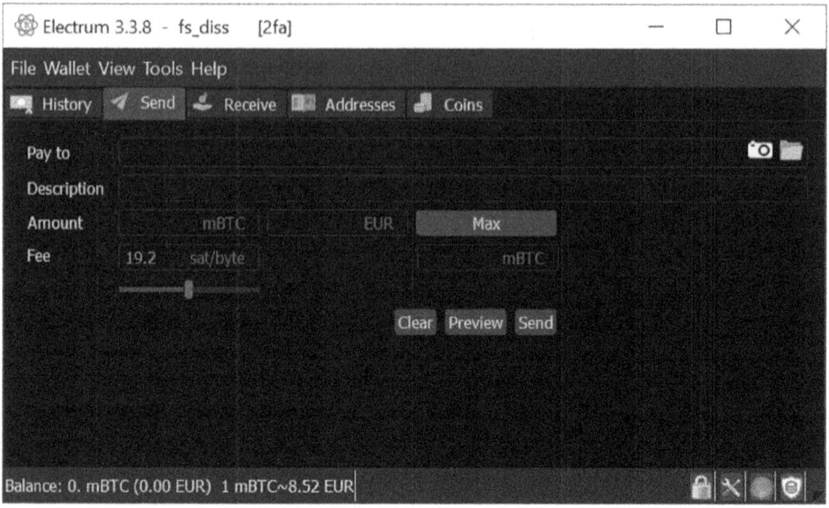

Abb. 3: Ansicht des Reiters „Send" in der Wallet „Electrum". Die Eingabe der öffentlichen Adresse der empfangenden Person kann durch manuelle Eingabe oder QR-Code (s. Abb. 2) erfolgen. Die Menge an Bitcoin wird automatisch in Euro umgerechnet. Die Transaktionsgebühr kann individuell festgelegt werden, im Bild ist diese an der Speichergröße orientiert.

Innerhalb der Wallets kann noch einmal zwischen verschiedenen Typen unterschieden werden.[128] Die wohl häufigste Form von Wallets sind Desktop- bzw. Mobile-Wallets, also Applikationen, die auf dem PC, Tablet oder Smartphone gespeichert sind. Sie zeichnen sich durch einfache Handhabung und – im Falle der Mobile-Wallets – durch Portabilität aus.[129] Außerdem gibt es Hardware-Wallets, bei denen die Daten auf einer externen Speichereinheit, z.B. einem USB-Stick, lagern. Diese bringen den Vorteil mit sich, nicht extern angreifbar zu sein und weisen daher eine weitgehende Immunität gegen Schadsoftware auf. Allerdings birgt diese Methode die Gefahr eines Verlustes der Token-Bestände

---

128 S. *Rosenberger*, Bitcoin und Blockchain, 22 ff.; *Fromberger/Zimmermann* in: Handbuch Kryptowerte, § 1 Tz. 24 ff.

129 *Rosenberger*, Bitcoin und Blockchain, 23.

infolge von Abhandenkommen oder Defekt des Speichergeräts.[130] Ähnliche Vorzüge und Nachteile bieten die sogenannten Paper-Wallets, bei denen die Daten ausgedruckt und so aufbewahrt werden.[131] Zuletzt sind Online-Wallets zu nennen, bei welchen die Zugangsdaten von Anbietenden abgespeichert werden. So sind die Wallets von überall nutzbar, da keine App o.ä. installiert werden muss. Gleichzeitig ist diese Variante die unsicherste, da einer dritten Person die Zugangsdaten bekanntgemacht werden und dieser daher über die Token verfügen könnte.[132] Selbst bei einem vertrauenswürdigen Anbietenden besteht die Gefahr, dass die Speicherstände durch Schadsoftware oder Hacker-Angriffe ausgelesen werden.[133]

b) Sonstige Programme

Neben den Wallets gibt es einige Programme, die das Arbeiten, Handeln und Entdecken der Blockchain vereinfachen. Exemplarisch sind die sogenannten „Blockchain-Explorer" zu nennen. Diese ermöglichen den Nutzenden das Auffinden einer bestimmten Transaktion oder eines bestimmten Blocks in der Blockchain. Dabei müssen die Suchenden nicht die gesamte Blockchain herunterladen, sondern kann auf der Seite oder im Programm des Explorers suchen.

---

130 *Narayanan et al.*, Bitcoin and Cryptocurrency Technologies, 76 f.

131 *Rosenberger*, Bitcoin und Blockchain, 23 f.

132 Bezüglich des bekannten Mt- Gox-Skandals wird ein sogenannter „Inside Job" vermutet, bei dem die Zugangsdaten von Nutzenden ausgespäht wurden, vgl. https://www.coindesk.com/missing-mt-gox-bitcoins-inside-job-japanese-police. Zum Skandal s. bereits FN 6.

133 *Narayanan et al.*, Bitcoin and Cryptocurrency Technologies, 88. Dies geschah bereits mehrmals, s. etwa den Hack bei BitFinex unter https://www.nytimes.com/2016/08/04/business/dealbook/bitcoin-bitfinex-hacked.html (damaliger Wert der entwendeten Token: 72 Millionen US-Dollar).

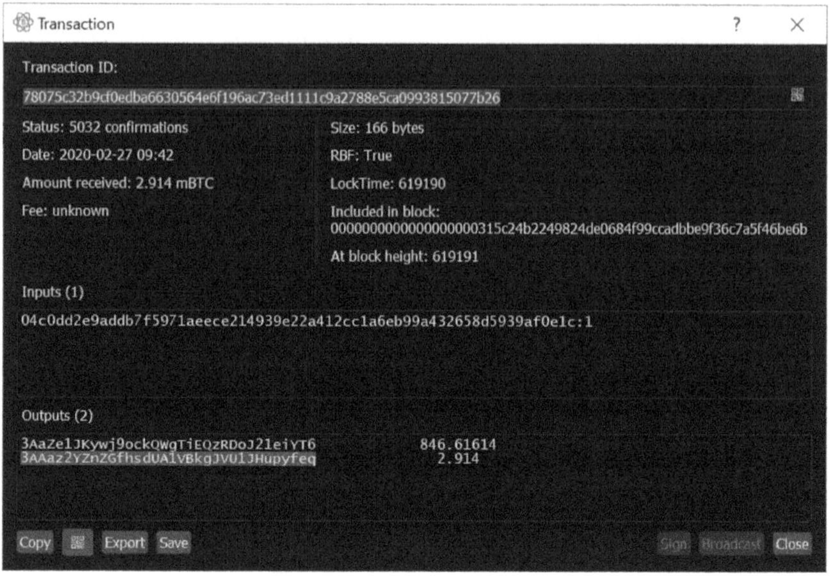

Abb. 4: Details einer Transaktion in der Wallet-App Electrum. Wichtig ist hierbei allein die „Transaction ID". Alle weiteren, darunter stehenden Informationen können aus ihr abgeleitet werden (s. in der nachfolgenden Abb. 5).

Abb. 5: Nach Eingabe der zuvor extrahierten Transaction ID in einen Blockchain-Explorer[134] erhält die suchende Person alle Informationen, welche die Transaktion betreffen. So sind etwa die Empfangenden (hier zwei) und das Volumen der Transaktion sichtbar. Die vom Verfasser getätigte Transaktion (Kauf von 0,002914 Bitcoin) entsprach nur dem Bruchteil des Volumens, da eine weitere Person circa 0,85 Bitcoin kaufte – der Gegenwert betrug circa 7.500€.

Es kann daher mit einfachen Mitteln gezeigt werden, dass die Transparenz der Blockchain eine umfassende Kontrollmöglichkeit gibt. Zur Nachverfolgung bedarf es keiner umfassend IT- oder gar Kryptographie-Kenntnisse. Diese Möglichkeiten sind daher für Finanz- und Strafverfolgungsbehörden interessant, da so Transaktionen von Steuerpflichtigen jederzeit nachvollziehbar sind.[135] Viele Blockchain-Explorer ermöglichen sogar, eine ganze Kette von Transaktionen über große Zeiträume hinweg zu verfolgen, sodass Token-Bestände über längere Zeiträume zugeordnet werden können.

---

134 In diesem Fall https://www.blockchain.com/explorer. Durch die Eingabe des Hash-Wertes der Transaktion lässt sich diese jederzeit vom Lesenden nachvollziehen: 78075c32b9cf0edba6630564e6f196ac73ed1111c9a27 88e5ca0993815077b26.

135 Zu diesem Aspekt siehe etwa *Pesch/Böhme*, DuD 2017, 93; *Goger*, MMR 2016, 431.

3. „Keys" und Signierung von Transaktionen

a) *Doppelfunktion des Schlüsselpaares*

Die bereits mehrfach genannten Keys haben im Blockchain-Netzwerk eine Doppelfunktion: Einerseits anonymisieren sie die Nutzenden, indem alleine sie als Code in der Blockchain erscheinen und so einen Rückschluss auf die Identität ausschließen. Gleichzeitig eröffnen sie aber auch die Erreichbarkeit im Netzwerk, indem sie als Empfangs- und Authentifizierungsadresse fungieren. Sie können daher mit Kontonummer und PIN bei Banken gleichgesetzt werden.[136] Dabei ist es so gut wie ausgeschlossen, von dem öffentlichen auf den privaten Key zu schließen (sog. Asymmetrische Verschlüsselung).[137] Die doppelte Vergabe von Keys ist nicht unmöglich, aber höchst unwahrscheinlich.[138] Die Keys werden bei der Einrichtung einer Wallet erzeugt. Da es keine Beschränkungen bei ihrer Erstellung gibt, kann eine nutzende Person beliebig viele Schlüsselpaare erzeugen und sich so mehrere Identitäten (und damit „Konten") im Netzwerk verschaffen.

b) *Öffentlicher Schlüssel*

Der öffentliche Schlüssel ist die Empfangsadresse der Nutzenden und daher für die übrigen Netzwerkbeteiligten sichtbar, z.B. bei Transaktionen oder einem erfolgreichen Mining/Staking. Allerdings wird der öffentliche Schlüssel nochmal durch einen Hash-Wert[139] abgekürzt, welcher sich dann in der Blockchain

---

136 *Lerch*, ZBB 2015, 190 (193).

137 *Pesch*, Cryptocoin-Schulden, 8; *Ertel/Löhmann*, Angewandte Kryptographie, 26, 78 f.

138 *Narayanan et al.*, Bitcoin and Cryptocurrency Technologies, 20. Je nach Verschlüsselungsgrad variiert die Chance einer Vergabe desselben Schlüsselpaares. Für Bitcoin mit seiner SHA256-Verschlüsselung ergibt sich ein Schlüsselraum von 2^{256} Möglichkeiten an Zeichenfolgen. Genauer sind dies 115792089237316195423570985008687907853269984665640564039 457584007913129639936 Möglichkeiten, wodurch deutlich wird, dass eine Doppelvergabe rein theoretisch bleiben dürfte. Zum kryptographischen Hintergrund s. *Ertel/Löhmann*, Angewandte Kryptographie, 27 ff.

139 Ein Hash beschreibt den „kryptographischen Fingerabdruck" eines Datensatzes, welcher mittels Hash-Funktionen in eine bestimmte Zeichenlänge „gepresst" wird. Dabei ist die Länge des Datensatzes unerheblich. Bereits die Änderung eines Zeichens im Datensatz führt zu einem gänzlich anderen Hash-Wert (sog. Lawineneffekt). Zur Verschlüsselung existieren unterschiedliche Standards; die Bitcoin-Blockchain verwendet mit SHA256 etwa einen Hash mit 256 Bits, also 64 Zeichen. Zweck der Hash-Algorithmen ist einerseits die Schaffung größerer Anonymität, andererseits die Einsparung von Speicherplatz, da große Datenmengen mit 64 Zeichen abgebildet

wiederfindet (sog. Öffentliche Adresse). Adresse und Key sind daher nicht identisch; die öffentliche Adresse ist die hashbasierte Verkürzung des öffentlichen Schlüssels. Die nutzende Person muss ihrem Gegenüber die öffentliche Adresse offenlegen, um von diesem Beträge erhalten zu können.[140]

c) Privater Schlüssel

Der private Schlüssel hat eine Authentifizierungs- und Signaturfunktion. Mit ihm können die Hash-Werte, aus welchen sich die Transaktionsdaten ableiten, „unterschrieben" und so authentifiziert werden.[141] So wird etwa eine Transaktion über die Blockchain zunächst mit dem öffentlichen Schlüssel der innehabenden Person der Token kodiert. Die Autorisierung der Transaktion kann dann nur über den privaten Schlüssel der innehabenden Person erfolgen. Mit diesem wird die Transaktion signiert und freigegeben, sodass alle Netzwerkbeteiligten nachvollziehen können, dass das Einverständnis der innehabenden Person vorliegt.[142] Die Funktionsweise gleicht dabei der handschriftlichen Signatur, etwa unter einem Vertrag: Nur die ausstellende Person kann die Signatur leisten, aber sämtliche Beteiligten können erkennen, dass die Unterschrift von ihr stammt.[143] So kann diejenige Person, die den öffentlichen Schlüssel kennt, überprüfen und feststellen, ob die übermittelte Nachricht echt ist und von der innehabenden Person stammt. Dies erhöht zwar nicht die Sicherheit der Daten, lässt aber ein Mindestmaß an Absicherung und Transparenz für potentielle Handelsbeziehungen zu.[144]

Es ist wichtig, hervorzuheben, dass es nicht erforderlich ist, der empfangenden Person den privaten Schlüssel bekannt zu machen. Hierin liegt gerade die Stärke der asymmetrischen Verschlüsselung und ihrer Einweghashfunktionen[145]: Der

---

werden können. Hierzu s. *Ertel/Löhmann*, Angewandte Kryptographie, 98 ff.; *Beutelspacher,* Kryptologie, 141.

140 *Wätjen*, Kryptographie, 73 f.

141 *Ertel/Löhmann*, Angewandte Kryptographie, 153 ff.; *Sixt*, Bitcoins, 37 f.

142 Vgl. *Wätjen*, Kryptographie, 75; *Sixt,* Bitcoins, 37 f.

143 *Narayanan et al.*, Bitcoin and Cryptocurrency Technologies, 15; *Roßbach* in: FinTech-Handbuch, § 4 Tz. 37.

144 *Kaulartz*, CR 2016, 474 (475); *Pesch*, Cryptocoin-Schulden, 9.

145 Der Begriff „Einweghashfunktion" beschreibt den Zustand eines Hash-Wertes, von welchem nicht auf den verschlüsselten Datensatz geschlossen werden kann. Die kryptographische Verschlüsselung fuknktioniert nur in „eine Richtung"; diese Tatsache ist Grundlage der asymmetrischen Verschlüsselung, vgl. *Roßbach* in: FinTech-Handbuch, § 4 Tz. 38.

öffentliche Schlüssel genügt, um das Vorhandensein des privaten Schlüssels zu überprüfen. Eine Gewinnung des privaten aus dem öffentlichen Schlüssel ist gleichzeitig nahezu unmöglich.[146]

4. Ablauf einer Transaktion

Nach der Darstellung der Instrumentarien ist nun zu zeigen, welche Schritte und Abfolgen notwendig sind, um einen Wechsel der Inhaberschaft an einem Token zu bewirken. Transaktionen sind ein wesentliches auslösendes Moment für steuerrechtliche Fragen, da durch sie Werte realisiert und so Steuervorfälle geschaffen werden.[147]

Wie bereits zuvor erwähnt werden Transaktionen üblicherweise über die Wallets bzw. deren integrierten Funktionen abgewickelt und nicht in direkter Interaktion mit der Blockchain. Sie fungieren als „Cockpit" für alle Funktionen der Blockchain.[148] Hierfür müssen sich die Token zunächst einmal in der Wallet befinden, das heißt eine Transaktion fremder Token ist genau so wenig möglich wie eine „Überziehung" des eigenen Kontos.[149] Die empfangende Person muss nun seinen öffentlichen Schlüssel mitteilen, woraufhin die tokeninnehabende Person die Transaktion an diese Adresse veranlassen kann.[150] Auf Ebene der Wallet genügt hierfür die Eingabe der Transaktionsdaten, also der Menge der zu übersendenden Token, der Empfangsradresse und ggf. der Transaktionsgebühren. Auf Ebene der Blockchain signiert die tokeninnehabende Person die Transaktion mit ihrem privaten Schlüssel, sodass die empfangende Person erkennen kann, dass die Transaktion authentisch und integer ist.[151] Die empfangende Person und alle übrigen Netzwerkbeteiligten können so durch einen Abgleich mit dem öffentlichen Schlüssel auf einen Blick erkennen, ob die Transaktion authentisch ist.[152] Praktisch geschieht der Abgleich automatisiert durch die dazugehörige Software – ein manueller Abgleich findet in der Regel nicht statt. Die Nutzenden der Wallet-Software werden die Integrität der Transaktion am ehesten daran erkennen, dass ihnen die Token gutgeschrieben werden.

---

146 *Ertel/Löhmann*, Angewandte Kryptographie, 98 ff.; *Wätjen*, Kryptographie, 93 ff.
147 Vgl. *Kollmann* in: Handbuch Kryptowerte, § 17 Tz. 14.
148 Vgl. *Narayanan et al.*, Bitcoin and Cryptocurrency Technologies, 76 ff.
149 *Pesch*, Cryptocoin-Schulden, 13.
150 *Fromberger/Zimmermann* in: Handbuch Kryptowerte, § 1 Tz. 18.
151 *Fill et al.* in: Blockchain, 9 f.; *Fromberger/Zimmermann* in: Handbuch Kryptowerte, § 1 Tz. 18.
152 *Pesch*, Cryptocoin-Schulden, 13; *Hötzel*, Virtuelle Währungen, 20 f.

II. Verifikationsmechanismen und Kommunikation im Blockchain-Netzwerk

1. Verifikationsmechanismen und „double-spending-Problem"

Die zuvor beschriebene Abwicklung einer Transaktion behandelt die Kommunikation zwischen tokeninnehabender Person und empfangender Person. Sie endet mit der Gutschrift der Token in der Wallet der empfangenden Person. Bei der Darstellung wurde jedoch der gewichtigste Zwischenschritt ausgelassen: Die Einspeisung der Transaktion in das Blockchain-Netzwerk. Es gilt, die Transaktion nicht nur zwischen den Handelnden, sondern zudem für alle Netzwerkbeteiligten sichtbar zu machen.

Die große Hürde eines jeden Peer-to-Peer-Systems ist dabei die Überwindung des sogenannten „double-spending-Problems[153]": Die empfangende Person einer Transaktion muss sich sicher sein können, dass die versprochenen Token nicht bereits anderweitig übertragen wurden. Dies wird im bekannten Zahlungsverkehr durch die Bank gewährleistet, welche die Konten führt und versichern kann, dass ein bestimmter Betrag auch tatsächlich vorhanden ist. Doch für die Blockchain funktioniert dies nicht, da eine zentrale Instanz gerade unerwünscht ist. Bis ein neuer Block die neue Inhaberschaft an einem Token manifestiert, kann die noch-innehabende Person ihre Token aber grundsätzlich an mehrere Parteien veräußern. Das nötige Vertrauen muss daher auf dem Wege eines dezentralisierten Konsenses geschaffen werden.[154] Die praktische Umsetzung besteht darin, die Transaktionsdaten an alle Netzwerkbeteiligten zu übermitteln – auch schon vor der Aufnahme einer Transaktion in einen Block. Denn nur durch Kenntnis aller bisherigen Transaktionen kann durch die übrigen Beteiligten gewährleistet werden, dass ein Token nicht zweimal vergeben wird.[155] Daher wird eine durchgeführte Transaktion an alle Netzwerkbeteiligten übermittelt, um so Transparenz über die bevorstehende Transaktion zu schaffen.[156]

---

153 *Narayanan et al.*, Bitcoin and Cryptocurrency Technologies, 22; *Roßbach* in: FinTech-Handbuch, § 4 Tz. 18 ff., auch zum Folgenden.

154 Zum Begriff und zum Folgenden vgl. *Narayanan et al.*, Bitcoin and Cryptocurrency Technologies, 28 ff.; *Sixt*, Bitcoins, 43.

155 *Nakamoto*, Bitcoin: A Peer-to-Peer Electronic Cash System, 2; *Roßbach* in: FinTech-Handbuch, § 4 Tz. 43 f. In diesen Fällen würde die Transaktion von den partizipierenden Nodes zurückgewiesen werden.

156 Vgl. *Fromberger/Zimmermann* in: Handbuch Kryptowerte, § 1 Tz. 18.

Während die bisher behandelten Mechanismen bekannte Verfahren bei Banktransaktionen widerspiegeln, ist das Verifikationsverfahren erheblich komplexer und ohne vergleichbares Beispiel. Um eine vertrauensvolle und integre Aufzeichnung der Transaktionen zu gewährleisten, bedarf es eines Protokolls, welches die Verifikation sicherstellt, transparent und manipulationsbeständig ist.[157] Hierbei haben sich zwei Modelle herausgebildet: das „Mining" (oder Proof-of-Work) und das „Staking" (oder Proof-of-Stake). Die konkreten Mechanismen innerhalb der verschiedenen Blockchains variieren dabei stark; es gibt viele Inhomogenitäten in den Bereichen der Verifikationsmechanismen.[158] Bei der Beschreibung der Vorgänge können daher nicht alle Formen der Verifikation bis in das letzte Detail analysiert werden; oft sind die Unterschiede auch rein informationstechnologischer Natur, sodass sich für die Besteuerung keine Implikationen ergeben.[159] Im Kern lassen sich aber fast alle Netzwerke auf diese beiden Modelle rückführen.[160] Daher ist die generelle Funktionsweise der beiden Modelle zu beschreiben. Auf Sonderformen wird eingegangen, sofern es sich dabei um wiederholt vorkommende Phänomene handelt oder andere Rechtsfragen aufgeworfen werden.

2. Das Mining als Verifikationsmechanismus

a) *Überblick*

Das Mining ist eine besonders prominente Begleiterscheinung der Blockchain-Technologie. Es ist eine technische Neuheit und mit keinem bekannten technologischen Verfahren zu vergleichen – am ehesten kann es als digitales Goldschürfen bezeichnet werden.

Allgemeine Bekanntheit erlangte insbesondere das Mining der Bitcoin-Blockchain durch die extremen Rechenkapazitäten, die hierfür notwendig wurden.[161] Aber nicht jede Blockchain muss und kann mit einem solchen Aufwand

---

157 *Pohlmann*, Cyber-Sicherheit, 482; *Rosenberger*, Bitcoin und Blockchain, 65 ff.

158 *Fill et al.* in: Blockchain, 10.

159 Vgl. *Hötzel/Krüger/Niermann/Scherer/Lehmann*, ifst-Schrift 533, 6 f.; *Kollmann* in: Handbuch Kryptowerte, § 17 Tz. 4.

160 *Roßbach* in: FinTech-Handbuch, § 4 Tz. 46.

161 S. etwa https://www.handelsblatt.com/finanzen/maerkte/devisen-rohstoffe/kryptowaehrung-bitcoin-boom-auf-island-stromkonzern-fuerchtet-energienotstand/20956254.html?ticket=ST-2369732-pGLLop6cNNUtZJekjbRM-ap6, wonach der Energieverbrauch die Stromversorgung auf Island vor große Probleme stellt.

„gemint" werden.[162] Schlussendlich handelt es sich beim Mining um einen Prozess von existenzieller Wichtigkeit für die Blockchain: Das Mining ist der Katalysator für die Erzeugung neuer Blocks, die der bereits bestehenden Kette angefügt werden. In anderen Worten: Ohne ein funktionierendes Mining-System ist die Blockchain wertlos, da sie nicht aktualisiert würde und Transaktionen so nicht durchgeführt werden könnten.[163]

Ausgangspunkt ist dabei die Vorstellung, dass alle Transaktionen des Netzwerkes periodisch in Blöcken zusammengefasst und so in das Netzwerk aufgenommen werden.[164] Der Inhalt dieser Blöcke wird von allen Netzwerkrechnern konsentiert und so verifiziert. Die zu erbringende Leistung ist dabei die Suche nach dem Hash-Wert des nächsten Blocks, welcher nur durch Ausprobieren gefunden werden kann.[165]

b) Aufbau eines „Blocks"

aa) Inklusion der Transaktionsdaten und „Merkle Tree"

Vor der Erläuterung des Mining-Prozesses sind die Komponenten eines jeden Blocks herauszustellen. Ein einzelner Block stellt dabei die Gesamtheit aus den Transaktionsdaten der einzufügenden, noch unbestätigten Transaktionen, einem Zeitstempel und Hash-Werten dar.[166]

Eine besondere Schwierigkeit stellt die Einbeziehung verschiedener, unbestätigter Transaktionen in nur einen Block dar.[167] Hierbei ist zunächst die Ausgangssituation zu beachten: Die Handelnden übermitteln die Transaktion an das Netzwerk, genauer gesagt an eine erste Node. Von dort aus muss die Transaktion an die übrigen Nodes weitergeleitet werden, um überhaupt bekannt zu werden. Die technische Herausforderung besteht also nicht nur darin, mehrere Transaktionen auf einmal zu verifizieren, sondern insbesondere fortlaufend bekanntwerdende Transaktionen zu bündeln.

---

162 Dies skaliert, grob vereinfacht, mit der Gesamtrechenleistung im Netzwerk. Es ist gleichzeitig durch die „Difficulty" und das „Target" justierbar, s. unten c) dd), S. 67.

163 Vgl. *Narayanan et al.*, Bitcoin and Cryptocurrency Technologies, 46 f.

164 *Rosenberger*, Bitcoin und Blockchain, 65 f.

165 Gesucht ist konkret eine Zahl („Nonce"), durch welche sich ein gewünschter Hash-Wert ergibt. Zu dieser Zahl s. sogleich.

166 *Ertel/Löhmann*, Angewandte Kryptographie, 158 f.

167 Auch zum Folgenden s. *Pohlmann*, Cyber-Sicherheit, 473 f.; *Narayanan et al.* Bitcoin and Cryptocurrency Technologies, 10 ff.

Hierzu bedient sich die Blockchain eines kryptographischen Verfahrens, welches es ermöglicht, für mehrere Transaktionen einen Gesamt-Hash zu bilden, dem sogenannten „Merkle Tree[168]" oder „Wurzel-Hash".[169] Dabei werden die Transaktionen paarweise zu einem Hash gebündelt und anschließend mit anderen Hashes verknüpft (s. Abb. 6). Der entstehende „Merkle Tree" kann beliebig viele „Blätter" tragen und verjüngt sich schlussendlich zu einem einzigen Hash-Wert im Stamm des Baumes. Von diesem Hash-Wert aus lassen sich alle Hash-Werte in der Kette rückberechnen und nachvollziehen.[170] Auch hier besteht Manipulationssicherheit, da jede kleinste Änderung den Hash-Wert invalidieren würde.[171] Nur die „Wurzel" des Baumes, also der Hash-Wert am Ende der Kette, wird in den Block übernommen. So lässt sich die große Menge an Transaktionen in nur einem einzigen Hash-Wert darstellen.[172]

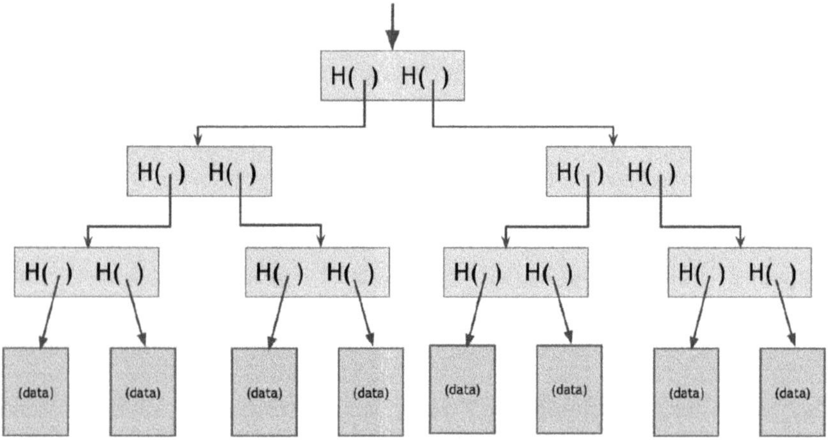

Abb. 6: Bündelung von Hash-Werten durch einen Merkle Tree. Die Transaktionsdaten (in der Grafik als „(data)" dargestellt) werden zu Paaren gebündelt, bis ein einzelner Hash-Wert übrigbleibt, der sogenannte Merkle Root. Der Merkle Tree lässt sich über beliebig viele Ebenen fortführen. Grafik nach *Narayanan et al.*, Bitcoin and Cryptocurrency Technologies, 13.

168 Benannt nach dem Erfinder, Ralph Merkle.

169 *Ertel/Löhmann*, Angewandte Kryptographie, 156; *Narayanan et al.*, Bitcoin and Cryptocurrency Technologies, 12 f.; *Fill/Meier*, Blockchain kompakt, 8 f.

170 *Fill/Meier*, Blockchain kompakt, 9.

171 *Narayanan et al.*, Bitcoin and Cryptocurrency Technologies, 13.

172 *Pohlmann*, Cyber-Sicherheit, 473.

bb) Hash-Werte im Block und „Nonce"

Neben dem Merkle Root finden noch einige Hash-Werte Eingang in den Block: So wird stets der Hash-Wert des Vorgängerblocks aufgeführt, um die Kontinuität der Kette zu beweisen und zu gewährleisten.[173] Dadurch, dass jeder Block den Hash-Wert des Vorgängerblocks enthält, wird eine lückenlose Nachverfolgung vom ersten bis zum letzten Block möglich.[174] Neben anderen Daten enthält also jeder Block mehrere Hash-Werte: Den des Merkle Roots (das heißt der Hash-Wert, der beim zuvor besprochenen Merkle Tree als „Stamm" verbleibt), den des vorherigen Blocks und den eigenen Hash-Wert.[175] Dadurch sind Blöcke, trotz der Menge an enthaltenen Daten, speichereffizient. Bei der Bitcoin-Blockchain etwa entfallen auf jeden Block mehrere tausend Transaktionen, doch sind die Blöcke nur einige Megabyte groß.[176]

Ein weiteres wichtiges Element im Block ist die „Nonce" genannte Zufallszahl. Wie bereits beschrieben ändert sich ein Hash-Wert grundlegend, wenn auch nur ein Bit des verschlüsselten Datensatzes geändert wird.[177] Diese Besonderheit wird von vielen Netzwerken ausgenutzt, um ein gewünschtes „Ergebnis" zu erzeugen: Durch varrierende Eingaben dieser Nonce wird der Hash-Wert des Blocks verändert, bis das gewünschte Ergebnis erreicht wird.[178] Sie fungiert als „Stellschraube", um immer wieder unterschiedliche Hash-Werte zu generieren, bis der richtige gefunden wird.[179] Dies wird beim Mining von entscheidender Wichtigkeit sein, da nur durch repetitives Einfügen neuer Nonce-Werte der Hash-Wert im Rahmen des Proof-of-Work geändert werden kann.[180] Wird durch eine

---

173 *Ertel/Löhmann*, Angewandte Kryptographie, 158.

174 *Pohlmann*, Cyber-Sicherheit, 472 f.

175 *Narayanan et al.*, Bitcoin and Cryptocurrency Technologies, 64 ff.; *Ertel/Löhmann*, Angewandte Kryptographie, 158 f.

176 Der bereits oben beschriebene Block #619191 enthält beispielsweise 3131 Transaktionen und ist lediglich 1,33 Megabyte groß, https://www.blockchain.com/btc/block/619191. Bei zu erwartenden 144 Blocks am Tag wächst die Blockchain dennoch schnell.

177 S. Abschnitt B. II. 3., S. 46.

178 Dieses Ergebnis entspricht dem Hash-Wert des nächsten, beim Proof-of-Work zu findenden Block.

179 *Pohlmann*, Cyber-Sicherheit, 484 f.

180 Die in den Block aufzunehmenden Transaktionen werden für jeden Miner irgendwann „gesperrt", da die Neuaufnahme von Daten zwangsläufig eine Neuaufnahme des Proof-of-Work-Prozesses beinhalten würde. Nur durch die Nonce lässt sich die feststehende Datenmenge noch manipulieren.

Nonce der gesuchte Hash-Wert erreicht, ist der Proof-of-Work erbracht und der nächste Block gefunden.[181] Der gesamte Mining-Prozess besteht also – vereinfacht beschrieben – in der wiederholten Eingabe unterschiedlicher Zufallszahlen, bis eine „funktionierende“ gefunden ist und den Proof-of-Work erbringt.[182]


```
{
  "data":{
    "619191":{
      "block":{
        "id":619191,
        "hash":"0000000000000000000315c24b2249824de0684f99ccadbbe9f36c7a5f46be6b",
        "date":"2020-02-27",
        "time":"2020-02-27 08:42:23",
        "median_time":"2020-02-27 07:11:11",
        "size":1329472,
        "stripped_size":888062,
        "weight":3993658,
        "version":1073733632,
        "version_hex":"3fffe000",
        "version_bits":"111111111111111110000000000000",
        "merkle_root":"fdfb873a1390f806bd606a0cfb3b42c1c5646661ac5e02fcac7f387da38c8ebc",
        "nonce":2606895139,
        "bits":387067068,
        "difficulty":15486913440293,
        "chainwork":"00000000000000000000000000000000000000000d12dc762ea70440993f52b8",

"coinbase_data_hex":"03b7720904ea80575e2f706f6f6c696e2e636f6d2ffabe6d6daf2428c3514861354340e3f2df
8c8afc8b8f6723ab89d0077f942f1e1be5149d0100000000000000001584b3287386459308e21ba6f2135d8d10087bb
3810093f7020000000000",
        "transaction_count":3131,
```


Abb. 7: Rohdaten aus dem Beginn des Block 619191 der Bitcoin-Blockchain mit Hervorhebung verschiedener Werte, Ausgabe wurde nach der letzten Zeile abgeschnitten. In absteigender Reihenfolge handelt es sich bei den Hervorhebungen um: Die Nummer des geminten Blocks (619191); den Hash-Wert des Blocks; die Größe des Blocks (in Bytes); den Merkle Root der Transaktionen; die Nonce, die schlussendlich das Proof-of-Work gelöst hat; die Zahl der Transaktionen, die durch den Block bestätigt wurden (3131). Auch die „Difficulty“ ist einsehbar; dieser Wert wird unter b) cc) noch erörtert. Daten wurden durch die Dashboard-Funktion der API von https://blockchair.com/ aufbereitet, s. https://blockchair.com/api/docs#link_M21. Die Rohdaten können unter https://api.blockchair.com/bitcoin/dashboards/block/619191 abgerufen werden.

---

181 Die Suche nach dem geeigneten Hash-Wert bestimmt sich nach der „Difficulty“ des Netzwerks, s. sogleich unter dd), S. 67.

182 *Narayanan et al.*, Bitcoin and Cryptocurrency Technologies, 40 ff.; *Pohlmann*, Cyber-Sicherheit, 484 f.

c) *Ablauf und Bestandteile des Mining-Prozesses*

aa) Ablauf

Das Ziel des Minings besteht darin, die Nonce, also eine Zufallszahl zur Erzeugung bestimmter Hash-Werte, zu finden. Dadurch, dass Einweghashfunktionen verwendet werden, kann eine einmal gefundene Nonce leicht verifiziert werden, doch ist die Suche nach ihr umso schwieriger.[183] Da eine berechnungsmäßige Suche nach dem korrekten Hash-Wert nicht möglich ist, gleicht der Prozess einem „Ratespiel": die Nonce kann allein durch Ausprobieren gefunden werden (sogenanntes „Trial-and-Error-Prinzip").[184] Der Beweis, dass eine Nonce dem gesuchten Hash-Wert entspricht ist namensstiftend für das Proof-of-Work-Prinzip: Die Eingabe des Nonce bewirkt das „Funktionieren" der Einweg-Hashfunktionen und ist damit Beweis für die Gültigkeit des Blocks. Die Hash-Werte sind deterministisch, das heißt die Eingabe gleicher Daten führt stets zum gleichen Hash-Wert.[185] Abhängig vom jeweiligen Netzwerk bedarf es aber einiger Rechenkapazität zur Suche, da eine kaum zu quantifizierende Zahl von Versuchen unternommen werden muss, bis der richtige Wert gefunden ist.[186] Diese Rechenleistung ist von den Nutzenden des Netzwerkes zu erbringen. Hierdurch entsteht ein Dilemma, da dies für die nutzende Person Kosten mit sich bringt, insbesondere Stromkosten für die technischen Geräte. Daher gibt es ein Belohnungssystem, welches in den Proof-of-Work-Prozess integriert ist.[187] Diejenige Person, die den Proof-of-Work für den nächsten Block erbringt, erhält einen festen Betrag an Token („Block Reward") sowie sämtliche Transaktionsgebühren, die mit den verifizierten Transaktionen freigegeben wurden.[188] Die Nutzung dieses Belohnungssystems ist bei vielen Blockchain-Netzwerken, insbesondere Bitcoin und seinen Klonen, mittlerweile zu einem Geschäftsmodell

---

183 S. *Ertel/Löhmann*, Angewandte Kryptographie, 98 ff.; *Wätjen*, Kryptographie, 93 ff.

184 *Hötzel*, Virtuelle Währungen, 22 f.; *Fill/Meier*, Blockchain kompakt, 24 f.

185 *Ertel/Löhmann*, Angewandte Kryptographie, 159.

186 Im (Extrem-)Fall Bitcoin schwankt die in „Terahashes" gemessene Rechenleistung mittlerweile zwischen 100 und 150 Millionen Terahashes in der Sekunde. Ein Terahash entspricht einer Trillion Einzelrechnungen durch den Computer (1.000.000.000.000.000.000), wodurch in einer Sekunde mehrere Quadrillionen (1. 000.000.000.000.000.000.000.000) an Rechnungen durchgeführt werden, s. https://www.blockchain.com/de/charts/hash-rate.

187 *Roßbach* in: FinTech-Handbuch, § 4 Tz. 51.

188 *Fromberger/Zimmermann* in: Handbuch Kryptowerte, § 1 Tz. 32 ff.; *Narayanan et al.*, Bitcoin and Cryptocurrency Technologies, 38.

geworden.[189] Aufgrunddessen ist es – neben den Transaktionen – ein wesentlicher Auslöser steuerrechtlicher Fragen.[190]

bb) Block Reward

Diejenige Person, die den richtigen Hash-Wert ermittelt, erhält automatisch eine gewisse Zahl an Token gutgeschrieben – den sogenannten Block Reward. Hinsichtlich der größeren Kryptowährungen beträgt diese Belohnung oftmals (umgerechnet) mehrere tausend US-Dollar, weswegen das Mining einen monetären Reiz hat. Im Falle der Bitcoin-Blockchain halbiert sich diese Belohnung alle 210.000 Blocks um die Hälfte.[191] Dies entspricht zugleich einer technischen Limitierung der verfügbaren Token: Im Jahre 2140 wird der originäre Erwerb durch Mining unmöglich, da die festgelegte Anzahl von Token für das Mining eines Blocks auf unter 1 fällt.[192] Diese Limitierung ist gleichwohl auf Bitcoin bzw. seine Klone begrenzt; allerdings haben auch andere Kryptowährungen eine inhärente Mengenbegrenzung.[193]

Die Token aus einem Block Reward werden dem erfolgreichen Miner durch eine sogenannte Coinbase-Transaktion überschrieben, welche in den Block-Daten stets zuerst genannt wird.[194] Nur durch diese werden neue Token kreiert. Diese Belohnung ist systemimmanent angelegt und wird nicht etwa von den übrigen Netzwerkbeteiligten, sondern automatisiert von der Blockchain ausgekehrt.

cc) Transaktionsgebühren

Eine weitere, zum Block Reward hinzukommende Belohnung für das Lösen des Proof-of-Work, sind die Transaktionsgebühren. Die Transaktionen werden seitens der Mining-Algorithmen priorisiert: einer Transaktion kann ein beliebiger

---

189 S. *Rosenberger*, Bitcoin und Blockchain, 120 ff.

190 Der Besteuerung von Erträgen aus dem Mining sind die größten Teile des Abschnittes D. gewidmet.

191 *Kütük-Markendorf*, Internetwährungen, 27; *Pesch*, Cryptocoin-Schulden, 25. Ein sogenanntes „Halving“ findet auch bei anderen Netzwerken statt, s. etwa https://www.litecoinblockhalf.com/.

192 *Narayanan et al.*, Bitcoin and Cryptocurrency Technologies, 39.

193 Die Menge an Token der Ripple-Blockchain ist auf 100 Milliarden begrenzt, https://ripple.com/xrp/market-performance/; die Menge an Token auf der Litecoin-Blockchain ist auf 84 Millionen begrenzt, https://litecoin.info/index.php/Litecoin.

194 *Narayanan et al.*, Bitcoin and Cryptocurrency Technologies, 65 f.; *Ertel/Löhmann*, Angewandte Kryptographie, 158.

Betrag angehangen werden, welcher dem erfolgreichen Miner zufließt.[195] Als „Gegenleistung“ werden die entsprechenden Hash-Werte schneller berechnet, da die Aufnahme dieser Transaktionen in den Block für den Miner lukrativer ist (bedingt durch den möglichen Mehrgewinn).[196] Gerade bei Bitcoin ist diese Differenzierung beliebt, da die Größe der Blöcke begrenzt ist und demnach nicht beliebig viele Transaktionen auf einmal verifiziert werden können.[197] Die Transaktionsgebühren beschleunigen daher den Verifikationsprozess aus Sicht des Emittenten. Auf lange Sicht werden sie, zumindest betreffend Bitcoin und seiner Klone, eine prominentere Rolle spielen, da mit abnehmendem Block Reward die Transaktionsgebühren die Lukrativität des Minings sicherstellen müssen.[198] Für die spätere steuerrechtliche Behandlung ist zwischen Block Reward und Transaktionsgebühren zu trennen: der Block Reward wird systemimmanent ausgegeben, während die Transaktionsgebühren von anderen Nutzenden überwiesen werden. Beide gehen an den erfolgreichen Miner.

dd) „Difficulty“ und „Target“

Das Prinzip des Proof-of-Work wirft ein Kapazitätsproblem auf: Es gibt zu viele mögliche Hash-Werte.[199] Müssten die Miner einen Hash-Wert finden, der in der gesamten Spannbreite der mathematischen Möglichkeiten der jeweiligen Verschlüsselung liegt, würde dies Jahre oder Jahrhunderte brauchen.[200] Die Blockchains haben daher integrierte Mechanismen, um die Bedingungen des Proof-of-Work dynamisch an der Rechenleistung im Netzwerk auszurichten.

Die Schwierigkeit („Difficulty“) bildet in diesem Zusammenhang eine deutliche Begrenzung des Bereichs, in welcher die Nonce ein Proof-of-Work erbringen kann.[201] Durch führende Nullen im zu findenden Hash-Wert wird ein

---

195 *Kütük-Markendorf*, Internetwährungen, 27. Die Gebühren wurden lange Zeit mit Cent-Beträgen bemessen, gewinnen aber seit dem „Halving“ (s. FN 191) deutlich an Wert, s. etwa https://bitinfocharts.com/de/comparison/bitcoin-median_transaction_fee.html.

196 *Pesch*, Cryptocoin-Schulden, 26 ff.; *Pohlmann*, Cyber-Sicherheit, 476. Dies wird durch die Mining-Algorithmen, nicht durch bewusste Entscheidungen der Miner gesteuert.

197 *Sixt*, Bitcoins, 96.

198 *Narayanan et al.*, Bitcoin and Cryptocurrency Technologies, 136.

199 Beim Algorithmus des Bitcoin-Netzwerkes (SHA 256) sind die Hash-Werte 256 Bit lang. Dies entspricht 2^{256} Möglichkeiten für den richtigen Hash-Wert, was einer – selbst nach heutigen Maßstäben – kaum zu berechnenden Zahl entspricht. S. bereits FN 138.

200 *Narayanan et al.*, Bitcoin and Cryptocurrency Technologies, 111.

201 *Narayanan et al.*, Bitcoin and Cryptocurrency Technologies, 105 f.

Schwellenwert gebildet, welcher unterschritten werden muss. Dieser Schwellenwert wird „Target" genannt.[202] Anstatt also einen exakten Hash-Wert zu suchen, genügt es, einen Hash-Wert unter dem Schwellenwert zu finden.[203]

Die Justierung der Schwierigkeit ist für die Blockchain wichtig, da insbesondere die investierte Rechenkapazität der Miner schwankt; würde diese etwa verdoppelt, müsste sich, nach zuvor Beschriebenem, auch die Zahl der gefundenen Blöcke verdoppeln. Für die Ökonomie einer Blockchain kann es aber existentiell sein, dass es feste Intervalle gibt, innerhalb derer Blöcke gefunden werden.[204] Mithilfe dieser Intervalle lässt sich die Zeit abschätzen, in welcher eine Bestätigung einer Transaktion zu erwarten ist. In unterschiedlichen Zeitabständen evaluiert die Blockchain selbständig, ob und wie eine Anpassung des Schwellenwertes geboten ist.[205] Ausschlaggebend hierfür ist die Zeit, die zwischen den Proof-of-Work-Ereignissen liegt; diese ist reziprok zu der Rechenleistung im Netzwerk.[206] Die eigenen Chancen auf die Lösung des Proof-of-Work sind proportional zum eigenen Anteil an der Gesamtrechenleistung.[207]

---

202 *Ertel/Löhmann*, Angewandte Kryptographie, 155. Dies lässt sich durch den bereits untersuchten Block #619191 der Bitcoin-Blockchain verdeutlichen: Der Hash-Wert dieses Blockes lautet „0000000000000000000315c24b2249824de0684f99ccadbbe9f-36c7a5f46be6b", er enthält also 19 führende Nullen.

203 Jede führende Null senkt den Schwellenwert ab und erschwert damit den Proof-of-Work. Eine führende Null senkt das Target um 4 Bits. Die in FN 202 gezeigten 19 Nullen schränken den Zielbereich demnach um 76 Bit auf nunmehr 2^{180} Möglichkeiten ein. S. hierzu *Fill et al.* in: Blockchain, 7.

204 Im Falle von Bitcoin ist die Schwierigkeit etwa so eingestellt, dass alle 10 Minuten ein neuer Block gefunden werden soll. Das System wird daher die Schwierigkeit so justieren, dass diese Zeitmarke in etwa erreicht wird. Hierzu siehe *Nakamoto*, Bitcoin: A Peer-to-Peer Electronic Cash System, 3; *Narayanan et al.*, Bitcoin and Cryptocurrency Technologies, 107 ff.

205 Bei der Bitcoin-Blockchain findet eine Justierung alle 2016 Blöcke statt, was circa zwei Wochen entspricht, s. *Narayanan et al.*, Bitcoin and Cryptocurrency Technologies, 42. Das Ethereum-Netzwerk nimmt hingegen jedesmal kleine Veränderungen an der Difficulty vor, wenn Blöcke in „unerwünschten" Zeitrahmen gefunden werden, s. https://ethresear.ch/t/deep-dive-into-current-pow-difficulty-adjustment-algorithm-and-a-possible-alternative/5267.

206 S. *Ertel/Löhmann*, Angewandte Kryptographie, 160.

207 *Roßbach* in: FinTech-Handbuch, § 4 Tz. 51; *Narayanan et al.*, Bitcoin and Cryptocurrency Technologies, 44.

d) *Sonderformen des Minings: Cloud-Mining und Mining-Pools*

aa) Überblick

Speziell im Bereich des Bitcoin-Minings haben sich Sonderformen des Minings gebildet. Dies ist auf Folgendes zurückzuführen: Die Kosten für das Betreiben des Minings sind hoch, da neben Stromkosten oftmals auch Anschaffungskosten anfallen.[208] Dem steht gegenüber, dass der Miner faktisch nur den Bruchteil einer Chance hat, den richtigen Nonce-Wert zu finden. Er muss daher, allein nach Maßgabe der Wahrscheinlichkeitsrechnung, Monate bis Jahre warten, bis sich seine Kosten amortisieren.[209] Daher wäre es für den Miner wirtschaftlich vorteilhaft, seine Rechenleistung mit anderen Minern zu bündeln und so stetigere Einkünfte zu erzielen oder die Betriebskosten zu umgehen.[210] Aus diesem Grund haben sich die Phänomene des Cloud- und Pool-Minings gebildet. Beide divergieren vom bisher besprochenen Solo-Mining und werfen eigene Besteuerungsfragen auf.[211]

bb) Cloud-Mining

Die zunächst betrachtete Variante der Cloud-Minings[212] erlaubt der nutzenden Person, Anschaffungs- und Betriebskosten zu umgehen. Die Interessierten bezahlen eine dritte Person dafür, dass dieser ihnen die notwendige Mining-Hardware stellt. Faktisch erwerben die Zahlenden einen Teil einer Rechnerfarm, welchen sie fortan für das Mining verwenden können.[213] Inhomogen ist die Verwendungsmöglichkeit der Rechenleistung: diese ist teilweise auf den Mining-Pool der Anbietenden beschränkt, teilweise auch frei wähl- und aufteilbar.[214] So entfällt die hohe finanzielle Last durch Anschaffungskosten hinsichtlich der

---

208 *Narayanan et al.*, Bitcoin and Cryptocurrency Technologies, 124. Diese Entwicklung ist insbesondere bei der Bitcoin-Blockchain zu beobachten.

209 *Narayanan et al.*, Bitcoin and Cryptocurrency Technologies, 124.

210 Vgl. *Sixt*, Bitcoins, 103 ff.

211 Ihnen sind daher eigene Kapitel gewidmet. Mining-Pools werden in Abschnitt D. V., S. 128 ff. besprochen. Erträge aus dem Cloud-Mining werden in Abschnitt D. VI., S. 143 ff. eingeordnet.

212 Angebote gibt es beispielsweise unter https://hashflare.io/ oder https://www.genesis-mining.com/pricing.

213 *Fromberger/Zimmermann*, Handbuch Kryptowerte, § 1 Tz. 57; *Sixt*, Bitcoins, 9, auch zum Folgenden.

214 Diese Spannbreite bedingt erhebliche Folgen für die steuerliche Beurteilung des Cloud-Minings, s. Abschnitt D. VI., S. 143 ff.

Hardware, Einrichtung der Rechensysteme Stromkosten. Der Cloud-Miner bezahlt allein die vertragsmäßige Vergütung. Technisches Abgrenzungskriterium zum Solo- und Pool-Mining ist daher, dass der Cloud Miner selbst keine Mining-Hardware hat und sie daher vertraglich buchen muss.

cc) Pool-Mining

Beim Pool-Mining bzw. Mining-Pool[215] schließen sich mehrere Miner zu einem Verbund zusammen, um durch die Bündelung ihrer Rechnerleistungen höhere Chancen auf Block Rewards zu erhalten, wenngleich der Gewinn entsprechend verteilt wird und geringer ausfällt.[216] Ein solcher Zusammenschluss bietet, im Gegensatz zum Solo-Mining, den Vorzug stetiger Einkünfte. Die konkrete Ausgestaltung der Beteiligung am Gewinn und seiner Ausschüttung ist dabei stark einzelfallabhängig.[217] Im Falle größerer Blockchain-Netzwerke sind die Mining-Pools mittlerweile die bestimmende Kraft.[218] Dies ist Folge der immer größer werdenden Rechenleistung in den Netzwerken, was insbesondere auf die Entwicklung spezieller Hardware rückzuführen ist. [219] Da das Netzwerk nur für das erfolgreiche Erbringen eines Proof-of-Work Gegenleistungen vorsieht, ist das Solo-Mining oftmals ein Glückspiel. Mining-Pools können dieses Risiko ausgleichen und ein rentables Mining ermöglichen.[220]

Auf technischer Ebene geschieht der Zusammenschluss zumeist über eine Software-Lösung, das heißt, die Hardware wird nicht physisch

---

215 Angebote gibt es beispielsweise unter https://www.f2pool.com/# (zB Bitcoin, Ethereum, Litecoin), https://www.poolin.com/ (zB Bitcoin, Litecoin, Dash) oder https://slushpool.com/home/ (Bitcoin und Zcash).

216 Sehr anschaulich *Narayanan et al.*, Bitcoin and Cryptocurrency Technologies, 124 ff.

217 Näher hierzu in Abschnitt D. V. 2. e) bb), S. 137.

218 S. https://www.blockchain.com/de/pools?timespan=4days für Bitcoin, den Mining Pools können mindestens 80% der gefundenen Blöcke zugeordnet werden. https://investoon.com/charts/mining/eth für Ethereum.

219 Insbesondere beim Mining von Bitcoin hat es mehrere Innovationen im Bereich der Hardware gegeben. Die Rechenaufgaben wurden nach einigen Jahren nicht mehr (wie es zu erwarten wäre) mit dem CPU-Prozessor gelöst, sondern (zunächst) mit den Grafikkarten. Diese können die notwendigen 32-bit-Eingaben durch die eingebauten Shader-Einheiten effizienter durchführen. Mittlerweile wurden allerdings spezielle ASIC-Prozessoren erfunden, welche eine Vielzahl von individuellen Prozessoren-Chips beinhalten. Diese sind gleichgeschaltet und spezifisch zum Mining hergestellt, sodass sie auch keiner anderen Verwendung zugänglich sind. S. auch *Sixt*, Bitcoins, 42 f.

220 *Fromberger/Zimmermann* in: Handbuch Kryptowerte, § 1 Tz. 39.

zusammengelegt.[221] Die Integration der eigenen Hardware in einen Mining-Pool ist meistens unkompliziert möglich und leicht reversibel.[222] Dabei gibt es zumeist eine Verwaltungsinstanz, welche geringe Gebühren für ihre Dienste fordert und den Rechenprozess steuert.[223] Für die spätere steuerrechtliche Bewertung ist herauszustellen, dass die Token aus Mining-Pools – im Gegensatz zum Solo-Mining – nicht direkt beim Miner entstehen: Findet eine teilnehmende Person des Pools einen Block, sendet dieser Block Reward und Transaktionsgebühren absprachegemäß an die Verwaltenden des Pools. Diese Verwaltenden teilt den anderen Minern ihren Anteil zu und übersendet die Token. Es liegt daher bei strenger Betrachtung nur ein Originärerwerb beim erfolgreichen Miner vor; die nachfolgende Aufteilung stellt einen Derivativerwerb dar.

Bei Zusammenschlüssen zu Mining-Pools ist die Hardware beim einzelnen Miner also vorhanden und wird mit der Leistung anderer Miner verbunden. In Abgrenzung zum Cloud-Mining handelt es sich also nicht um den Zukauf, sondern um die Zusammenlegung von Rechenleistung.

3. Das Staking als alternativer Verifikationsmechanismus

a) Unterschiede zum Mining

Eine andere Form der Verifikation bietet das Staking oder Proof-of-Stake. Es greift dafür ebenfalls auf die Netzwerkbeteiligten zurück und nutzt die vorhandenen Token als Basisressource.[224] Entscheidender Faktor für den zu erbringenden Proof-of-Stake ist dabei nicht ein Trial-and-Error-Verfahren bzw. die Rechenleistung, sondern die Zahl der gehaltenen Token, die von den Nutzenden in einem „Stake" aufbewahrt werden.[225] Es rühmt sich, gegenüber der kosten- und ressourcenintensiven Proof-of-Work-Methode einiges an Energie, Kosten und Zeit zu sparen.[226] Gegenüber dem Proof-of-Work ist das Staking unterrepräsentiert, wenngleich die Zahl der Blockchains mit dem Proof-of-Stake-System

221 *Narayanan et al.*, Bitcoin and Cryptocurrency Technologies, 125, 128.

222 *Narayanan et al.*, Bitcoin and Cryptocurrency Technologies, 128.

223 *Hötzel*, Virtuelle Währungen, 242; *Fromberger/Zimmermann* in: Handbuch Kryptowerte, § 1 Tz. 54.

224 *Roßbach* in: FinTech-Handbuch, § 4 Tz. 59 ff.; *Fromberger/Zimmermann* in: Handbuch Kryptowerte, § 1 Tz. 58.

225 *Narayanan et al.*, Bitcoin and Cryptocurrency Technologies, 209.

226 *Pohlmann*, Cyber-Sicherheit, 490; *Narayanan et al.*, Bitcoin and Cryptocurrency Technologies, 206 f.

zunimmt.[227] Im Vergleich zum System des Proof-of-Work ergeben sich beim Durchführen von Transaktionen oder dem Inhalt des Blocks kaum Unterschiede. Auch gibt es ein vergleichbares Belohnungssystem. Andere Bereiche unterscheiden sich jedoch fundamental und sollen im Folgenden dargestellt werden.

Während beim Mining mehr Rechenleistung zu einer größeren Erfolgswahrscheinlichkeit führt, ist die Variabel beim Staking die Zahl der gehaltenen Token (der sogenannte „Stake", also Anteil).[228] Je nach System werden dabei alle gehaltenen Token einbezogen[229] oder es bedarf einer „Hinterlegung" der Token im System, sodass die hinterlegten Token nicht zum Handeln verfügbar sind.[230] Neue Blöcke werden nicht durch Erraten einer Nonce-Zahl (wie beim Proof-of-Work) gesucht, sondern die partizipierenden Nutzenden erhalten vom Algorithmus – per gewichtet Zufallsauswahl – das „Recht" zugewiesen, den nächsten Block zu minen.[231] Ist dieses Recht einmal ausgesprochen, bedarf es keiner nennenswerten Rechenleistung mehr, um den nächsten Block zu finden; gerade deswegen ist das Proof-of-Stake deutlich ressourcenschonender als das Proof-of-Work.[232] Je größer der Stake eines Teilnehmenden ist, desto höher ist die Wahrscheinlichkeit, einen Block zugewiesen zu bekommen.[233] Der so gefundene Block wird – wie auch beim Mining – von den übrigen Netzwerkbeteiligten bestätigt und an die Blockchain angehangen; einen Block Reward und Transaktionsgebühren erhält dennoch allein die vom Algorithmus begünstigte Person, wobei es in diesem Punkt starke Inhomogenitäten in den Netzwerken gibt.[234]

---

227 Die zweitgrößte Blockchain-Community Ethereum soll in naher Zukunft auf Proof-of-Stake umgestellt werden, s. https://docs.ethhub.io/ethereum-roadmap/ethereum-2.0/proof-of-stake/. Weitere Netzwerke, die Proof-of-Stake nutzen, sind etwa Dash (https://www.dash.org/), Eos (https://eos.io/) oder Tron (https://developers.tron.network/docs/getting-started).

228 *Sixt*, Bitcoins, 113 f.; *Roßbach* in: FinTech-Handbuch, § 4 Tz. 59.

229 https://nxtdocs.jelurida.com/Forging_feature für Nxt.

230 So geplant bei Ethereum, https://docs.ethhub.io/ethereum-roadmap/ethereum-2.0/proof-of-stake/; bereits umgesetzt bei EOS https://developers.eos.io/welcome/latest/protocol/consensus_protocol/#411-voting-weight.

231 Ähnlich wie bei der Rechenleistung im Proof-of-Work-Verfahren steigen die Chancen, dieses Recht zugewiesen zu kommen, je mehr Token im Stake sind, vgl. *Fromberger/Zimmermann* in: Handbuch Kryptowerte, § 1 Tz. 58 f.

232 *Sixt*, Bitcoins, 113 f.; *Rosenberger*, Bitcoin und Blockchain, 125.

233 S. *Ertel/Löhmann*, Angewandte Kryptographie, 163.

234 *Roßbach* in: FinTech-Handbuch, § 4 Tz. 60. Wie auch beim Mining wirft der Zufluss der Belohnungen Steuerfragen auf. Diesen wird, separiert vom Mining, in einem eigenen Abschnitt unter D. III., S. 112 ff. nachgegangen.

b) „Delegated Proof-of-Stake"

Eine Modifikation des Proof-of-Stake stellt das sogenannte Delegated Proof-of-Stake dar. Auch bei diesem Verfahren gibt es eine Vielzahl unterschiedlicher Umsetzungen, wobei die Grundstrukturen ähnlich sind. Alle teilnehmenden Stakeholder können auf erster Ebene eine bestimmte Anzahl von Voten abgegeben, um die „Producers[235]" (auch „Witnesses[236]" oder „Super Representatives[237]") der Blocks zu bestimmen.[238] Sie können daher im Sinne eines mittelbaren Wahlrechts „Delegierte" aus dem Kreis der Netzwerkbeteiligten wählen, was die Bezeichnung als Delegated-Proof-of-Stake erklärt. Die Menge der Stimmen, die einem Teilnehmenden zusteht, skaliert dabei überwiegend mit der Größe des Stakes.[239] Regelmäßig ist auf zweiter Ebene eine Beteiligung der Stimmberechtigten am Ertrag aus den Blöcken der Delegierten vorgesehen, wobei unterschiedliche Modelle existieren.[240] Durch die Begrenzung der Entscheidungstragenden auf die gewählten Delegierten können technische Änderungen einfacher implementiert werden; auch eine höhere Transaktionszahl ist möglich.[241] So hebt sich die Modifikation vom herkömmlichen Proof-of-Stake ab.

4. Das sogenannte „Forking"

a) Forks als technisches Produkt der Blockchain

Eine Fork (wörtlich „Gabelung") ist, selbst am Maßstab der Blockchain-Technologie gemessen, ein hochkomplizierter Vorgang. Grundsätzlich tritt eine Fork häufiger auf, etwa dann, wenn zwei Miner in geringem Abstand ein Proof-of-Work erbringen; in diesem Falle validieren die meisten Nodes allein den

---

235 https://developers.eos.io/welcome/latest/protocol/consensus_protocol#3-eosio-consensus-Delegated-Proof-of-Stake--abft.

236 https://steem.com/faq/#what-is-the-difference-between-proof-of-work-proof-of-stake-and-delegated-proof-of-stake.

237 https://developers.tron.network/docs/getting-started.

238 *Roßbach* in: FinTech-Handbuch, § 4 Tz. 61.

239 *Lehner at al.* in: Blockchain, 69.

240 Bei Steem sind etwa 21 feste Producers vorgesehen, welche die Blöcke erschaffen. Die Erträge aus den Block Rewards fließen zu großen Teilen an die dahinterstehenden Nutzenden, s. https://steem.com/faq/#how-is-steem-different-from-bitcoin. Ethereum hingegen sieht ein zinsähnliches Vergütungsmodell für das Staking vor, s. https://docs.ethhub.io/ethereum-roadmap/ethereum-2.0/eth-2.0-economics/.

241 *Lehner at al.* in: Blockchain, 69. Steem wirbt unter https://steem.com/ etwa mit einer Blockerzeugung alle drei Sekunden.

zuerst kommunizierten Block.[242] Dennoch haben einige Nutzende nun einen abweichenden Block an die Blockchain angehangen. Dieser wird jedoch verwaisen, da die folgenden Blöcke stets auf den „Mehrheits-Block" bezugnehmen. Schließlich setzt sich also die Mehrheit der Nutzenden durch. Insoweit handelt es sich um einen „alltäglichen" Vorgang, der keine rechtlichen Implikationen aufwirft.

Problematisch und rechtlich erheblich wird eine Fork nur, wenn der Konsens in der Community eines Netzwerkes nicht eindeutig ausfällt und verschiedene Richtungen propagiert werden. Stark vereinfacht kann gesagt werden, dass eine Abstimmung innerhalb eines Netzwerkes stattfindet[243]: Ein Teil der Netzwerkbeteiligten möchte eine Änderung am Netzwerk herbeiführen, der opponierende Gegenteil möchte ohne Änderungen fortfahren. Streitpunkte waren dabei in der Vergangenheit technischer[244], aber auch netzpolitischer[245] Natur. Kommt es zu keiner Einigung, nehmen die Parteien für einen bestimmten Block unterschiedliche Daten auf; ab diesem Zeitpunkt ist das Netzwerk „gegabelt" und wird auf zwei unterschiedlichen Strängen weitergeführt, was die Entstehung einer weiteren, autarken Blockchain bedingt.[246] Hierdurch werden komplexe rechtliche Fragestellungen aufgeworfen. Dabei gibt es die Unterkategorien der „Soft Fork" und der „Hard Fork", welche nachfolgend erläutert werden sollen.

b) Soft Fork

Der (rechtlich) unproblematische Fall einer Fork betrifft die sogenannte Soft Fork. Bei einer Soft Fork werden technische Änderungen vorgenommen, welche die Akzeptanz von Blöcken oder Transaktionen erschweren, aber von der

---

242 *Narayanan et al.*, Bitcoins and Cryptocurrency Technologies, 46, auch zum Folgenden.

243 Vgl. *Sixt*, Bitcoins, 10 f.

244 Im Fall der Fork von Bitcoin und Bitcoin Cash revolvierte der Streit etwa um eine Erhöhung der maximalen Block-Größe. Befürworter des Modells von Bitcoin Cash implementierten so zu einem bestimmten und abgesprochenen Zeitpunkt die Änderung der Block-Größe, dem die Bitcoin-Nutzenden aber nicht folgten. So entstanden zwei Blockchains, welche bis zu diesem Ereignis identisch sind.

245 Im Fall von Ethereum und Ethereum Classic kam die Fork aufgrund der Entwendung zahlreicher Token von einer der größten Tauschbörsen zustande. Ein Teil der Nutzenden wollte die Blockchain unverändert weiterführen, ein anderer Teil die Entwendung rückgängig machen. Diese zwei Philosophien manifestierten sich schließlich in einem Schisma, aus welchem zwei unterschiedliche Blockchains hervorgingen. S. hierzu *Zhang/Huang*, A Privacy-Preserving Protocol on Blockchain, 401.

246 *Pohlmann*, Cyber-Sicherheit, 498.

Community durchweg gestützt werden. Die Regeln zur Annahme eines Blocks werden strenger, doch sind diese „vorwärtskompatibel[247]", was bedeutet, dass trotz der neuen Regeln weiterhin Kongruenz zwischen den alten und neuen Nodes bestehen kann.[248] Unterschiede können sich aber dahingehend ergeben, dass die alten Nodes Blöcke bzw. Transaktionen erlauben, welche nach den neuen Regeln nicht mehr erlaubt sind. Wird ein nach den alten Regeln geminter Block an das Netzwerk übermittelt, wird dieser nicht mehr akzeptiert, sodass nur die Blockchain mit Blöcken nach den neuen Regeln „überlebt".[249] Der den Regeln nicht mehr entsprechende Block spaltet sich ab und verwaist; hierin besteht die Soft Fork. So werden schlussendlich auch alle Miner zur Übernahme der neuen Software gezwungen, um weiterhin valide Blöcke minen zu können.[250] Eine Teilung der Blockchain wie bei der Hard Fork bleibt schlussendlich aus, weswegen auch rechtliche Implikationen nicht bestehen.

c) Hard Fork

Der rechtlich interessante Fall einer Fork ist die Hard Fork. Diese sprichwörtliche „harte Gabelung" beschreibt die Trennung eines Blockchain-Netzwerkes in zwei, wobei hieraus nicht immer rechtliche Implikationen erwachsen.[251] Ob eine finale Teilung mit dem Ergebnis zweier autarker Blockchains stattfindet, hängt allein von den Netzwerkbeteiligten ab; denn auch Hard Forks sind grundsätzlich notwendige Systemprozesse, durch welche, im Kreis der Nutzenden konsentierte, technische Änderungen implementiert werden.[252] Im Gegensatz zur Soft Fork besteht keine „Vorwärtskompatibilität", das heißt Miner, welche eine ältere

247 *Pohlmann*, Cyber-Sicherheit, 492 f.

248 *Narayanan et al.*, Bitcoins and Cryptocurrency Technologies, 73 f.; *Pohlmann*, Cyber-Sicherheit, 492 ff.

249 *Narayanan et al.*, Bitcoins and Cryptocurrency Technologies, 73 f.

250 *Narayanan et al.*, Bitcoins and Cryptocurrency Technologies, 74.

251 Prominentes Beispiel ist die Hard Fork von Bitcoin am 01.08.2017, wodurch Bitcoin Cash entstand. Die Inhabenden von Bitcoin-Token erhielten zu diesem Zeitpunkt die gleiche Menge an Bitcoin Cash-Token. Bitcoin Cash ist heute ebenfalls eine wertvolle Blockchain, sodass die Inhabenden von Bitcoin-Token rückblickend bei der Hard Fork einen beträchtlichen Wert „geschenkt" bekamen. Zu dieser Hard Fork s. *Pohlmann*, Cyber-Sicherheit, 498. Ein weiteres Beispiel für eine Hard Fork ist Ethereum: Am 20.07.2016 gab es eine Hard Fork, aus welchem die Blockchain Ethereum Classic hervorging, vgl. *Zhang/Huang*, A Privacy-Preserving Protocol on Blockchain, 401 und bereits oben FN 245.

252 Vgl. hierzu Sixt, Bitcoins, 10 f.

Software verwenden, können keine gültigen Blöcke erzeugen, da diese von den aktuellen Nodes zurückgewiesen würden.[253] In Fällen einer konsentierten Hard Fork verwaist daher die Blockchain mit den „alten" Regeln, da sie von den Nutzenden nicht mehr unterstützt wird.[254]

Eine zweite, von der ursprünglichen unabhängige Blockchain wird nur dauerhaft geschaffen, wenn ein hinreichend großer Kreis von Nutzenden dieses Netzwerk fortführt.[255] Daher kommt eine steuerrechtlich relevante Gabelung der Blockchain nur bei Richtungsstreitigkeiten innerhalb der Community vor.[256] Steuerrechtlich interessant wird die Hard Fork dadurch, dass die neu entstehende Blockchain bis zum letzten gemeinsamen Block mit der Alt-Blockchain übereinstimmt.[257] Dem inhärent ist es, dass die Kopie der Blockchain im neuen Netzwerk die gleichen tokeninnehabenden Personen ausweist wie die ursprüngliche, mitsamt Adressen und Keys. Mit anderen Worten: Die Personen, welche eine Anzahl von X Token auf der ursprünglichen Blockchain haben, erhalten die gleiche Anzahl von X auch auf der neuen Blockchain; hierfür müssen sie nichts tun, da die zugewiesenen Adressen in den Blockchains identisch sind und bei der Gabelung übernommen werden.

Vergleichbar wäre der Fall, dass der gesamte Kontenbestand einer deutschen Bank kopiert und etwa bei einer russischen Bank dupliziert wird. Die Inhabenden der jeweiligen Konten sind dabei identisch. Die Zählwerte der Werteinheiten werden 1:1 übertragen, das heißt aus einem Bestand von 1.000 Euro bei der deutschen Bank wird ein Bestand von 1.000 Rubel bei der russischen Bank. Nun sind 1.000 Rubel weitaus weniger wert als 1.000 Euro; dennoch haben in solchen Fällen Großanlegende in erheblichem Umfang von einer Hard Fork profitiert – immerhin erhielten sie ohne eigenes Zutun Token, deren Wertentwicklung durchaus positiv verlaufen kann.[258] Im Zufluss dieser Token liegen erhebliche Besteuerungsfragen.[259]

---

253 *Pohlmann*, Cyber-Sicherheit, 495; *Narayanan et al.*, Bitcoin and Cryptocurrency Technologies, 73.

254 *Pohlmann*, Cyber-Sicherheit, 495.

255 *Pohlmann*, Cyber-Sicherheit, 498.

256 S. bereits FN 244 und FN 245.

257 Auch zum Folgenden s. *Pohlmann*, Cyber-Sicherheit, 498; *Hakert/Kirschbaum*, DStR 2018, 881 (882 f.).

258 So steht der Wert der „geforkten" Token aus Bitcoin Cash derzeit bei circa 300 – 350 US-Dollar. Neben dem reinen Gegenwert der „geschenkten" Token entsprach dies auch einem relativen Betrag von bis zu 20% des Wertes der gehaltenen Bitcoin-Token. Eine tokeninnehabende Person erhielt also bis zu 20% des Wertes ihrer Bitcoin-Token geschenkt – ohne etwas dafür zu tun.

259 Diese werden in Abschnitt D. IV., S. 125 ff. und Abschnitt E. IV. 4. b) cc) (5), S. 202 ff. erörtert.

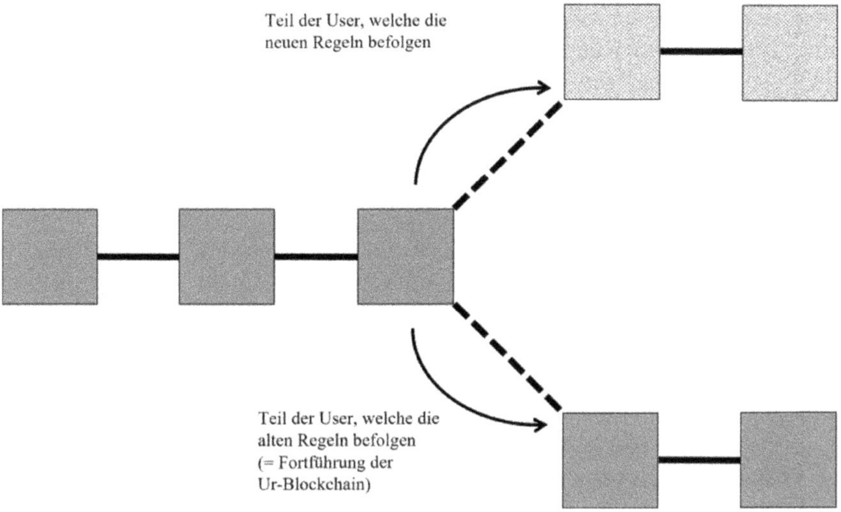

Abb. 8: Ablauf einer Hard Fork. Bis zum dritten Block von links teilen beide späteren Blockchains sämtliche Daten. Ab diesem Zeitpunkt trennen sich die Blockchains und werden jeweils autark weitergeführt. Nutzende, die bis zum Block vor der Teilung Token auf der Ur-Blockchain hatten, erhalten diese in gleicher Zahl von Werteinheiten auch auf der neuen Blockchain.

III. Sonstige Nutzungsmöglichkeiten blockchain-basierter Vermögenswerte

1. Airdrops und Faucets

a) Airdrops

Zu den inf der Fachliteratur wenig besprochenen Phänomenen zählen die sogenannten Airdrops und Faucets. Aufgrund ihrer einfachen Zugänglichkeit und Handhabbarkeit werfen sie jedoch nicht weniger relevante Besteuerungsfragen auf. Die erlangten Mengen sind üblicherweise gering, sodass diese Distributionen als Testware der entsprechenden Token angesehen werden können.[260]

Unter Airdrop wird typischerweise ein Vorgang verstanden, bei dem eine geringe Menge Token an einen spezifischen Kreis von Nutzenden übertragen wird.[261] Dieser Kreis definiert sich oft durch die Inhaberschaft eines öffentlichen

260 *Narayanan et al.*, Bitcoin and Cryptocurrency Technologies, 247.

261 S. etwa https://cryptodefinitions.com/dictionary/airdrop/; https://www.investopedia.com/terms/a/airdrop-cryptocurrency.asp.

Keys, sodass Token bisweilen ohne Kenntnis der Inhabenden an öffentliche Adressen versandt werden.[262] Die Keys sind aufgrund der Natur der Blockchain öffentlich zugänglich, für eine Zusendung an Token bedarf es zudem keines Einverständnisses. Die nutzende Person muss folglich gar nichts oder nur sehr wenig tun, um die Token zu erhalten. Ein Airdrop wird vielfach von Start-Ups durchgeführt, die sich so erhoffen, viele Interessierte anzusprechen.[263] Zweck ist einerseits, die entsprechende Währung bei den Nutzenden bekannt zu machen, andererseits, das Interface der jeweiligen Blockchain bzw. Wallet kennenzulernen und so erste Erfahrungen ohne den Einsatz von Echtgeld zu ermöglichen.[264] Gleichwohl gibt es auch Formen von Airdrops, bei denen die nutzende Person aktiv werden muss. Hierzu gibt es eine Vielzahl von Bulletin-Boards, die sich auf die Veröffentlichung und Vermarktung von Airdrops spezialisiert haben (s. Abb. 9).[265] Auf diesen Plattformen werden die Token gegen eine Website-Registrierung, das Herunterladen und Nutzen von Apps oder Postings in sozialen Medien offeriert.[266]

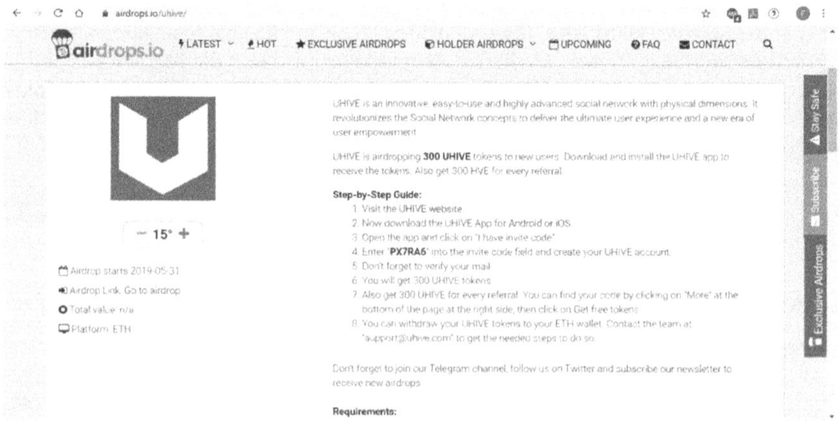

Abb. 9: Airdrop auf https://airdrops.io/. Für eine Ausschüttung ist bei diesem Airdrop der Download einer App erforderlich. Nach dem Download können weitere 300 Token für jede (erfolgreiche) Weiterempfehlung erlangt werden.

262 *Heuel/Matthey*, NWB 2018, 1037 (1049).
263 *Lohmar/Jeuckens*, FR 2019, 110 (116).
264 Vgl. *Lohmar/Jeuckens*, FR 2019, 110 (116); *Brinkmann/Meseck*, RdF 2018, 231 (236).
265 Vgl. etwa https://airdropalert.com/ oder https://airdrops.io/.
266 *Narayanan et al.*, Bitcoin and Cryptocurrency Technologies, 247.

Lohmar/Jeuckens[267] differenzieren bei Airdrops nochmals in Standard-Airdrops, Reward-Airdrops und Airgrabs. Erstgenannte stellten dabei den Fall dar, dass Token ohne das Zutun der nutzenden Person in dessen Wallet gelangen. Sie würden also, wie zuvor beschrieben, „ungefragt" übersendet werden. Bei Reward-Airdrops sei der Zufluss hingegen an die Erfüllung bestimmter Aufgaben gekoppelt, etwa die Bereitstellung von Daten oder das Hinterlassen einer (positiven) Bewertung. Airgrabs würden hingegen, ähnlich wie die Standard-Airdrops, ohne Voraussetzungen ausgekehrt, doch müsse die empfangende Person die Token aktiv beanspruchen. Dies zeigt, dass der Grad des Tätigwerdens der Tokenempfangenden ein Kriterium ist, welches für die steuerliche Betrachtung noch von Relevanz sein wird.[268] Die Unterscheidung von *Lohmar/Jeuckens* ist daher zur Orientierung und Einordnung durchaus hilfreich. Doch es bleibt hervorzuheben, dass die Beurteilung eines jeden Airdrops einzelfallabhängig ist.[269] Im Rahmen dieser Arbeit wird daher nur der Begriff Airdrops verwendet und hinsichtlich der Leistungen der nutzenden Person differenziert.

b) Faucets

Sogenannte Faucets („Wasserhähne") sehen ein ähnliches Modell wie Airdrops vor, verlangen von den Interessierten aber zusätzliche Schritte zur Erlangung der Token. So können etwa eine Website-Registrierung, Lösung eines captcha[270] und/oder das Herunterladen und Nutzen von Apps erforderlich sein.[271] Oftmals hängt die Ausschüttung von Token von einem dauerhaften Verbleib der Nutzenden auf der Website ab. So finanzieren die Betreibenden des Faucets die Seite über Werbeeinnahmen.[272] Die Token werden dann „tröpfchenweise", etwa pro

267 *Lohmar/Jeuckens*, FR 2019, 110 (116 f.), auch zum Folgenden.

268 S. Abschnitt E. III., S. 166 ff.

269 Mögliche Abgrenzungsschwierigkeiten konstatieren *Lohmar/Jeuckens*, FR 2019, 110 (116 unter FN 64) freilich selbst.

270 Ein captcha ist eine Form des Turing-Tests, mit welcher überprüft werden soll, ob Menschen oder Maschinen die Eingaben auf Website tätigen. Dies soll insbesondere dem Missbrauch durch Computerprogramme vorbeugen, vgl. https://de.wikipedia.org/wiki/Captcha.

271 *Narayanan et al.*, Bitcoin and Cryptocurrency Technologies, 247. Der Faucet unter https://faucet.rinkeby.io/ verlangt etwa die Kopplung an Social-Media-Accounts gegen die Übertragung geringer Mengen von Token.

272 Die enorme Zahl der verfügbaren Faucets ist wesentlich auf die Einfachheit ihrer Implementierung zurückzuführen. Unter https://99bitcoins.com/complete-beginners-guide-make-money-bitcoin-faucet/ gibt es etwa eine Anleitung, um einen

Stunde oder pro Tag, ausgeschüttet. In Abgrenzung zu den Airdrops findet eine Ausschüttung wiederholt, nicht nur einmalig, statt. Die nutzende Person kann die Seite periodisch wiederbesuchen, um erneut Token zu erhalten, während Airdrops eine einmalige Ausschüttung vorsehen.

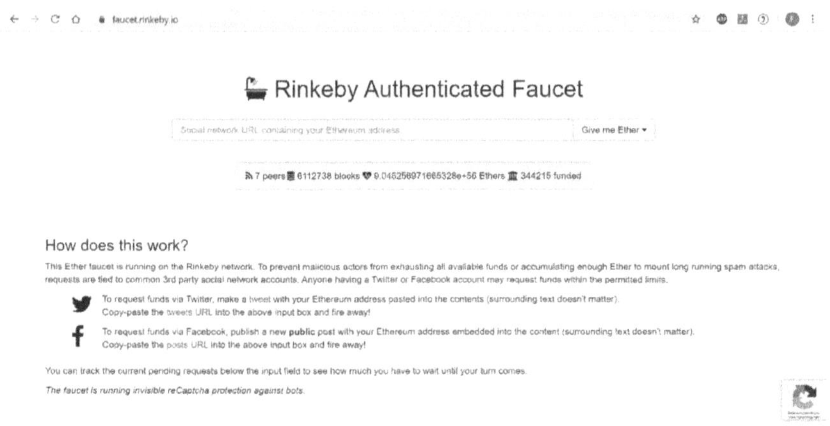

Abb. 10: Faucet unter https://faucet.rinkeby.io/, welcher kostenlos Ethereum-Token anbietet, wenn die nutzende Person einen Social-Media-Post hinterlässt.

c) Abgrenzung

Die Abgrenzung zwischen beiden Begriffen ist schwierig, da sie ähnliche Anforderungen an die Nutzenden stellen und stets gleichartig aufgebaut sind: Gegen keine oder geringste Gegenleistungen erhalten Interessierte Token. In Ermangelung gradueller Unterschiede erscheint eine Abgrenzung müßig. Im Folgenden werden Airdrops und Faucets daher gleichgestellt und im Einzelfall anhand der Leistung der Nutzenden bewertet.

Dennoch ist die Phänomenologie beachtenswert: Die Token, die für neue Projekte ausgeschüttet werden, haben zunächst kaum einen Gegenwert. In Einzelfällen konnte aber ein Hype um Währungen beobachtet werden, sodass gratis versendete Token beachtliche Werte erlangen können.[273] Diese Hoffnung auf

eigenen Faucet einzurichten und gewinnbringend zu vertreiben. S. hierzu auch *Sixt*, Bitcoins, 142.

273 Bei einem Airdrop der Währung Stellar wurden etwa (nach eigenen Angaben) Token im Wert von 125 Millionen USD emittiert. Eine einzelne nutzende Person erhielt dabei Token im (damaligen) Gegenwert von circa 25 €. Hierzu siehe https://support.

einen Glücksfall unter den zahllosen Netzwerken veranlasst viele Nutzenden dazu, regelmäßig Airdrops und Faucets wahrzunehmen. In steuerrechtlicher Hinsicht wird von Interesse sein, ob die von den Nutzenden erbrachten Leistungen bereits einen Besteuerungstatbestand erfüllen oder steuerfreie Einkünfte vorliegen.[274]

2. Lending

Eine weitere Form der Nutzung blockchain-basierter Vermögenswerte ist das sogenannte Lending. Wie der Name bereits erahnen lässt, werden Token im Sinne einer Kapitalüberlassung transferiert und so für eine dritte Person nutzbar gemacht. Dies wird mit einer Rückzahlungsverpflichtung der „verliehenen" Coins samt eines zusätzlichen Zinsbetrages verbunden.[275] Es handelt sich also faktisch um einfache Darlehen im Kontext der blockchain-basierten Vermögenswerte, die entsprechend der Besteuerung unterliegen könnten.[276]

Leihmodelle finden dabei in beide Richtungen zwischen Privaten und Leihbörsen statt: Private können dabei ihre Krypto-Token gegen Fiat-Geld verleihen, etwa um kurzfristige Darlehen zu erhalten. Gleichzeitig können Token auch abgegeben werden, um Zinsen zu erzielen.[277] Der Nutzen für die Anbietenden der Plattformen variiert dabei. Oft werden die Token in einen Stake eingebracht, um sie passiv zu vermehren. Viele Anbietende „lenden" die Token ihrerseits an dritte Personen weiter und generieren so Einkünfte.[278] Bereits durch diese Grundzüge ist ersichtlich, dass das „Lending" ein untechnischer Begriff bleibt. Die Token werden nicht, im Sinne eines Leihvertrages, „verliehen". Vielmehr liegen Darlehens- bzw. Anlagemodelle vor, was individuell festzustellen sein wird.

---

blockchain.com/hc/en-us/articles/360019105951-How-to-participate-in-the-Stellar-airdrop. Einer der ersten Faucets wurde vom Bitcoin-Entwickler Gavin Andersen eingerichtet. Dieser gab der nutzenden Person 5 (ganze) Bitcoin-Token für das Lösen eines Captcha – diese Token haben heute einen Gegenwert von mehreren 10.000 Euro, s. https://news.bitcoin.com/bitcoin-history-part-3-turning-on-the-faucet/.

274 S. Abschnitt E. III., S. 166 ff.

275 Vgl. *Werneburg*, BB 2019, 2844 (2847); *Krüger*, BB 2018, 1887 (1890).

276 Dem wird in Abschnitt E. II., S. 155 ff., nachgegangen.

277 Vgl. etwa https://coinloan.io/ oder https://blockfi.com/crypto-loans/. Börsen bieten üblicherweise ein breites Spektrum an Lending-Modellen an.

278 Vgl. etwa https://blockfi.com/earn-bitcoin.

IV. Zusammenfassung der Ergebnisse

Die hier erfolgte Darstellung der Phänomenologie blockchain-basierter Vermögenswerte hat das erwartet inhomogene Bild der verschiedenen Vorgänge aufgezeigt. Es stellen sich bisweilen schwierig zu beantwortende Abgrenzungsfragen zwischen den einzelnen technischen Vorgängen. Bereits nuancierte Unterschiede vermögen einen Besteuerungssachverhalt entscheidend zu beeinflussen (etwa beim Proof-of-Stake oder Cloud/Pool-Mining). Die Phänomenologie ist dabei grob in die Bereiche des Originär- und Derivativerwerbs aufteilbar.

Auf Seiten des Originärerwerbs, also der Schöpfung von Token, sind dabei zunächst das Mining und das Staking zu nennen, welche als Verifikationsmechanismen allein für neue Token in den Netzwerken sorgen. Unterformen des Minings sind Cloud- und Pool-Mining. Beide entsprechen häufig keinem Originärerwerb im engeren Sinne, sondern führen zu einem Erwerb von verbundenen Netzwerkbeteiligten. Ein Sonderphänomen stellt die Hard Fork dar, welche ebenfalls Token originär entstehen lässt.

Beim derivativen Erwerb, also der Nutzung von Token, nehmen die Veräußerungen eine zentrale Stellung ein. Transaktionen sind dabei als Handelsgeschäft oder als Zahlungsmittelersatz vorstellbar. Eine weitere, gesondert zu besprechende Form der Transaktion ist das Lending, bei welchem die Token nur temporär überlassen werden. Auch die Airdrop- und Faucet-Modelle sollen näher untersucht werden.

D. Einkommensteuerrechtliche Behandlung der Schöpfung blockchain-basierter Vermögenswerte

I. Der „Einkünftedualismus" und die Einkünfteermittlung des EStG

Die einkommensteuerrechtliche Behandlung blockchain-basierter Vermögenswerte soll in zwei Abschnitten erörtert werden. Zuerst werden hierzu die verschiedenen Schöpfungsvorgänge in das System der Einkommensbesteuerung eingeordnet. Ausgehend von der Zahl an Variationen innerhalb der Funktionsweise, aber auch der Nutzungsart der Blockchains sind verschiedene Einkunftsarten i.S.d. § 2 EStG denkbar. Bei der Herstellung von Token liegen die Vorgänge oftmals im Grenzbereich zwischen Steuerfreiheit und Steuerpflicht.

Als „Kompass-Norm" und Ausgangstatbestand für die Einkünfteermittlung dient § 2 EStG.[279] Die Vorschrift enthält die Grundprinzipien der Einkommensbesteuerung und hat daher gesetzesdirigierende Kraft für die Anwendung des EStG.[280] Alle der Besteuerung unterliegenden Einkunftsarten sind in § 2 Abs. 1 EStG enumerativ und abschließend aufgeführt.[281] § 2 Abs. 2 EStG teilt die Einkünfte i.S.d. EStG in zwei Kategorien auf: Die Gewinneinkünfte nach § 2 Abs. 2 S. 1 Nr. 1 EStG und die Überschusseinkünfte nach § 2 Abs. 2 S. 1 Nr. 2 EStG. Dadurch wird der sogenannte „Einkünftedualismus" des EStG begründet.[282] Dieser Begriff soll zum Ausdruck bringen, dass die Aufteilung einer Gegenüberstellung zweier Grundkonzeptionen der Einkünfteermittlung entspricht: Der Reinvermögenszugangstheorie, verkörpert durch die Gewinneinkünfte, und der Quellentheorie, verkörpert durch die Überschusseinkünfte.[283] Obgleich dieses Modell vom BVerfG[284] ausdrücklich gebilligt wurde, wird diese Dualität der Einkünfteermittlung in der Literatur als Hauptursache für die ständigen

279 Vgl. *Seer* in: Kirchhof/Seer, § 2 Tz. 1; *Hey* in: T/L, Tz. 8.40.
280 *Lang*, Bemessungsgrundlage, 33 ff.; *Seer* in: Kirchhof/Seer, § 2 Tz. 1.
281 *Tipke*, StRO II, 659; *G. Kirchhof* in: BeckOK EStG, § 2 Tz. 177.
282 *Musil* in: H/H/R, § 2 EStG Tz. 520; *Hey* in: T/L, Tz. 8.183.
283 *Tipke*, StRO II, 659, 717; *P. Kirchhof* in: FS BFH II, 1197 (1208).
284 Das BVerfG hat den bestehenden Dualismus in drei Entscheidungen gebilligt, s. BVerfG v. 9.7.1969 – 2 BvL 20/65, BVerfGE 26, 302; v. 7.10.1969 – 2 BvL 3/66, BVerfGE 27, 111; v. 11.5.1970 – 1 BvL 17/67, BVerfGE 28, 227.

Abgrenzungsschwierigkeiten zwischen den Einkunftsarten und die zahllosen Formen der Steuervermeidung gesehen.[285] Die Einordnung in eine Einkunftsart hat gewichtige Folgen für die Berechnung der Steuer, da den Steuerpflichtigen so ein unterschiedliches Maß an Leistungsfähigkeit beigemessen wird, was sich etwa in unterschiedlichen Freibeträgen, Ermittlungstechniken oder Verlustabzügen äußert.[286] Daher kommt der Frage der Einordnung erhebliche Bedeutung zu.[287] Einkünfte müssen in objektiver Hinsicht erzielt und in subjektiver Hinsicht unter Einkunftserzielungsabsicht vereinnahmt werden.[288] Dabei wird mit „erzielen" der notwendige Kausalzusammenhang zwischen Erwerbstätigkeit und Einkünften betont.[289] Es bedarf mithin grundsätzlich einer finalen Erwerbshandlung, aus welcher Einkünfte erwirtschaftet werden.[290] In subjektiver Hinsicht muss zur Erwerbshandlung auch die Absicht zur Erzielung von Einkünften hinzutreten, welches das zweite allgemeine Tatbestandsmerkmal des Einkunftsbegriffs des EStG bildet.[291]

Auch für die Besteuerung blockchain-basierter Vermögenswerte hat die Qualifizierung der Einkunftsart die angeführten erheblichen Folgen. Das Interesse an der Einordnung der Einkunftsarten besteht daher auch hier. Besonderem Stellenwert ist dabei – über die Phänomenologie verteilt[292] – der Abgrenzung zwischen Gewerbebetrieb und privater Vermögensverwaltung beizumessen.

II. Einkommensteuerrechtliche Behandlung der Erträge aus dem Mining

1. Ausgangspunkt

Technisch wie rechtlich mit gänzlich neuen Fragestellungen verbunden ist der Zufluss von Token durch das Mining bzw. Proof-of-Work. Speziell bei Bitcoin und seinen Klonen (z.B. Bitcoin Cash, Litecoin) funktioniert das oben erläuterte

---

285 *Seer* in: Kirchhof/Seer, § 2 Tz. 18; *Musil* in: H/H/R, § 2 EStG Tz. 521.

286 *Ratschow* in: Blümich, § 2 EStG Tz. 73; *Kirchhof* in: K/S/M, § 2 Tz. B 96 ff.

287 *Hey* in: T/L, Tz. 8.180, 8.185; *Musil* in: H/H/R, § 2 EStG Tz. 521.

288 *Hey* in: T/L, Tz. 8.121 ff.

289 *Kirchhof* in: K/S/M, § 2 Tz. A 37 ff.

290 *Lang*, Bemessungsgrundlage, 48 f.

291 *Seer* in: Kirchhof/Seer, § 2 Tz. 27.

292 Sowohl Schöpfungs- als auch Handelstätigkeiten bewegen sich an dieser Schwelle. S. zu erstgenannten etwa das sogleich besprochenene Mining. Hinsichtlich Handelstätigkeiten s. Abschnitt E. IV. 2. e), S. 170.

System des Minings[293]: Der anzufügende Block muss durch ein Trial-and-Error Prinzip erraten werden. Bei Lösung der Aufgabe erhält der erfolgreiche Miner den Festbetrag für das Verifizieren des Blocks sowie eine ggf. ausgeschriebene Transaktionsgebühr von Dritten. Die Einkünfte einer steuerpflichtigen Person bestehen also streng genommen aus zwei Teilen: Der Belohnung für das Finden des Blocks (Block Reward) und den Transaktionsgebühren, die durch das Verifizieren der Transaktionen ausgeschüttet werden. Von diesem Vorgang zu trennen sind die Phänomene des Cloud- und Pool-Minings, welche separat[294] besprochen werden.

2. Einkünfte aus Gewerbebetrieb, § 15 EStG

a) Betrachtung des Mining-Prozesses

In Betracht kommt zunächst eine gewerbliche Tätigkeit durch das Mining. Hierfür müsste die steuerpflichtige Person eine selbständige, nachhaltige Tätigkeit verfolgen, die mit Gewinnerzielungsabsicht und unter Beteiligung am allgemeinen wirtschaftlichen Verkehr erfolgt, § 15 Abs. 2 EStG.

Der in § 15 Abs. 2 EStG formulierte Begriff des Gewerbebetriebes ist nach überwiegender Auffassung ein sogenannter offener Typusbegriff, das heißt er gibt historische oder typologische Tätigkeitsbilder wieder.[295] Dies bedeutet auch, dass das Gesamtbild der Tätigkeit entscheidet und nicht die strikte (positive) Subsumtion unter die Merkmale des Begriffs.[296]

Bei der möglichen Etablierung eines Gewerbebetriebs sind zwei Betrachtungswinkel einzubeziehen: Zunächst könnte bereits die Partizipation am Verifikationsmechanismus eine gewerbliche Tätigkeit darstellen, sodass die entsprechenden Handlungen in einem ersten Schritt untersucht werden. Das Mining an sich stellt bereits einen eigenständigen und zur Besteuerung tauglichen Geschäftsvorfall dar.[297] Dem Realtypus der Mining-Tätigkeit wird aber ein anderes Bild gerecht: Nach dem Mining-Prozess schließt sich eine Veräußerungstätigkeit an, da nur so die erlangten Vermögenswerte realisiert werden

---

293 Abschnitt C. II. 2., S. 60 ff.

294 Unter V. und VI. in diesem Abschnitt.

295 Statt vieler BFH v. 22.2.2012 – X R 14/10, BStBl. II 2012, 511 (514); *Hey* in: T/L, Tz. 8.415; *Stapperfend* in: H/H/R, § 15 EStG Tz. 1004. a.A., nämlich Einordnung als Klassenbegriff: *Desens/Blischke* in: K/S/M, § 15 Tz. B 3; *Bode* in: Blümich, § 15 EStG Tz. 13 f.

296 *Hey* in: T/L, Tz. 8.415.

297 *Penner*, Virtuelle Wirtschaftsgüter, 88.

können. Diese Gesamtschau von Mining- und Handelstätigkeit ist in einem zweiten Schritt zu beleuchten.

aa) Selbständigkeit

Eine Tätigkeit ist selbständig, wenn sie auf eigene Rechnung und Gefahr betrieben wird.[298] Dies wird oft mit den Begriffen des Unternehmerrisikos und der Unternehmerinitiative umschrieben.[299] Das Merkmal der Selbständigkeit dient der Abgrenzung zur nichtselbständigen Arbeit, insbesondere durch Arbeitnehmer.[300]

Der Miner nimmt durch das Mining einige Risiken auf sich: Zu nennen sind hier etwa drohende Einkunftslücken durch längere Nichterzielung von Block Rewards oder hohe Anschaffungskosten für Hardware, die sich erst nach langer Zeit amortisieren. Auch die eingesetzte Rechenleistung oder die Währung, die gemint werden soll, kann er frei bestimmen. Er nimmt daher üblicherweise ein Unternehmerrisiko auf sich und trägt auch die notwendige Unternehmerinitiative.[301] Der Miner erscheint damit nicht als angestellte Person, sondern übt seine Tätigkeit selbständig aus.

bb) Nachhaltigkeit

Eine Tätigkeit wird als nachhaltig angesehen, wenn sie subjektiv auf Wiederholung angelegt ist und objektiv berufsmäßig erfolgt oder länger andauert.[302] Es handelt sich mithin um ein Tatbestandsmerkmal, das nur gelegentliche Arbeiten ausschließen soll.

Beim Proof-of-Work ist die Tätigkeit auf Wiederholung angelegt und dauert objektiv länger an, sodass praktisch nur das einmalige Ausprobieren der Mining-Software den Begriff der Nachhaltigkeit nicht erfüllt. Wie in der Literatur[303] oft angeführt sind hohe Anschaffungskosten ein gewichtiges Indiz für die Nachhaltigkeit der Tätigkeit. Insbesondere die Hardware für das Mining von Bitcoin und seinen Klonen ist schwerlich anderweitig nutzbar und wird nur für

---

298 *Desens/Blischke* in: K/S/M, § 15 Tz. B 9.

299 Vgl. BFH v. 13.2.1980 – I R 17/78, BStBl. II 1980, 303 (304); *Bode* in: Blümich, § 15 EStG Tz. 19.

300 *Stapperfend* in: H/H/R, § 15 EStG Tz. 1031; *Bode* in: Blümich, § 15 EStG Tz. 19.

301 Ebenso *Hötzel*, Virtuelle Währungen, 230; *Richter/Augel*, FR 2017, 937 (944).

302 *Desens/Blischke* in: K/S/M, § 15 Tz. B 13 f.; *Hey* in: T/L, Tz. 8.413.

303 *Lutzenberger*, GmbHR 2018, 794 (798); *Richter/Augel*, FR 2017, 937 (944); *Hötzel*, Virtuelle Währungen, 230.

diese Tätigkeit angeschafft.[304] Die Nachhaltigkeit wird bei Minern daher ganz überwiegend gegeben sein.[305] Mit Ausnahmen bestimmter Einzelfälle wird das Kriterium der Nachhaltigkeit also regelmäßig erfüllt sein.

cc) Gewinnerzielungsabsicht

Das Merkmal der Gewinnerzielungsabsicht ist Ausprägung der, zumindest nach überwiegender Meinung[306], stets für Einkünfte i.S.d. § 2 EStG erforderlichen Einkünfteerzielungsabsicht.[307] Die Gewinn- bzw. Einkünfteerzielungsabsicht soll steuerlich irrelevante Bereiche der Einkommensverwendungssphäre von einer Steuerbarkeit ausschließen, etwa Liebhaberei[308] oder ehrenamtliche Tätigkeiten.[309] Es geht daher um die Trennung der Erwerbs- von der Konsum- bzw. Privatsphäre.[310] Die konkreten Anforderungen an die Einkünfteerzielungsabsicht werden durch die jeweilige Einkunftsart bestimmt.[311] Der BFH[312] hat eine zweistufige Prüfung entwickelt, wonach auf erster Stufe zunächst eine Zukunftsprognose gerichtet auf die Erzielung eines Totalgewinns bzw. -überschusses anzustellen ist, nachfolgend auf zweiter Stufe objektive Beweisanzeichen zum Beweis der subjektiven inneren Absicht heranzuziehen sind.[313]

---

304 Vgl. https://www.digitaltrends.com/computing/what-is-an-asic-miner/.

305 *Penner*, Virtuelle Wirtschaftsgüter, 101; *Richter/Augel*, FR 2017, 937 (944).

306 Ständige Rspr. seit BFH v. 25.6.1984 – GrS 4/82, BStBl. II 1984, 751 (764 ff.); *Musil* in: H/H/R, § 2 EStG Tz. 345 ff.; *Ratschow* in: Blümich, § 2 EStG Tz. 120 ff.; *Hey* in: T/L, Tz. 8.125; *Krey*, Besteuerung sonstiger Leistungen, 90 f.; *Ismer*, FR 2007, 235 (238); *Penner*, Virtuelle Wirtschaftsgüter, 90.

307 Die Anknüpfung an ein subjektives Merkmal verneint generell etwa *P. Kirchhof* in: K/S/M, § 2 Tz. B 188 ff.; dem zustimmend G. *Kirchhof* in: BeckOK EStG, § 2 Tz. 196; kritisch, insbesondere zum Begriff „Absicht" auch *Weber-Grellet* in: Schmidt, § 2 Tz. 23 f.

308 Der Begriff Liebhaberei umschreibt Betätigungen, die aus privater Neigung oder persönlichem Interesse erfolgen. Bei Einkünften bzw. Verlusten aus solchen Tätigkeiten ist fraglich, ob diese steuerlich zu berücksichtigen sind, vgl. *Tipke*, StRO II, 663 ff.

309 *Hey* in: T/L, Tz. 8.414; *Krumm* in: Kirchhof/Seer, § 15 Tz. 35.

310 *Krey*, Besteuerung sonstiger Leistungen, 119.

311 Vgl. *Weber-Grellet* in: Schmidt, § 2 Tz. 24; *Ratschow* in: Blümich, § 2 EStG Tz. 148 f.

312 In ständiger Rspr. fortentwickelt seit BFH v. 25.6.1984 – GrS 4/82, BStBl. II 1984, 751 (764 ff.), vgl. zB v. 31.1.2017 – IX R 23/16, juris, Tz. 21.

313 *Musil* in: H/H/R, § 2 EStG Tz. 345; *Ratschow* in: Blümich, § 2 EStG Tz. 135; *Ismer*, FR 2007, 235 (238).

(1) Totalgewinnprognose

Bei der Anstellung einer Totalgewinnprognose ist darauf abzustellen, welchen Plan die steuerpflichtige Person für die gesamte Dauer der Erwerbstätigkeit verfolgt.[314] Maßgeblich ist dabei insbesondere, ob sie von Beginn bis Ende der Erwerbstätigkeit einen Gewinn erzielt.[315] Bei Geschäftsmodellen, die Glücksspielen gleichen, ist insbesondere der statistische Erwartungswert bedeutsam.[316] In dieser Hinsicht lassen sich Parallelen zwischen Glücksspiel und Mining erkennen.

(a) Prognosemaßstäbe

Eine Gewinnprognose beim Solo-Mining ist von besonders großen Unsicherheiten geprägt. Es ist kaum zu prognostizieren, wie sich die die vielen Faktoren verändern werden, welche die Erfolgsaussichten des Minings beeinflussen. Hierzu gehören etwa externe Faktoren wie die Schwierigkeit des Proof-of-Work-Problems (Difficulty[317]), der Kurswert der jeweiligen Token oder technische Innovationen zur Erhöhung der Rechenleistung. Hinzu kommen interne Faktoren wie die eingesetzte Hardware bzw. Rechenleistung, Stromkosten und Anschaffungskosten. All diese Punkte führen dazu, dass eine Totalgewinnprognose über Jahre kaum Aussagekraft enthält: Ein Netzwerk, welches heute noch profitabel gemint werden kann, ist möglicherweise nächste Woche unprofitabel.[318] Gleiches gilt für die Berechnung eines Erwartungswertes, da die Gewinnchancen ständig fluktuieren. Grundsätzlich sind die möglichen Zahlungen mit der Wahrscheinlichkeit des Gewinns zu multiplizieren und die Kosten anschließend abzuziehen.[319] Dabei muss beachtet werden, dass die „Ausschüttung" des möglichen Gewinns mehrmals täglich erfolgt und die Größe des Gewinns je nach Blockchain variiert. Hinzu kommt, dass die Berechnungen für jede Blockchain separat angestellt werden müssen, da ein jeweils eigenes Wirtschaftssystem

---

314 *Hey* in: T/L, Tz. 8.126.

315 *Musil* in: H/H/R, § 2 EStG Tz. 380.

316 Hierzu s. *Ismer*, FR 2007, 235 (238).

317 S.o. C. II. 2. c) dd), S. 67.

318 Ein solcher Effekt ist etwa bei Bitcoin zu vermuten, da am 11. Mai 2020 das sogenannte „Halving" stattfand. Hierdurch wurde die Menge der Token aus einem Block Reward halbiert, sodass statt 12,5 nur noch 6,25 Einheiten Bitcoin ausgegeben werden. Dies senkt die Erträge von Minern schlagartig um 50 % (ungeachtet etwaiger Kursveränderungen), was die Profitabilität erheblich beeinträchtigt. S. bereits FN 191.

319 *Ismer*, FR 2007, 235 (238).

hinter dem Netzwerk steht. Eine pauschale Prognose über die unterschiedlichen Netzwerke hinweg kann daher nicht getroffen werden. Es bleibt nur eine Prognose im Einzelfall[320] bzw. die positive Feststellung eines Gewinns.

(b) Tauglichkeit einer Prognose

Fraglich ist sodann, ob anhand der zuvor aufgezeigten Unsicherheiten überhaupt eine Totalgewinnprognose erstellt werden kann, welche ein hinreichendes Maß an Zuverlässigkeit gewährt. Die Spannbreite in der bisher beobachteten Entwicklung der Kurswerte blockchain-basierter Vermögenswerte ist derart groß, dass sie eine verlässliche Prognose kaum zulässt. Im Hinblick auf die Kursprognose urteilte der BFH, dass „grundsätzlich auf den am maßgebenden Zeitpunkt bekannten objektiven Umständen und Erfahrungswerten der Vergangenheit[321]" aufzubauen ist. Sind diese Umstände derart vage, dass unsicher bleibt, ob ein Totalgewinn erzielt werden kann, ist auf die zweite Stufe (s. sogleich) abzustellen.[322]

Die Tätigkeit des Minings an sich ist im besonderen Maße Unsicherheiten ausgesetzt, was an der Konzeption des Proof-of-Work liegt, welches faktisch ein Glücksspiel darstellt. Im Spektrum des Minings ist das Solo-Mining dabei die unsicherste Kategorie: Zwar kann der Miner alle Block Rewards selbst behalten, doch ist die Wahrscheinlichkeit, einen solchen überhaupt zu treffen, verschwindend gering. Selbst in einen Zeitraum von mehreren Jahren ergeben sich dadurch erhebliche Unsicherheiten in der Prognose. Ein eindrucksvolles Rechenbeispiel, um die Problematik der Prognose zu unterstreichen, liefern *Narayanan et al.*[323] in Form des mathematisch-stochastischen Modells einer sogenannten Poisson-Verteilung[324], welches die Verfassenden für die Bitcoin-Blockchain erstellt haben.

---

320 Hierfür gibt es etwa zahlreiche Online-Tools (zB www.whattomine.com oder https://www.cryptocompare.com/mining/calculator/).

321 BFH v. 9.5.2000 – VIII R 77/97, BStBl. II 2000, 660 (662); s. auch v. 15.12.1999 – X R 23/95, BStBl. II 2000, 267 (272).

322 *Musil* in: H/H/R, § 2 EStG Tz. 400.

323 *Narayanan et al.*, Bitcoin and Cryptocurrency Technologies, 124 f.

324 Die Poisson-Verteilung ist ein mathematisches Verteilungsmodell. Dabei gibt es N unabhängige Versuche (d.h. jeder vorgenommene Lösungsversuch) und die Ereignishäufigkeit λ (d.h. die Wahrscheinlichkeit, dass der Lösungsversuch zum Erfolg führt). Als Formel ausgedrückt entspricht dies λN, wobei *N* annähernd unendlich ist. In der Folge kann stochastisch errechnet werden, mit welcher Wahrscheinlichkeit ein Ereignis in einem definierten Zeitraum eintritt.

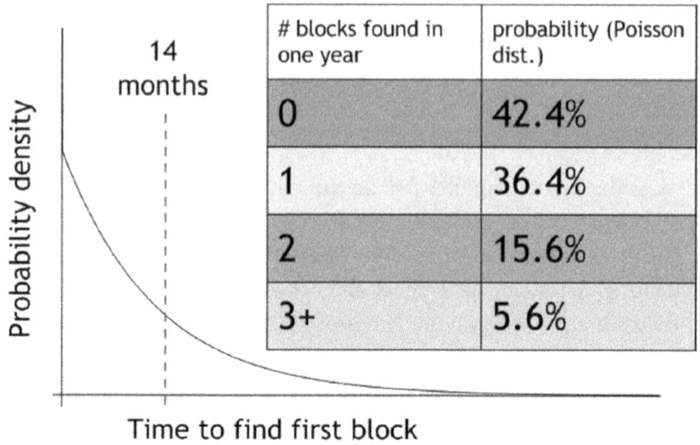

# blocks found in one year	probability (Poisson dist.)
0	42.4%
1	36.4%
2	15.6%
3+	5.6%

Abb. 11: Exponentialverteilung (Graph) und Poisson-Verteilung (Tabelle) nach *Narayanan et al.*, Bitcoin and Cryptocurrency Technologies, 125. Hinsichtlich eines Erfolges beim Proof-of-Work liegt der Median bei 14 Monaten. Vereinfacht ließe sich daher konstatieren, dass ein Block alle 14 Monate gefunden wird.

Die Verfassenden berechnen, dass (grob vereinfacht) alle 14 Monate ein Block von einem Solo-Miner gefunden wird. Es wird außerdem dargestellt, dass der Miner mit einer Chance von 42,4% im ersten Jahr gar keinen Block findet. Dies entspräche einer negativen Prognose, da keinerlei Einkünfte erzielt würden. Die Chance zur Findung eines Blocks innerhalb eines Jahres beträgt 36,4%, was zum damaligen Kursstand gerade zur Deckung der Unterhaltskosten gereicht hätte. Nur mit 15,6% Wahrscheinlichkeit findet der Miner zwei Blöcke, was zu einer positiven Prognose geführt hätte. Folglich sind im gleichen Zeitraum drei völlig unterschiedliche Szenarien denkbar, die jedoch allesamt hinreichend wahrscheinlich sind: Eine negative, eine positive und eine unklare Prognose. Bei einer Verlängerung des Betrachtungszeitraums findet zwar eine Angleichung statt, doch bleibt das Solo-Mining ein risikobehaftetes Modell.[325]

Insgesamt zeigt das Beispiel, dass sich eine Prognose zwar mathematisch erstellen lässt, diese jedoch nicht hinreichend substantiiert ist, um die rechtlichen Erwartungen an eine Totalgewinnprognose zu erfüllen. Die Varianz ist so hoch, dass sowohl eine negative wie auch eine positive Totalgewinnprognose wahrscheinlich sind. Die Aussagekraft einer Prognose ist damit zu bezweifeln; diese

325 *Narayanan et al.*, Bitcoin and Cryptocurrency Technologies, 125.

Ungewissheit spricht gleichwohl nicht gegen eine Gewinnerzielungsabsicht.[326] Aus praktischer Sicht bedeutet dies, dass regelmäßig auf die zweite, nachfolgend erläuterte Stufe zurückgegriffen werden muss. Dieses Ergebnis steht gleichwohl unter einem starken Vorbehalt des Einzelfalles, da das Berechnungsbeispiel nur auf Bitcoin und architektonisch verwandte Netzwerke übertragen werden kann. In anderen Netzwerken mag eine Prognose – positiv wie negativ – sicher gestellt werden.

(2) Objektive Umstände, die für eine Einkünfteerzielungsabsicht sprechen

Für die Steuerpflichtigen wie die Praxis wird ist daher von Interesse, welche objektiven Umstände für die Beurteilung der Einkünfteerzielungsabsicht heranzuziehen sind. Dies entscheidet bei einer negativen Totalgewinnprognose auch, ob seine Tätigkeit als Verlusttätigkeit oder als steuerlich unbeachtliche Liebhaberei eingeordnet wird.[327] Die Tatsache, dass blockchain-basierte Vermögenswerte größeren Wertschwankungen oder gar einem höheren Totalverlustrisiko ausgesetzt sind, spricht nicht grundsätzlich gegen die Annahme einer Gewinnerzielungsabsicht. Denn diese Unwägbarkeiten nehmen ihnen nicht die Eignung, zu einem Totalgewinn zu führen.[328] Vielmehr ist sich der Investierende diesem Risiko bewusst und nimmt dies, möglicherweise in Erwartung einer höheren Rendite, in Kauf.

Nach Auffassung der Finanzverwaltung[329], welcher sich einige Publizierende[330] angeschlossen haben, ist beim Mining die Gewinnerzielungsabsicht objektiv indiziert oder vorhanden. Dabei wird auf die hohen Anschaffungskosten verwiesen, was eine nachfolgende Gewinnerzielungsabsicht suggeriere, da diese andernfalls nicht amortisiert würden. Diese Ansicht erscheint jedoch zu wenig differenziert: Zunächst ist das Mining stets, auf jeder Blockchain, mit geringer und „haushaltsüblicher" Rechenleistung möglich. Alle modernen Computer sind in der Lage, die Software herunterzuladen und diese auszuführen.[331] Einem

326 BFH v. 19.7.1990 – IV R 82/89, BStBl. II 1991, 333 (335) m.w.N.; *Richter/Augel*, FR 2017, 937 (944).

327 *Heuel/Matthey*, NWB 2018, 1037 (1053).

328 *Hötzel*, Virtuelle Währungen, 125.

329 OFD NRW v. 20.04.2018, DB 2018, 1185 f. mit explizitem Bezug auf alle Kryptowährungen.

330 *Reiter/Nolte*, BB 2018, 1179 (1183) gehen etwa stets von einem gewerblichen Mining aus, da nur durch Anschaffung hoher Rechenkapazität eine nachhaltige Erwerbstätigkeit entstehen könne, was die Gewerblichkeit suggeriere. Ebenso, aber nur für Bitcoin *Hornung/Westermann*, DStZ 2018, 301 (307).

331 Vgl. *Pielke*, Besteuerung von Kryptowährungen, 16.

solchen Nutzenden eine Gewinnerzielungsabsicht zu unterstellen kann nicht überzeugen, da es keine Anschaffungskosten gibt. Die verfügbare Rechenleistung ist allein für die Erfolgschancen ausschlaggebend, nicht aber für die bloße Möglichkeit des Minings.[332] Weiterhin ist der Bezug zu den Anschaffungskosten und dem hohen Erfordernis an Rechenleistung nur bei den größten Währungen schlüssig, insbesondere Bitcoin und seinen Klonen. Hierbei ist eine indizielle Wirkung anzunehmen, wenn spezielle „Mining-Rigs[333]", ASIC-Prozessoren oder Grafikkarten angeschafft werden, die keiner anderen Verwendung als dem Mining zugänglich sind.[334] Viele Blockchains sind jedoch klein und nur eine handvoll Miner verifizieren die Transaktionen. In diesen Fällen bedarf es oft keiner Anschaffungskosten, da die ohnehin vorhandenen Systeme (PCs/Laptop) verwendet werden können. Der Rückschluss von Anschaffungskosten auf Gewinnerzielungsabsicht verfängt daher nicht bei kleineren Netzwerken, sodass der pauschalen Einordnung durch die Finanzverwaltung zu widersprechen ist.[335] Hohe Anschaffungskosten können dennoch indizielle Wirkung haben, wenn Komponenten beschafft werden, die keinen anderen Verwendungszweck haben.

Weitere objektive Kriterien sind die Professionalisierung des Prozesses, was sich etwa durch eigens hergerichtete Räume/Lager oder die Nutzung eines besonders günstigen Stromtarifs manifestieren kann.[336] Da der maximale Profit durch eine maximale Partizipationszeit am Mining-Prozess erreicht wird, kommt der Betreibungsdauer ein besonderes Augenmerk zu.[337] Beträgt diese annähernd 100% liegt ein Indiz für eine Gewerblichkeit vor. Abhängig von den Kursfluktuationen kann es für einen Miner lukrativ sein, das Mining einer Blockchain zugunsten einer anderen aufzugeben, wenn bessere Kursgewinne oder höhere

---

332 *Heuel/Matthey*, NWB 2018, 1037 (1052 f.).

333 So werden vollständige Computersysteme genannt, die einsatzbereit versendet werden und zur Integration in Mining-Pools vorgesehen sind. Am bekanntesten sind die Fabrikate des Herstellers „BitMain", vgl. https://shop.bitmain.com/.

334 *Penner*, Virtuelle Wirtschaftsgüter, 94. Bei Grafikkarten ist insbesondere auf die Anzahl der Einheiten abzustellen. Herkömmliche PCs greifen auf eine, ggf. zwei Grafikkarten zurück.

335 Zurecht differenzierend daher *Heuel/Matthey*, NWB 2018, 1037 (1052 f.); *Richter/Augel*, FR 2017, 937 (943 f.); *Heck*, DStZ 2019, 106 (111); *Kollmann* in: Handbuch Kryptowerte, § 17 Tz. 38.

336 *Lutzenberger*, GmbHR 2018, 794 (798); *Heuel/Matthey*, NWB 2018, 1037 (1053); *Richter/Augel*, FR 2017, 937 (945); *Reiter/Massoner*, ISR 2018, 424 (426).

337 *Bal*, Taxation, Virtual Currency and Blockchain, 120.

Chancen auf einen Block Reward im Raum stehen. Diese Planmäßigkeit und Zielgerichtetheit indiziert ebenfalls objektiv eine Gewinnerzielungsabsicht.

Einen Sonderfall stellt dabei ein „Hobby-Miner" dar, der unter Verwendung seiner gewöhnlichen und ohnehin vorhandenen Hardware einen Block generiert und eine hohe Ausschüttung kassiert. Dieses Verhalten lässt auf Neugier, Liebhaberei oder politische Positionierung schließen, ist also der privaten Einkommensverwendung zuzuordnen.[338]

Bei der objektiven Bewertung der Tätigkeit und der Konturierung von Kriterien ist daher das Netzwerk selbst ausschlaggebend.

Bei den großen Netzwerken (z.B. Bitcoin, Ethereum, Litecoin) herrscht ein sehr professionelles und industrielles Mining mit hohen Rechenleistungen. Ein einzelner Miner braucht spezielle Mining-Hardware, um überhaupt effektiv wirtschaften zu können. In diesen Fällen wird die Anschaffung von Equipment praktisch immer mit einer hohen Partizipationszeit an den Netzwerkprozessen zusammenfallen, sodass eine Gewinnerzielungsabsicht anzunehmen sein wird. Schafft der Miner keine Hardware an, wird er üblicherweise auch nicht gewerblich tätig. Selbst eine Tätigkeit mit hohen Teilnahmezeiten wird objektiv nicht mit Gewinnerzielungsabsicht betrieben, wenn keine passende Hardware vorliegt; dafür sind die Leistungsunterschiede zu groß. Solche Tätigkeiten dürften eher als Liebhaberei einzustufen sein. Folglich ist bei den großen, professionell geminten Währungen eine solche „schwarz-weiß" Sicht möglich, wie sie auch die Finanzverwaltung proklamiert.

Weitaus einzelfallabhängiger ist die Beurteilung hingegen bei kleineren Netzwerken, die wenig bis nicht von professionellen Minern frequentiert werden. Spezielle Mining-Hardware existiert hier oftmals nicht. Ausschlaggebend kann daher der Zukauf von „herkömmlicher" Rechenleistung (insbesondere Grafikkarten[339]) und die Zeit sein, die mit dem Mining verbracht wird. Eine Professionalisierung der Tätigkeit kann anzunehmen sein, wenn der Miner nicht

---

338 *Richter/Augel*, FR 2017, 937 (944), welche etwa das Mining aus Gründen des „Statements" gegen das Bankensystem ausnehmen; ähnlich *Bal*, Taxation, Virtual Currency and Blockchain, 120. Anders jedoch *Hötzel*, Virtuelle Währungen, 125 f, mit dem Argument, auch dem politisch motivierten Miner bliebe die Möglichkeit hoher Kursgewinne. Auch in solchen, unüblichen Fällen wir der Einzelfall ausschlaggebend sein. Es ist gut vorstellbar, dass politische Motivation und Gewinnerzielungsabsicht zusammenfallen; doch auch der gegensätzliche Fall ist vorstellbar. Die exakten Beweggründe des Miners sind dann anhand anderer objektiver Indizien zu bewerten.

339 Grafikkarten liefern in herkömmlichen PCs die höchste Leistung bezogen auf einzelne Rechenvorgänge, s. schon FN 219.

nur passiv abwartet, sondern seine Rechenleistung aktiv optimiert, etwa indem er besonders lohnenswerte Netzwerke ausfindig macht oder seine Kapazität bewusst aufteilt. In diesen Fällen ist eine differenzierte Sicht erforderlich.

Für beide Gruppen ist die Planmäßigkeit und Zielgerichtetheit beim Einsatz der Rechenleistung ein objektives Indiz. Auch wenn sich die Untersuchung auf das reine Solo-Mining beschränkt ist klarstellend hinzuzufügen, dass eine sich dem Mining anschließende Handelstätigkeit in einigem Umfang gewichtiges Indiz für eine Gewinnerzielungsabsicht ist.[340]

dd) Beteiligung am allgemeinen wirtschaftlichen Verkehr

Unter der Beteiligung am allgemeinen wirtschaftlichen Verkehr versteht sich eine auf Güter- und Leistungsaustausch bezogene Tätigkeit gegen Entgelt am Markt, die für dritte Personen erkennbar ist.[341]

Dieses Kriterium wurde in der Literatur[342] breiter diskutiert. Ausgangspunkt ist hierbei die Frage, ob und wie die Tätigkeit des Minings überhaupt eine Marktbeteiligung darstellen kann. Dies kann aus zwei Sichtweisen betrachtet werden: Das Mining als solches, das heißt die Partizipation am und Lösung des Proof-of-Work kann betrachtet werden. Alternativ könnte auf eine spätere Verwertung der erzielten Token, etwa durch Verkauf oder Einsatz als Zahlungsmittel, abgestellt werden.

(1) Marktbeteiligung durch das Mining als solches

Ein erster Ansatz ist es, das Mining als solches als Marktbeteiligung i.S.d. Definition aufzufassen. Dann müsste bereits die Durchführung des Proof-of-Work-Verfahrens als Marktbeteiligung anzusehen sein.

Dies wird von den überwiegenden Beiträgen der Literatur[343] abgelehnt. Es wird argumentiert, dass eine Marktbeteiligung bereits deshalb ausscheide, da die

---

340 Zur Gewinnerzielungsabsicht bei Handelstätigkeiten siehe unten Abschnitt E. IV. 2. c), S. 170.

341 *Desens/Blischke* in: K/S/M, § 15 Tz. B 44 f.; BFH v. 19.2.2009 – IV R 10/06, BStBl. II 2009, 533 (535).

342 *Hötzel*, Virtuelle Währungen, 231 ff.; *Bal*, Taxation, Virtual Currency and Blockchain, 118 ff.; *Pinkernell*, Ubg 2015, 19 (21); *Richter/Augel*, FR 2017, 937 (944); *Heuel/Matthey*, NWB 2018, 1037 (1052 f.); *Heck*, DStZ 2019, 106 (110); *Reiter/Nolte*, BB 2018, 1179 (1183); *Varro*, taxlex 2017, 399 (402 f); *Kollmann* in: Handbuch Kryptowerte, § 17 Tz. 43; *Arendt* in: Steuer- und Bilanzrechtslexikon, „Kryptotoken“ Tz. 29.

343 *Bal*, Taxation, Virtual Currency and Blockchain, 118 ff.; *Pinkernell*, Ubg 2015, 19 (21); *Richter/Augel*, FR 2017, 937 (944). Differenzierend *Heuel/Matthey*, NWB 2018, 1037

Teilnahme am Blockchain-Netzwerk nicht für Dritte erkennbar sei, sondern ggf. erst dann, wenn ein Block bereits gefunden wurde.[344] Entscheidend sei aber eine Erkennbarkeit vor bzw. bei dem Leistungsaustausch. Es wird zudem angeführt, dass das System des Minings dem reinen Glücksspiel gleiche und daher nichtsteuerbar sei.[345] Nach der Rechtsprechung des BFH[346] sind reine Glücksspiele grundsätzlich keine steuerbaren Einkünfte, da es am erforderlichen Leistungsaustausch fehlt. Denn diese Spiele würden zwar durchaus mit Gewinnerzielungsabsicht betrieben, es fehlt ihnen aber an dem für eine Marktbeteiligung konstitutiven Leistungsaustausch; eine Konnexität zwischen Spieleinsatz und -gewinn bestehe nicht, da letzterer auf reinem Zufall beruhe.[347] Während es hinsichtlich Begründung und Systematisierung von Spielgewinnen divergierende Ansätze[348] gibt, herrscht über die Ausnahme des reinen Glücksspiels aus den steuerbaren Einkünften Übereinstimmung.[349] Ob ein solches reines Glücksspiel gegeben ist, bleibt Frage des Einzelfalls; insbesondere ist die Abgrenzung zu Spielen wie Skat oder Poker zu führen. Bei diesen ist der Erfolgseintritt zwar auch vom Zufall abhängig, lässt sich aber durch Spielgeschick und Erfahrung derart optimieren, dass die Geschicklichkeit der spielenden Person im Vordergrund

---

(1052 f.), nach denen eine Einzelfallbetrachtung dahingehend vorzunehmen ist, ob eine umfangreichere Marktbeteiligung zumindest geplant ist.

344 *Pinkernell*, Ubg 2015, 19 (21); *Richter/Augel*, FR 2017, 937 (944).

345 *Bal*, Taxation, Virtual Currency and Blockchain, 118 f.; *Heuel/Matthey* NWB 2018, 1037 (1054); *Lutzenberger*, GmbHR 2018, 794 (799).

346 S. etwa BFH v. 11.11.1993 – XI R 48/91, juris; v. 28.11.2007 – IX R 39/06, BStBl. II 2008, 469; Darstellung der Kasuistik bei *Theisen/Raßhofer* in: FS Spindler, 819 (826 f.).

347 BFH v. 16.9.2015 – X R 43/12, BStBl. II 2016, 48 (50); *Hötzel*, Virtuelle Währungen, 231.

348 *Theisen/Raßhofer* in: FS Spindler, 819 (826 f.) typisieren anhand dreier Kategorien, konstatieren abschließend aber: „(…) [die] Ausprägungen sind nicht selten ausgesprochen vielfältig und schaffen weder für den Steuerpflichtigen noch die Finanzverwaltung wirklich eine verlässliche Beurteilungslage in jedem Einzelfall“; *Schmidt-Liebig*, StuW 1995, 162 (169 ff.) stellt darauf ab, ob die steuerpflichtige Person als konsumierende oder anbietende Person der Gewinnchance erscheint. Ähnlich *Lang*, Bemessungsgrundlage, 46 f., welcher das Spiel der nichtsteuerbaren Konsumsphäre zuweist; *Hey* in: T/L, Tz. 8.135 und *Ismer*, FR 2007, 235 (237 ff.) schlagen eine Abgrenzung anhand allgemeiner dogmatischer Grundsätze, sprich dem Vorliegen einer objektiv steuerbaren Tätigkeit und einer subjektiven Einkünfteerzielungsabsicht vor.

349 *Tipke*, StRO II, 666 ff.; *P. Kirchhof* in: FS BFH II, 1197 (1210); *Krumm* in: Kirchhof/Seer, § 15 Tz. 34; *Stapperfend* in: H/H/R, § 15 EStG Tz. 1059; *Bode* in: Blümich, § 15 EStG Tz. 55.

steht. Solche Geschicklichkeitsspielgewinne werden daher überwiegend als steuerbare Einkünfte qualifiziert.[350]

Hötzel[351] wendet sich gegen diese Meinung und vertritt, dass bereits die Teilnahme am Mining-Prozess eine hinreichende Marktteilnahme darstellt. Hierfür führt er an, dass der Miner kein privates Spiel-, Sport- oder Wettbedürfnis erfülle, sondern vielmehr durch die Bereitstellung von Rechenleistung bewusst darauf abziele, Transaktionsgebühren und Block Rewards zu erhalten. Auch die Zufallskomponente bei der Findung des Blocks dürfe nicht isoliert betrachtet werden. Durch die Rechenleistung könne der Miner Einfluss auf das Ergebnis nehmen, da so die Wahrscheinlichkeit der Findung einer korrekten Nonce vergrößert werde. Es dürfe keinen Unterschied machen, ob eine steuerpflichtige Person eine eigene geistige Leistung oder eine durch technische Rechenmittel erzeugte Leistung bereitstelle. Es liege also vielmehr eine gemischte Tätigkeit aus Zufall- und Geschicklichkeitselement vor.[352] Zudem sei die Leistung auch für Dritte äußerlich erkennbar. *Hötzel* erkennt dabei an, dass das Bild des Miners vom tradierten Bild eines Marktbeteiligten abweicht. Gleichwohl sei sie insoweit öffentlich, als der Miner stets darauf bedacht sei, den aktuellen Block zu finden und unter den Netzwerkbeteiligten zu kommunizieren. Er argumentiert zudem, dass die Zustimmung der anderen Netzwerkbeteiligten erforderlich sei, um den Block in die Blockchain einzuspeisen.

(2) Stellungnahme

(a) Vorliegen eines Leistungsaustausches

Die Beteiligung am allgemeinen wirtschaftlichen Verkehr wird unterschiedlich beurteilt. Diskutierte Punkte sind dabei der Beurteilzungszeitraum, der Leistungsaustausch durch und die Erkennbarkeit für Dritte bei Durchführung des Proof-of-Work.

Für die Bestimmung eines Leistungsaustausches ist zunächst bedeutsam, ob das Mining wie ein Glücksspiel zu behandeln ist. Diese Einschätzung wird auch von *Hötzel*[353] geteilt, welcher zum Schluss kommt, dass die Rechtsprechung zu Glücksspielen auf das Mining übertragbar sei. Da nach seiner Ansicht eine wesentliche Geschicklichkeitskomponente erkennbar ist und auch eine

---

350 BFH v. 11.11.1993 – XI R 48/91, juris, Tz. 16; *Krumm* in: Kirchhof/Seer, § 15 Tz. 34.

351 *Hötzel*, Virtuelle Währungen, 232, auch zum Folgenden.

352 Dem zustimmend *Heck*, DStZ 2019, 106 (110); *Moritz/Strohm*, DB 2018, 3012 (3016); wohl auch *Kollmann* in: Handbuch Kryptowerte, § 17 Tz. 43.

353 *Hötzel*, Virtuelle Währungen, 231 f.

äußerliche Erkennbarkeit für Dritte bestünde, nimmt er einen Leistungsaustausch und damit eine Marktbeteiligung an. Ist zwischen reinem Glücksspiel und Geschicklichkeitsspiel nicht eindeutig trennbar, ist das Kernelement des Spiels ausschlaggebend.[354] Hinsichtlich der Übertragbarkeit der Grundsätze zu Spielgewinnen auf das Mining ist *Hötzel* und den anderen Publizierenden zunächst zuzustimmen: Die Lösung des Proof-of-Work ist ein Glücksspiel, da allein durch das Ausprobieren verschiedener Nonce-Zahlen eine Lösung gefunden werden kann. Die Chance, dabei die richtige Lösung zu finden, ist derartig gering, dass eine Lösung zufällig ist. Die Konsequenz aus dieser Feststellung ist, dass sukzessive zu prüfen ist, ob das vorliegende Glücksspiel auch ein „reines" Glücksspiel ist. Dabei bietet es sich an, anhand der Belohnungen, also dem Block Reward und den Transaktionsgebühren, zu trennen. Ihre Vereinnahmung ist zwar ein einheitlicher Vorgang, doch erhält der Miner die Belohnungen aus unterschiedlichen Gründen und unterschiedlichen Quellen.

(i) Hinsichtlich des Block Rewards

Der Miner erhält alleine für das Lösen des Proof-of-Work eine Belohnung in Form des Block Rewards. Wie zuvor dargestellt handelt es sich dabei grundsätzlich um eine reine Form des Glücksspiels. Fraglich ist aber, ob in der Kontrollier- und Skalierbarkeit der Rechenleistung eine Geschicklichkeitskomponente zu sehen ist.[355] Hierfür spricht zwar, dass der Miner frei wählen kann, in welches Netzwerk er seine Rechenleistung investiert. Möglicherweise lässt sich der Prozess mit Erfahrung und Geschick dergestalt optimieren, dass bestimmte Blockchains außer Acht bleiben oder bevorzugt gewählt werden. Hierfür könnten Gründe der Marktentwicklung oder technische Neuerungen sprechen. All diese Erwägungen helfen aber nicht beim eigentlichen „Spiel", dem Lösen des Proof-of-Work. Sie vermögen kein Geschicklichkeitselement zu begründen, denn sie erhöhen nicht die Wahrscheinlichkeit der Realisation der Gewinnchance.[356] Dieses sieht *Hötzel* vielmehr in der variablen Zufuhr von Rechnerleistung. Ein Miner kann grundsätzlich unbestimmt viel Rechnerleistung in das Lösen des Algorithmus investieren, solange er die Kosten dafür trägt. Ob dies ein Element der Geschicklichkeit darstellt, ist aber fraglich. Die Erhöhung der Rechenleistung steigert auf technischer Ebene die Zahl der Lösungsversuche, die ein einzelner Miner während eines Zyklus des Proof-of-Work unternehmen

354 Vgl. *Desens/Blischke* in: K/S/M, § 15 Tz. B 49.
355 So *Hötzel*, Virtuelle Währungen, 232; *Penner*, Virtuelle Wirtschaftsgüter, 97 f.
356 Vgl. *Schmidt-Liebig*, StuW 1995, 162 (169, 172).

kann. Hier bietet sich der Vergleich mit Lotto- oder Losspielen an, bei denen die teilnehmende Person die Zahl der Teilnahmescheine erhöht.[357] Kauft die teilnehmende Person eine Vielzahl an Lose, erhöhen sich ihre Gewinnchancen proportional. Gleichzeitig bleibt es aber dabei, dass die Auswahl ihrer Losnummern dem reinen Zufall unterliegt. Es ist aber keine Form der Geschicklichkeit erkennbar, die über das Kaufen weiterer Lose hinausgeht. Beim Lotto-Spiel könnte die teilnehmende Person mit wissenschaftlich-statistischen Methoden eruieren, welche Zahlenkombinationen am häufigsten gezogen werden und so die wahrscheinlichste Lösung wählen bzw. die wahrscheinlichsten Lösungen auf mehreren Losen verteilen. Die Wahrscheinlichkeit der teilnehmenden Person, einen Gewinn zu erzielen, bleibt jedoch trotz der „Optimierungen" verschwindend gering. Die Zufallskomponente des Spiels überragt eindeutig die Geschicklichkeitskomponente. Nichts anderes gilt für das Mining: Die Erweiterung der Rechnerleistung entspricht dem Zukauf von Tickets. Mit dieser kann sich der Miner mehr Lösungsversuche erkaufen, ist aber weiter den Zufallsmechanismen des Proof-of-Work-Systems unterworfen.[358] Eine solche Dominanz des Zufalls verhindert das zielgerichtete Erwirtschaften von Einkünften durch die hohe Ungewissheit.[359] Eine wesentliche Überlagerung durch eine Geschicklichkeitskomponente ist daher nicht zu erkennen. Der Miner erscheint ebenfalls nicht als anbietende Person des Glücksspiels, sondern als konsumierende Person; er nutzt die vom System dargebrachte Gewinnchance, bietet diese aber nicht an. Es ist daher vorzugswürdig, das Proof-of-Work als reines Glücksspiel einzuordnen und einen Leistungsaustausch zu verneinen. Dies verliert freilich seine Geltung, wenn der Miner einen wesentlichen Teil des Netzwerks mit seiner Rechnerleistung kontrollieren kann und der Zufall damit einer berechenbaren Größe weicht. Dies ist angesichts der totalen eingesetzten Rechenleistung aber kaum zu erreichen, zumindest bei den etablierten Netzwerken.

Die Möglichkeit eines Leistungsaustausches wird durch einen weiteren, technischen Umstand ausgeschlossen: Das Glücksspiel sowie die folgende Auszahlung von Token spielt sich allein zwischen dem Miner und der Blockchain ab. Die Blockchain ist aber kein Rechtssubjekt, sondern ein digitales Konstrukt, welches nicht Träger von Rechten und Pflichten sein kann. Gleichzeitig setzt jedes steuerbare Tun i.S.d. EStG aber einen Leistungsaustausch, bestehend aus

357 Vgl. *Varro*, taxlex 2017, 399 (402).

358 Ähnliche Argumentation bei *Varro*, taxlex 2017, 399 (402 f). So auch *Heuel/Matthey*, NWB 2018, 1037 (1054).

359 Vgl. *Krey*, Besteuerung sonstiger Leistungen, 75.

Leistung und Gegenleistung, voraus.[360] Eine Leistung besteht dabei in einem zielgerichteten und willensgetragenen Verhalten.[361] Diese Voraussetzungen können logisch nur durch Rechtssubjekte erfüllt werden, nicht aber durch (vom menschlichen Willen unabhängige) maschinelle Strukturen; diesen ist ein zielgerichtetes und willensgetragenes Verhalten gerade fremd. Es erscheint skurril, einer technischen Entität den notwendigen subjektiven Willen zu einem solchen Verhalten zuzusprechen. Ein Leistungsaustausch setzt zwingend ein anderes Rechtssubjekt voraus, welches die Gegenleistung gewährt.[362] Es kann damit keine Gegenleistung vorliegen, da kein Rechtssubjekt vorliegt.[363] Der Einwand von *Hötzel*, der Miner würde durch die „(…) Gesamtheit der Netzwerkteilnehmer dafür entlohnt, dass er durch die bereitgestellte Rechenkapazität zum Funktionieren des Systems beiträgt[364]", verfängt nicht. Zwar ist es richtig, dass die übrigen Netzwerkbeteiligten eine gefundene Nonce bestätigen müssen, damit ein Block verifiziert wird. Es ist aber nicht realitätsgerecht, dieser Überprüfung einen derart hohen Stellenwert beizumessen: Zunächst können die Teilnehmenden des Netzwerks keinen Einfluss auf die Verifizierung nehmen; diese muss von ihnen nicht bestätigt oder gar selbst überprüft werden, sondern läuft rein maschinell ab. Auch der ähnlich begründete Einwand von *Heck*[365] ist daher nicht plausibel. Das Bild einer Entscheidungsmöglichkeit durch die übrigen Netzwerkbeteiligten ist nicht sachgerecht. Da es sich um ein informationstechnisches System handelt, gibt es keinerlei Entscheidungsspielraum. Der gefundene Wert ist entweder korrekt oder falsch – die Überprüfung und Kommunikation findet durch deterministische Programme statt, nicht durch menschliche Abwägungen. Ein Szenario, in dem die Netzwerkbeteiligten etwa bewusst einen richtigen Proof-of-Work ablehnen könnten, ist im technischen Rahmen der Blockchain nicht vorgesehen. Denn dann würde eine Grundvoraussetzung – die

---

360 *Krey*, Besteuerung sonstiger Leistungen, 36 ff.

361 BFH v. 27.6.2006 – IX R 25/05, juris, Tz. 16; *Wernsmann/Neudenberger* in: K/S/M, § 22 Tz. E 46.

362 *Krey*, Besteuerung sonstiger Leistungen, 37.

363 Ebenso *Pinkernell*, Ubg 2015, 19 (22 f.); *Hornung/Westermann*, DStZ 2018, 301 (307); *Heuel/Matthey*, NWB 2018, 1037 (1054). Ähnlich (mangels Gegenpartei kein Markt) *Varro*, taxlex 2017, 399 (401).

364 *Hötzel*, Virtuelle Währungen, 234.

365 *Heck*, DStZ 2019, 106 (110): „Stellt nicht vielleicht die Aufnahme eines neuen Blocks durch die Teilnehmer in ihr Exemplar des Kassenbuchs eine Gegenleistung dar?".

„Ehrlichkeit" der Nodes[366] – entfallen. Zudem belohnen die übrigen Teilnehmenden den erfolgreichen Miner nicht, sondern die Blockchain. Auch hierauf können die Netzwerkbeteiligten keinerlei Einfluss nehmen, sodass eine Entlohnung durch die Community nicht erfolgt. Auch der von *Hötzel*[367] angeführte Vergleichsfall vermag dies nicht zu ändern. Zwar besteht die von ihm angeführte wirtschaftliche Gleichheit der Fälle, doch würde die Einfügung einer menschlichen Kontrollinstanz das Gefüge der Blockchain grundlegend ändern. Nicht nur ist eine solche Struktur, bei der Teilnahmegebühren entrichtet werden, in der Blockchain-Technologie nicht bekannt. Die Einfügung eines solches Intermediärs würde vielmehr das Bankensystem skizzieren – und damit ein von der Blockchain wesensfremdes System. Die Verifizierung müsste schlussendlich als entgeltliche Verwertung der Leistung des Miners erscheinen.[368] Eine solche Qualität hat dieser Vorgang nicht.[369] Es handelt sich um einen Systemprozess, nicht aber um eine Gegenleistung im steuerrechtlichen Sinne.

Der Block Reward fließt damit nicht unter Beteiligung am allgemeinen wirtschafltichen Verkehr zu. Es liegt ein „reines" Glücksspiel vor, welches einen Leistungsaustausch entfallen lässt. Darüber hinaus ist kein weiteres Rechtssubjekt beteiligt, welches eine Gegenleistung erbringen könnte. Ein solches ist aber Voraussetzung jedes Leistungsaustausches.

(ii) Hinsichtlich der Transaktionsgebühren

Zentraler Unterschied zwischen Block Reward und Transaktionsgebühren ist, dass Letztere von einer menschlichen dritten Person bereitgestellt werden, um Transaktionen schneller bestätigt zu wissen. Die Übertragung erfolgt damit zwischen den öffentlichen Keys des Miners und der transferierenden Person. Im Gegensatz zum Block Reward gibt es daher ein weiteres Rechtssubjekt, welches am Vorgang beteiligt ist. Ein Leistungsaustausch im Normsinne ist daher grundsätzlich gegeben, nämlich der Austausch Transaktionsgebühr gegen (priorisierte) Verifizierung.

Dies ändert jedoch nichts daran, dass die Gebühren nur eingefordert werden können, wenn das Proof-of-Work gelöst wird; dieses zu lösen entspricht,

---

366 Vgl. *Narayanan et al.*, Bitcoin and Cryptocurrency Technologies, 28 ff.; anschaulich *Pohlmann*, Cyber-Sicherheit, 484: „Es ist essenziell für die Sicherheit und Vertrauenswürdigkeit der Blockchain, dass sich alle Nodes ihr Urteil selbst bilden".

367 *Hötzel*, Virtuelle Währungen, 234.

368 Vgl. *Krey*, Besteuerung sonstiger Leistungen, 38.

369 So auch *Varro*, taxlex 2017, 399 (401).

wie zuvor gezeigt, einer reinen Zufallsauswahl. Allerdings gibt es dabei einen gewichtigen Unterschied zum Block Reward: Ist das Proof-of-Work einmal erbracht, erhält der Miner bereits deswegen den Block Reward. Hinsichtlich der Transaktionsgebühren trifft dies aber nicht zu. Um diese zu erhalten, müssen die Transaktionen verifiziert und in den Block aufgenommen werden. Die Tätigkeit des Miners erschöpft sich daher nicht in der bloßen Erbringung des Proof-of-Work. Das Glücksspiel wirkt sich somit nur auf der ersten Ebene aus, nämlich der Auswahl der verifizierenden Person. Die der Auswahl nachfolgende Handlung ist aber zielgerichtet und determiniert.[370] Dieses Auseinanderfallen der Ebenen kann durch folgendes Gedankenspiel verdeutlicht werden: Eine Person lobt eine Belohnung für die Vornahme einer Leistung aus. Diese Leistung kann von jedem Rechtssubjekt erbracht werden. Sie behält sich aber vor, die zu leistende Person zufällig auszuwählen. So können sich vielleicht 10000 Interessierte für die Leistungserbringung anbiedern, aber nur eine Person wird den „Zuschlag" erhalten. Dieser Teil des Beispiels ist ein „reines" Glücksspiel. Die nachfolgende Leistungserbringung aber nicht: Die ausgewählte Person erbringt nun zielgerichtet und willensgetragen die Leistung, um die ausgelobte Belohnung zu erhalten. In diesem Fall gibt es gerade eine Konnexität zwischen Leistung und Gegenleistung. Übertragen auf das Proof-of-Work bedeutet dies: Auf der ersten Ebene wirkt sich der Zufall dergestalt aus, dass der erfolgreiche Miner das „Recht" auf den Block Reward erlangt und damit auch, die Transaktionsgebühren zu vereinnahmen. Der jeweilige Miner nimmt auf zweiter Ebene aber die entsprechenden Transaktionen selbständig in seinen Block auf – zielgerichtet und willensgetragen.[371] Eine zufällige Auswahl des Leistenden, wie es das Proof-of-Work vorsieht, lässt die Zielgerichtetheit der Leistung nicht entfallen. Eine Konnexität zwischen den Leistungen liegt also vor; die Gegenleistung (Transaktionsgebühr) wird gerade für die Leistung (Aufnahme in den Block) gezahlt.[372]

Anders als der Block Reward werden Transaktionsgebühren daher unter einem Leistungsaustausch vereinnahmt. Durch die Transferierenden wird

---

370 Diese – zutreffende – Unterscheidung trifft auch *Varro*, taxlex 2017, 399 (401).

371 Diese Aussage soll nicht verzerren, dass faktisch der zugrundeliegende Mining-Algorithmus die Auswahl über die zu verifizierenden Transaktionen trifft. Dieser wird jedoch seinerseits durch die steuerpflichtige Person eingestellt, s. auch *Narayanan et al.*, Bitcoin and Cryptocurrency Technologies, 131. Aus diesem Grund „arbeiten" die Miner auch nicht am exakt gleichen Block. Es gibt stets Differenzen bei den aufgenommenen Transaktionen und ihrer Reihenfolge, sodass alle Miner individuelle Daten bearbeiten, *Narayanan et al.*, Bitcoin and Cryptocurrency Technologies, 107.

372 Vgl. *Moritz/Strohm*, DB 2018, 3012 (3016).

eine Gegenleistung erbracht und die Zufallsauswahl wirkt sich nicht auf die Leistung aus.

(iii) Ergebnis

Bei der Bewertung eines Leistungsaustausches muss anhand der jeweiligen Belohnung differenziert werden. Die Vereinnahmung des Block Rewards erfolgt nicht als Leistungsaustausch, sodass die Token nie unter Beteiligung am allgemeinen wirtschaftlichen Verkehr zufließen. Anders ist dies jedoch bei den Token aus den Transaktionsgebühren: Die Probleme des Block Rewards sind auf diese Vermögenswerte nicht zu übertragen.

(b) Erkennbarkeit für Dritte

Hötzel[373] führt weiterhin an, dass auch die notwendige Erkennbarkeit für Dritte vorliege. Dabei trifft er zunächst die Feststellung, dass die Darbietungsform der Blockchain-Netzwerke von dem traditionellen Bild eines Gewerbebetriebs fundamental abweicht. Das Maximum an Öffentlichkeit und Drittkontakt, was beim Mining-Prozess erreicht werden kann, ist die anonyme Korrespondenz mit anderen Netzwerkbeteiligten nach der Findung eines neuen Blocks – sei es als Validator oder als Löser des Proof-of-Work. In diesem Kontext muss die Interpretation der äußerlichen Erkennbarkeit durch Dritte betrieben werden; bei Zugrundelegung des tradierten Verständnisses eines Gewerbebetriebes kann ein hinreichendes Maß an äußerlicher Erkennbarkeit nicht erreicht werden, da die Technik dies nicht vorsieht.[374] Einige Publizierende[375] stellen aber weiterhin auf das „typische" Bild eines Gewerbebetriebs ab und kommen so zum Ergebnis, dass eine äußerliche Erkennbarkeit nie bzw. erst durch eine spätere Verwertung der Token stattfinden könne. Abgestellt werden muss aber darauf, ob die Tätigkeit „nach der Verkehrsanschauung einen Gewerbebetrieb ausmacht (…)[376]". Die Verkehrsanschauung würde, mangels vergleichbarer Tätigkeit, auf einen typischen Miner abstellen – dieser kann ausschließlich das oben genannte Maximum erreichen. *Hötzel* ist also darin beizupflichten, dass der Miner für Dritte äußerlich erkennbar tätig wird. Hierfür genügt bereits die Partizipation am Netzwerk und die Übermittlung von Daten, auch wenn diese anonymisiert sind. Durch die Teilnahme am Proof-of-Work steht der Miner in ständiger

---

373 *Hötzel*, Virtuelle Währungen, 232.

374 Ebenso *Penner*, Virtuelle Wirtschaftsgüter, 98.

375 *Pinkernell*, Ubg 2013, 19 (21); *Richter/Augel*, FR 2017, 937 (944).

376 BFH v. 15.3.2005 – X R 39/03, BStBl. II 2005, 817 (819).

Kommunikation mit den übrigen Netzwerkbeteiligten, auch wenn sich diese im Austausch von Daten erschöpft.

(3) Zwischenergebnis

Das Merkmal der Teilnahme am allgemeinen wirtschaftlichen Verkehr ist hinsichtlich des Block Rewards insgesamt zu verneinen, da der Miner sich im Bereich des reinen Glücksspiels bewegt und ein anderes Rechtssubjekt nicht vorliegt. Damit ist zu konstatieren, dass der Zufluss des Block Rewards nie gewerbliche Einkünfte begründen kann. Abweichend sind aber die Transaktionsgebühren zu behandeln, bei welchen das Merkmal vorliegt. Nur diese können daher Einkünfte aus Gewerbebetrieb begründen, sofern die übrigen Tatbestandsvoraussetzungen vorliegen.

ee) Keine selbständige Tätigkeit i.S.d. § 18 EStG

Sollten die positiven Tatbestandsmerkmale des § 15 Abs. 2 EStG doch erfüllt sein, ist nach dem Wortlaut des § 15 Abs. 2 S. 1 EStG eine Negativabgrenzung zu der selbständigen Tätigkeit i.S.d § 18 EStG vorzunehmen. Eine solche Tätigkeit wird typischerweise unter den bereits beim Tatbestandsmerkmal der Selbständigkeit besprochenen Kriterien angenommen.[377] Hinzu kommt, dass die Tätigkeit überwiegend durch den Einsatz persönlicher, geistiger Leistung und fachlicher Qualifikation erbracht wird – in Abgrenzung zum Gewerbebetrieb, wo der Kapitaleinsatz im Vordergrund steht.[378]

Durch die Einrichtung der Mining-Software bzw. den Aufbau der notwendigen Hardware muss der Miner eine eigene Leistung erbringen, die ggf. auch mit einem erheblichen Einsatz geistiger Leistung verbunden ist. Gleichwohl liegt der Kern der Erwerbstätigkeit im Minen – also dem Ablauf eines einmal programmierten Algorithmus. Auf diesen kann der Miner jedoch keinen Einfluss nehmen, sodass eine persönliche Leistung nicht vorliegt.[379] Vielmehr liegt ein typischer Fall der Kapitalverwendung vor, da die Hard- und Software den maßgeblichen Teil der Arbeit erbringen.[380] Somit liegt im Mining keine selbständige Tätigkeit i.S.d. § 18 EStG.

377 *Brandt* in: H/H/R, § 18 EStG Tz. 51. S. oben aa), S. 86.

378 *Hutter* in: Blümich, § 18 EStG Tz. 10, 19; *Brandt* in: H/H/R, § 18 EStG Tz. 51.

379 *Penner*, Virtuelle Wirtschaftsgüter, 107; *Richter/Augel*, FR 2017, 937 (945); *Lutzenberger*, GmbHR 2018, 794 (798).

380 *Heuel/Matthey*, NWB 2018, 1037 (1053).

ff) Keine bloße Vermögensverwaltung

Sollte ein Gewerbebetrieb ausnahmsweise zu bejahen sein, ist dieser zuletzt von der privaten Vermögensverwaltung abzugrenzen. Dabei handelt es sich um ein ungeschriebenes Tatbestandsmerkmal des § 15 Abs. 2 EStG.[381] Unter der privaten Vermögensverwaltung versteht sich die Verwaltung und Erhaltung eigenen Vermögens, insbesondere der Fruchtziehung aus vorhandenen Substanzwerten; demgegenüber liegt ein Gewerbebetrieb regelmäßig vor, wenn die Umschichtung von Vermögen betrieben wird.[382]

Eine Fruchtziehung aus vorhandenen Substanzwerten ließe sich in der Nutzung des privaten PCs zum Mining sehen. In solchen Fällen wird eine private Vermögensverwaltung gegeben sein. Im Übrigen liegt eine Fruchtziehung i.S.d. Definition nicht vor, da diese beim Mining, abgesehen vom zuvor geschilderten Fall, nicht möglich ist; die Token selbst werfen keine Erträge ab.[383] Es kommt daher nach den allgemeinen Abgrenzungskriterien darauf an, ob eine hinreichende Professionalität und betriebsmäßige Organisation gegeben ist, die das Bild eines Gewerbebetriebs vermitteln.[384] Insoweit gibt es deutliche Schnittmengen zu den objektiven Indizien für eine Gewinnerzielungsabsicht.[385] Der Betrieb eines Gewerbes wird demnach naheliegen, wenn zum Zwecke des Minings eigens Hardware angeschafft wird. Dies betrifft insbesondere sogenannte ASIC-Prozessoren zum Mining von Bitcoin und seinen Klonen. Diese haben keine andere Verwendungsmöglichkeit als das Mining dieser Währungen. Als Indizien für eine Gewerblichkeit muss, wie allgemein bei der Abgrenzung, ein gewisses Maß an Professionalität festgestellt werden.[386] Indizien hierfür können sein: Spezifische Nutzung eines Großkunden-Tarifs für die Energieversorgung[387], Bereitstellung eigener Räume für die Hardware[388] oder die Gesamtgröße der zur Verfügung stehenden Rechenleistung. Beim letzten Punkt sind insbesondere zusätzliche Grafikkarten oder Prozessoren, ggf. auch ein sogenannter „Mining Rig[389]“, Indizien für eine Gewerblichkeit.

---

381 Statt vieler und m.w.N. BFH v.19.1.2017 – IV R 50/14, BStBl. II 2017, 456 (459); *Bode* in: Blümich, § 15 EStG Tz. 56; *Buge* in: H/H/R, § 15 EStG Tz. 1100.

382 BFH v.19.1.2017 – IV R 50/14, BStBl. II 2017, 456 (459); *Hey* in: T/L, Tz. 8.417.

383 *Richter/Augel*, FR 2017, 937 (945).

384 Vgl. *Bode* in: Blümich, § 15 EStG Tz. 151 f.; *Hötzel*, Virtuelle Währungen, 232 f.

385 S. zuvor cc), S. 87 ff.

386 *Hötzel*, Virtuelle Währungen, 233.

387 *Lutzenberger*, GmbHR 2018, 794 (798); *Richter/Augel*, FR 2017, 937 (945).

388 *Richter/Augel*, FR 2017, 937 (945).

389 S. bereits FN 333.

Sachgemäß erscheint daher eine umfassende Betrachtung des Einzelfalls anhand der bekannten Abgrenzungskriterien.[390] In den Fällen der Anschaffung spezifischer Hardware wird eine Gewerblichkeit regelmäßig anzunehmen sein. In einigen Fällen[391] wird beim Mining pauschal eine Gewerblichkeit vermutet, ohne dass zwischen den Währungen unterschieden wird. Diese Verallgemeinerung wird der Realität nicht gerecht. Wie bereits erläutert besteht ein bedeutender Unterschied darin, ob ASIC-Prozessoren oder eine zusätzliche Grafikkarte erworben werden.[392] Die exakte Erhebung der entscheidungsrelevanten Tatsachen ist daher von besonderer Bedeutung.

gg) Ergebnis

Nach der eingehenden Betrachtung der Möglichkeit gewerblicher Einkünfte i.S.d. § 15 EStG lässt sich festhalten, dass solche regelmäßig nicht vorliegen dürften, sofern ausschließich auf die Teilnahme am Verifikationsprozess abgestellt wird. Zunächst fallen gewisse Gruppen von Minern aus dem Normbereich, da sie andere Motive als die Erzielung von Einkünften haben: das Mining aus Neugier oder politischem „Statement" ist regelmäßig nicht gewerblich, da es an der Nachhaltigkeit bzw. der Gewinnerzielungsabsicht fehlt. Es ist gleichwohl vorstellbar, dass neben oder trotz dieser Motivationen eine Gewerblichkeit vorliegt, weswegen die Beurteilung Einzelfallfrage bleibt; es gibt nicht „den Miner".

Aber selbst bei professionell betriebenem Mining liegt eine Beteiligung am allgemeinen wirtschaftlichen Verkehr überwiegend nicht vor. Nach der hier vertretenen Ansicht liegt im Mining ein reines Glücksspiel, welches analog zur Rechtsprechung des BFH zu behandeln ist. Demnach entfällt der Teilaspekt des Leistungsaustausches beim Merkmal der Teilnahme am allgemeinen wirtschaftlichen Verkehr. Selbst beim Einsatz von hohen Mengen an Rechnerleistung wird die Gewinnchance einer steuerpflichtigen Person so niedrig bleiben, dass ein Gewinn vom reinen Zufall abhängt. Auch in diesen Fällen sind jedoch einzelfallabhängige Abweichungen möglich, etwa wenn Steuerpflichtige mit ihrer Rechenleistung einen bedeutenden Teil des Netzwerkes ausmachen. Dann kann sich der Zufall zu einer Regelmäßigkeit entwickeln und die Rechtsprechungsgrundsätze sind nicht anwendbar. Das Mining ist also insgesamt von starker Einzelfallabhängigkeit geprägt, sodass die Einordnung nur unter Vorbehalt erfolgen kann.

---

390 *Hötzel*, Virtuelle Währungen, 232 f.; *Richter/Augel*, FR 2017, 937 (945).
391 Etwa OFD NRW v. 20.04.2018, DB 2018, 1185 f.
392 S. ebenfalls unter cc), S. 87 ff.

b) Betrachtung des Mining-Prozesses mit anschließender Veräußerung

Die typologische Betrachtung des Minings lässt sich nicht auf den Verifikationsprozess begrenzen. Für den Miner wird regelmäßig eine Veräußerung der geminten Token nachfolgen, da andernfalls keine Realisierung der erarbeiteten Vermögenswerte erfolgt. Der typische Mining-Betrieb erfasst daher nicht nur das unter a) erläuterte Proof-of-Work, sondern auch eine sukzessive Veräußerungstätigkeit. Unter dieser Betrachtung erscheint die Teilnahme am Verifikationsmechanismus als Vorbereitungshandlung zur späteren Realisation durch Veräußerung. Die geänderte Natur des Betriebs bedingt ihrerseits eine abweichende Einordnung der Tatbestandsmerkmale zu der zuvor durchgeführten Betrachtung allein des Proof-of-Work. Der praxisorientierte Blick muss daher auf den Gesamtbebtrieb fallen und nur ausnahmsweise das Mining als Isolat betrachten.

aa) Beteiligung am allgemeinen wirtschaftlichen Verkehr

Eine Beteiligung am allgemeinen wirtschaftlichen Verkehr wurde zuvor, allerdings allein bezüglich des Block Rewards, abgelehnt.[393] Nicht nur fehlt ein anderes Rechtssubjekt, auch fließen die Erträge aus dem Proof-of-Work aus einem reinen Glücksspiel zu.

Die Einbeziehung der Veräußerungstätigkeit sorgt zunächst dafür, dass weitere Rechtssubjekte an der Geschäftstätigkeit beteiligt werden. Die Veräußerung erfolgt an natürliche oder juristische Personen, die an den Tauschbörsen bzw. Plattformen agieren. Ein Leistungsaustausch findet damit statt, da nun auch andere Rechtssubjekte vorliegen. Zudem tritt der Miner am Markt auf, bietet seine Leistung – den Verkauf von Token – offen an und beteiligt sich so direkt am Geschehen.[394] Die Pseudonymität, die im Umfeld der Blockchain-Technologie bestehen kann, spricht nicht gegen diesen Befund. Aus dem Tatbestandsmerkmal bzw. seinem Sinn und Zweck lässt sich kein Gebot ableiten, die Beteiligten mit Klarnamen o.ä. zu identifizieren.[395] Zuletzt wirkt sich das Glücksspiel zwar auf Ebene des Zuflusses, nicht aber bei der Veräußerung von

---

393 S. zuvor a) dd) (2) (a) (i), S. 97 ff.

394 *Richter/Augel*, FR 2017, 937 (945).

395 *Stapperfend* in: H/H/R, § 15 EStG Tz. 1051. Daher genügt es, wenn die Leistenden allein ihre öffentlichen Keys preisgeben, vgl. *Hötzel*, Virtuelle Währungen, 232; *Richter/Augel*, FR 2017, 937 (945).

Token aus. Es beeinflusst die Vorbereitungshandlung, aber nicht die Realisation. Die spezifische Konnexität zwischen der Leistung, also der Hingabe von Token, und der Gegenleistung, also des vereinbarten Gegenwertes, besteht hier gerade. Durch die Nutzung der Online-Plattformen tritt die veräußernde Person auch stets offen am Markt auf, sodass eine Erkennbarkeit besteht.[396]

Folglich liegt durch die spätere Veräußerung der geminten Token eine Marktbeteiligung im unternehmerischen Sinne vor.[397]

bb) Keine bloße Vermögensverwaltung

Die Abgrenzung zwischen Gewerbebetrieb und Vermögensverwaltung kann beim Mining insbesondere anhand der verfügbaren Hardware und der Betriebszeit getroffen werden.[398]

Tritt neben die oben erläuterten Kriterien eine umfangreiche Handelstätigkeit, spricht dies für eine unternehmerische Betätigung und gegen eine rein private Vermögensverwaltung.[399] Eine solche Betätigung kann bereits für sich einen Gewerbebetrieb darstellen.[400] Betreibt die steuerpflichtige Person also eine umfassende Handelstätigkeit zusätzlich zum Mining, ist dies ein gewichtiges Kriterium für ein gewerbliches Unternehmen. Es ist aber zu berücksichtigen, dass eine Realisierung der geminten Vermögenswerte nur durch Veräußerung möglich ist. Schließt sich an jedes erfolgreiche Proof-of-Work ein (einmaliger) Veräußerungsvorgang an, bildet dies zwar ein Indiz für einen gewerblichen Betrieb. Dieses ist aber nicht überzubetonen, solange keine nachhaltige Umschichtung an den Handelsbörsen betrieben wird; die hardwarebezogenen Kriterien behalten in diesen Fällen ihren maßgeblichen Stellenwert.

---

396 *Pinkernell*, Ubg 2013, 19 (21); *Richter/Augel*, FR 2017, 937 (945); *Reiter/Nolte*, BB 2018, 1179 (1183).

397 *Richter/Augel*, FR 2017, 937 (945); *Reiter/Nolte*, BB 2018, 1179 (1183); *Heuel/Matthey*, NWB 2018, 1037 (1052 f.); a.A. *Pinkernell*, Ubg 2015, 19 (21), wonach der Miner die Token selbst vermarkten müsse, also etwa unter einer eigenen Plattform. Diese Betrachtung entspricht nicht dem Realtypus des Minings und erscheint sachfremd. Eine Gewerblichkeit würde so nicht anzunehmen sein, da kein Miner zu Veräußerungszwecken eine eigene Plattform erstellt.

398 Zu den Kriterien s. zuvor a) ff) in diesem Abschnitt, S. 104 ff.

399 *Richter/Augel*, FR 2017, 937 (945).

400 Eingehend unten E. IV. 2., S. 169 ff.

cc) Ergebnis

Die Betrachtung des Minings zusammen mit einer nachfolgenden Veräußerung rückt die Betätigung näher an einen Gewerbebetrieb. Ein nicht gewerbliches Mining erscheint weiterhin möglich, allerdings nur in einem Rahmen, der eine sporadische Tätigkeit nicht überschreitet.[401] Anforderung hierfür wird zudem sein, dass es mit ohnehin zur Verfügung stehenden, haushaltsüblichen Geräten betrieben wird.

3. Einkünfte aus Kapitalvermögen, § 20 EStG

Möglicherweise unterfallen die Token aus dem Mining den Einkünften aus Kapitalvermögen i.S.d. § 20 EStG. Dabei kommen die Tatbestände des § 20 Abs. 2 S. 1 Nr. 3 lit. b) EStG und des § 20 Abs. 1 S. 1 Nr. 7 EStG in Betracht.

§ 20 Abs. 2 S. 1 Nr. 3 lit. b) EStG taxiert sonstige Termingeschäfte mit Finanzinstrumenten. Zwar sind Token Rechnungseinheiten i.S.d. § 1 Abs. 11 S. 1 Nr. 10 KWG und damit als Finanzinstrumente einzustufen.[402] Jedoch erfasst der Tatbestand, wie sich aus dem Wortlaut ableiten lässt, allein die Veräußerung von Finanzinstrumenten. Das Mining stellt jedoch einen Schöpfungsakt dar, keine Veräußerung.[403] Zudem liegt kein Termingeschäft i.S.d. Norm vor, da mangels Gegenüber des Miners kein Geschäft, insbesondere keine gegenseitige schuldrechtliche Verpflichtung vorliegt.[404] Ähnliches gilt für den ebenfalls in Betracht kommenden § 20 Abs. 1 S. 1 Nr. 7 EStG, welcher sonstige Kapitalforderungen als Auffangtatbestand erfasst. Hier fehlt es zunächst am Forderungscharakter, da nur die steuerpflichtige Person am Geschäftsvorfall beteiligt ist.[405] Nach jedem Verständnis des Begriffes „Forderung" liegt keine solche vor, insbesondere da kein menschlicher Anspruchsgegner gegeben und die Zahlung nicht auf Geld gerichtet ist.[406] Auch eine Rückzahlungsverpflichtung o.ä. besteht nicht, zumal die hier in Rede stehenden Token vom System erzeugt und zugewiesen werden. Folglich besteht keine Steuerpflicht nach § 20 EStG.[407]

---

401 *Pielke*, AD 2020, 194 (196).

402 Dies war bereits vor der Kodifizierung im KWG (s. FN 70) anerkannt, vgl. nur FG Berlin-Brandenburg v. 20.6.2019 – 13 V 13100/19, juris, Tz. 19 m.w.N. und *Hötzel*, Virtuelle Währungen, 233 m.w.N.

403 *Pinkernell*, Ubg 2015, 19 (22).

404 Zur Definition des Termingeschäftes s. *Bleschick* in: Kirchhof/Seer, § 20 Tz. 130.

405 Eingehend zu diesem Merkmal *Weißbrodt/Michalke*, DStR 2012, 1533 ff.

406 S. auch *Pinkernell*, Ubg 2015, 19 (22). Bzgl. des Status blockchain-basierter Vermögenswerte als Geld s. ausführlich Abschnitt E. II. 3. a) aa), S. 157 ff.

407 i.E. auch *Hötzel*, Virtuelle Währungen, 233.

4. Einkünfte aus sonstigen Leistungen, § 22 Nr. 3 EStG

Zuletzt könnten Erträge aus dem Mining den sonstigen Leistungen aus § 22 Nr. 3 EStG unterfallen. Als Leistung i.S.d. § 22 Nr. 3 EStG gilt jedes Tun, Unterlassen oder Dulden, das Gegenstand eines entgeltlichen Vertrags sein kann und das eine Gegenleistung auslöst.[408] Es muss, mit anderen Worten, ein Leistungsaustausch vorliegen.[409] Dabei genügt es, wenn die Gegenleistung, im Sinne des Veranlassungsprinzips, durch das Verhalten der steuerpflichtigen Person ausgelöst wird.[410] Die Besteuerung als sonstige Leistung ist subsidär zu allen anderen Einkunftsarten, auch innerhalb des § 22 EStG.[411] Aufgrunddessen kommt der Norm eine gewisse Ergänzungs- und Auffangfunktion zu.[412] Hieraus ergibt sich aber kein Gebot, jeden letzten erwirtschafteten Betrag auch der Besteuerung zu unterwerfen; die Norm ist kein Generaltatbestand, welcher eine Besteuerung im Sinne der Reinvermögenszugangstheorie anordnen würde.[413]

Dadurch, dass sowohl § 22 Nr. 3 EStG als auch die Beteiligung am allgemeinen wirtschaftlichen Verkehr i.S.d. § 15 Abs. 2 EStG durch einen Leistungsaustausch gekennzeichnet sind[414], lassen sich die bereits dargestellten Befunde übertragen.[415] Die Erträge aus dem Mining sind auch an dieser Stelle anhand ihrer Herkunft zu zerlegen[416]: So gibt es den Block Reward, der systemimmanent

408 BFH v. 17.09.2005 – IX R 23/03, BStBl. II 2006, 248 (249); *Killat* in: H/H/R, § 22 EStG Tz. 388.

409 *Hey* in: T/L, Tz. 8.542.

410 BFH v. 14.4.2015 – IX R 35/13, BStBl. II 2015, 795 (796); *Weber-Grellet* in: Schmidt, § 22 Tz. 131.

411 *Fischer* in: Kirchhof/Seer, § 22 Tz. 1, 66; *Killat* in: H/H/R, § 22 EStG Tz. 382.

412 *Krey*, Besteuerung sonstiger Leistungen, 10 f.; *Seer* in: Kirchhof/Seer, § 2 Tz. 55; *Becker*, StuW I 1938, 867 (876).

413 So bereits *Becker*, StuW I 1938, 867 (876): „Aber § 22 Nr. 3 ist seiner Stellung und ganzen Natur nach nur eine mit einer gewissen Vorsicht anzuwendende Ergänzungs- oder Aushilfevorschrift, keine allgemeine Ergänzungsklausel, die ohne weiteres zu Raum käme, wenn die anderen Einkunftsarten versagen."; *Krey*, Besteuerung sonstiger Leistungen, 8 f.; *Wernsmann/Neudenberger* in: K/S/M, § 22 Tz. E 1; *Killat* in: H/H/R, § 22 EStG Tz. 384; s. auch BVerfG v. 30.09.1998 – 2 BvR 1818/91, BVerfGE 99, 88 (96).

414 Sinn und Zweck beider Merkmale ist es, eine Teilnahme am Marktgeschehen und damit am wirtschafltichen Verkehr sicherzustellen. Dadurch wird das Markteinkommen vom steuerlich irrelevanten Privatbereich abgegrenzt, s. eingehend *Krey*, Besteuerung sonstiger Leistungen, 83 ff.

415 Hierzu s. zuvor 2. a) dd), S. 94 ff.

416 *Richter/Augel*, FR 2017, 937 (946); *Behrendt/Janken*, DStZ 2018, 342 (345). Dies lässt sich aus technisch durch die Coinbase-Transaktion bewerkstelligen, in welcher der

ausgekehrt wird und daher ein Automatismus ist, an welchem kein weiteres Rechtssubjekt beteiligt ist. Er wird durch das Lösen des Proof-of-Work zugesprochen, worin ein reines Glücksspiel zu sehen ist. Folgerichtig besteht kein Leistungsaustausch, da ein gegenleistendes Rechtssubjekt fehlt und das reine Glücksspiel die Konnexität der Leistungen ohnehin aufheben würde. Damit unterfällt der Zufluss des Block Rewards nicht § 22 Nr. 3 EStG.[417] Demgegenüber werden die Transaktionsgebühren, die ebenfalls bei Lösung des Proof-of-Work eingenommen werden, von anderen Netzwerkbeteiligten bereitgestellt und transferiert. Da ein anderes, leistendes Rechtssubjekt vorhanden ist und die Zufallsauswahl nur auf der Auswahlebene, nicht auf der Leistungsebene stattfindet, liegt hier ein Leistungsaustausch vor.[418]

Anders als der Block Reward sind die vereinnahmten Transaktionsgebühren also steuerpflichtig nach § 22 Nr. 3 EStG. Zu beachten ist dabei die Freigrenze nach § 22 Nr. 3 S. 2 EStG (z. Zt. 256 €). Aufgrund der Freigrenze wird in der Literatur vielfach darauf verwiesen, dass den Transaktionsgebühren keine eigenständige fiskalische Bedeutung zukomme, da diese den Freibetrag nicht übersteigen könnten.[419] Diese Sicht entstammt freilich einer Zeit, in denen die Transaktionsgebühren bloße Cent-Beträge ausmachten. Mittlerweile werden bis zu 7 Dollar

---

Block Reward plus sämtliche Transaktionsgebühren enthalten sind, s. *Narayanan et al.*, Bitcoin and Cryptocurrency Technologies, 66. Zur Coinbase-Transaktion s. oben Abschnitt C. II. 2. c) bb), S. 66.

417 *Richter/Augel*, FR 2017, 937 (946); *Behrendt/Janken*, DStZ 2018, 342 (345); *Hornung/Westermann*, DStZ 2018, 301 (307); *Heuel/Matthey*, NWB 2018, 1037 (1054); *Reiter/Nolte*, BB 2018, 1179 (1181); *Pinkernell*, Ubg 2015, 19 (22 f.); *Lutzenberger*, GmbHR 2018, 794 (799). In Konsequenz zu seiner Lösung bei § 15 EStG nimmt insbesondere *Hötzel*, Virtuelle Währungen, 233 f. einen Leistungsaustausch und damit eine Steuerpflicht nach § 22 Nr. 3 EStG an. Dieser Ansatz wurde unter 2. a) dd) (1), S. 94 dargestellt. Dem zustimmend *Kollmann* in: Handbuch Kryptowerte, § 17 Tz. 43; *Moritz/Strohm*, DB 2018, 3012 (3017); wohl auch *Heck*, DStZ 2019, 106 (110). Ebenfalls a.A. *Penner*, Virtuelle Wirtschaftsgüter, 111; *Trinks/Trinks*, NWB-Beilage 1/2018, 21 (23); der damalige parlamentarische Staatsekretär *Meister* in BT-Drs. 19/370, 21 f.

418 *Pinkernell*, Ubg 2015, 19 (23); *Richter/Augel*, FR 2017, 937 (946); *Behrendt/Janken*, DStZ 2018, 342 (346); *Heuel/Matthey*, NWB 2018, 1037 (1054); *Brinkmann/Meseck*, RdF 2018, 231 (235). Auch die zuvor abweichende Meinung von *Hötzel*, Virtuelle Währungen, 234 kommt zu einer Steuerpflicht hinsichtlich der Transaktionsgebühren, s. auch *Heck*, DStZ 2019, 106 (110).

419 *Pinkernell*, Ubg 2015, 19 (23); *Behrendt/Janken*, DStZ 2018, 342 (346); *Brinkmann/Meseck*, RdF 2018, 231 (235); *Schlund/Pongratz*, DStR 2018, 598 (602 f.).

Token-Äquivalent aufgeschlagen – pro Transaktion.[420] Eine ähnliche Entwicklung lässt sich bei den Blockchains beobachten, die auf der Bitcoin-Blockchain basieren – alle verknappen die Menge an verfügbaren Token durch periodische Herabstufung des Block Rewards.[421] Transaktionsgebühren werden daher in Zukunft eine weitaus größere Bedeutung haben, als ihnen bislang zugemessen wird. Finanzbehörden sollten ihre Mitarbeitenden daher auf die Trennung der Erträge hinweisen und für die divergierende steuerrechtliche Behandlung sensibilisieren.

5. Zusammenfassung

Die Untersuchung hat gezeigt, dass die Zuflüsse aus dem Mining getrennt zu betrachten sind: Die Block Rewards können überwiegend keiner Einkunftsart i.S.d. § 2 Abs. 1 EStG zugerechnet werden. Die Gewerblichkeit der Einkünfte nach § 15 EStG und auch eine Besteuerung nach § 22 Nr. 3 EStG scheitern an einer Beteiligung am allgemeinen wirtschaftlichen Verkehr – es fehlt am hierfür notwendigen Leistungsaustausch. Eine Besteuerung nach § 20 EStG ist ebenfalls abzulehnen. Die hiervon zu unterscheidenden Transaktionsgebühren werden hingegen im Wege eines Leistungsaustausches erworben. Sie können daher sowohl gewerbliche Einkünfte als auch sonstige Leistungen darstellen. Schlussendlich wird die steuerpflichtige Person regelmäßig nur den Teil der Mining-Erträge der Besteuerung unterwerfen müssen, der die erzielten Transaktionsgebühren betrifft. Im Übrigen besteht keine Steuerpflicht nach dem EStG. Dies ändert sich allerdings, wenn die typischerweise erfolgende Veräußerung der Token einbezogen wird. Dann sind gewerbliche Einkünfte naheliegend, eine Besteuerung erfolgt aber jedenfalls nach § 22 Nr. 3 EStG.

---

420 https://privacypros.io/tools/bitcoin-fee-estimator/. Über den Monat November 2020 hinweg wurde erfolgreichen Minern der Bitcoin-Blockchain im Durchschnitt zwischen 4000 und 32000 US-Dollar an Transaktionsgebühren ausgeschüttet, Daten nach https://www.blockchain.com/charts/transaction-fees-usd (Zeitraum: 1. bis 30. November 2020, Beträge sind Durchschnittsbeträge pro gefundenen Block).

421 Zum sogenannten „Halving" s. bereits FN 191 und 318.

III. Einkommensteuerrechtliche Behandlung der Erträge aus dem Staking

1. Ausgangspunkt

Der zentrale Unterschied zwischen Proof-of-Work (Mining) und Proof-of-Stake (Staking) ist, dass der Erfolg bei erstgenanntem durch die Rechenkapazität, bei letztgenanntem von der Anzahl der gehaltenen bzw. hinterlegten Token erbracht wird.[422] Je mehr Token ein Miner bei einer Proof-of-Stake-Blockchain hält, desto wahrscheinlicher ist es, dass er den Block verifizieren „darf". Die Berechnung selbst ist keine Schwierigkeit, sondern schnell und meist mit herkömmlicher Rechenleistung zu bewältigen.

Viele Prinzipien und Vorgänge des Minings finden sich auch im Staking wieder. Schlussendlich differieren diese allein im Verifikationsmechanismus, nicht in der grundsätzlichen Struktur. Spiegelbildlich sind auch einige rechtliche Schlüsse vom Mining auf das Staking übertragbar; insbesondere das Belohnungssystem, welches auslösendes Moment für steuerrechtliche Fragestellungen ist, funktioniert ähnlich. Gleichwohl ergeben sich durch die technischen Unterschiede auch Differenzen in der rechtlichen Einordnung. Im Folgenden soll diese Einordnung, speziell in Abgrenzung zum Mining, getroffen werden. Auch beim Staking ist fraglich, ob überhaupt eine Einkunftsart i.S.d. § 2 Abs. 1 EStG erfüllt ist. Dabei wird, soweit für Diskussion des jeweiligen Kriteriums relevant, eine Unterscheidung zwischen Proof-of-Stake und Delegated-Proof-of-Stake getroffen.[423]

2. Einkünfte aus Gewerbebetrieb, § 15 EStG

a) Betrachtung des Staking-Prozesses

Auch durch die Teilnahme am Proof-of-Stake kommen zunächst Einkünfte aus Gewerbebetrieb in Betracht. Viele Merkmale[424] des Begriffs eines Gewerbebetriebes nach § 15 Abs. 2 EStG können parallel zum Mining beurteilt werden, doch gibt es spezifische Besonderheiten. Auch innerhalb des Proof-of-Stake gibt es eine große Inhomogenität zwischen den einzelnen Netzwerken.

---

422 Zur technischen Erläuterung s.o. Abschnitt C. II. 3., S. 71 ff.

423 Beim Delegated-Proof-of-Stake werden „Delegierte" gewählt, welche anschließend die Blöcke erzeugen. Es handelt sich also um eine Art Wahlsystem, s. eingehend Abschnitt C. II. 3. b), S. 73.

424 Die einzelnen Merkmale wurden zuvor unter II. 2., S. 85 ff. dieses Abschnitts erläutert.

Wie bereits beim Mining soll auch für das Proof-of-Stake eine Doppelbetrachtung der möglichen gewerblichen Tätigkeit erfolgen: Zunächst isoliert hinsichtlich der Teilnahme am Verifikationsmechanismus, nachfolgend in einer Gesamtschau zusammen mit der Veräußerung der erhaltenen Token.

aa) Selbständigkeit

Das Staking müsste zunächst als selbständige Tätigkeit erscheinen, das heißt von Unternehmerinitiative und -risiko getragen sein. Die nutzende Person kann die Höhe ihrer hinterlegten Token üblicherweise bestimmen und hat daher in der Hand, ob und wie sie am Staking partizipieren möchte. Dabei agiert sie weisungsfrei; Abhängigkeitsverhältnisse sind praktisch nicht vorstellbar. Auch trägt sie das Risiko ihrer Betätigung und hat die Gewinne selbst in der Hand. Es liegt daher eine selbständige und gerade keine nichtselbständige Tätigkeit i.S.d. § 19 EStG vor.

Dem wird in der Literatur widersprochen.[425] Insbesondere das Unternehmerrisiko sei nicht hinreichend ausgeprägt, da das Ablegen der Token in den Stake kein Verlustrisiko begründe. Auch eine Gewinn- bzw. Verlustbeteiligung am Netzwerk sei nicht ersichtlich. Während diese Einwände sachlich zutreffend sind, erscheint die Anknüpfung an das Merkmal der Selbständigkeit deplatziert. Der Sinn und Zweck des Merkmals, nichtselbständige Tätigkeiten aus dem gewerblichen Bereich auszuklammern, wird überreizt; naheliegender ist es, diese Aspekte im Rahmen der Abgrenzung zur Vermögensverwaltung zu diskutieren.[426]

bb) Nachhaltigkeit

Einfacher zu beurteilen ist die Nachhaltigkeit der Tätigkeit. Durch das Hinterlegen der Token im Stake bzw. der wiederholten Teilnahme am Proof-of-Stake wird eine nachhaltige Tätigkeit begründet. Sofern die individuelle Blockchain eine längere Hinterlegung der Token vorsieht kann bereits daraus auf eine Nachhaltigkeit geschlossen werden.

cc) Gewinnerzielungsabsicht

Hinsichtlich der Gewinnerzielungsabsicht divergiert die Grundkonstellation beim Proof-of-Stake von der beim Proof-of-Work. Bei ersterem hat die

---

425 *Albrecht/John*, FR 2019, 393 (406); *Pielke*, IWB 2018, 234 (239), beide auch zum Folgenden.

426 S. unten ff), S. 120.

innehabende Person bereits einen Betrag an Token und vermehrt diesen unter deren Einsatz, während bei zweiterem keine Verbindung zwischen vorhandenen und zu schöpfenden Token besteht.

Eine Gewinnprognose ist, anders als noch beim Proof-of-Work[427], belastbarer zu erstellen. Denn die Durchführung des Proof-of-Stake verbraucht keine größeren Mengen an Strom und bedarf auch keiner besonderen Hardware, sodass es kaum Betriebsausgaben gibt. Diesen steht die Vermehrung der im Stake befindlichen Token gegenüber, was üblicherweise zu einer positiven Prognose führen wird. Darüber hinaus ist zu beachten, dass die Entwickelnden die Systeme derart einrichten, dass eine Beteiligung lukrativ ist; ansonsten läuft das Netzwerk Gefahr, keine verifizierenden Nutzenden mehr halten zu können, da für diese ein reines Verlustgeschäft bestünde.[428] Das Staking hat also grundsätzlich einen positiven Erwartungswert.

Kann eine Prognose nicht verlässlich gestellt werden oder fällt diese negativ aus, sind objektive Kriterien heranzuziehen. Indikatoren wie Hardware oder Ausstattung von Serverräumen sind nicht heranzuziehen, da diese beim Staking – in Ermangelung eines Bedarfs für zusätzlich Hardware – keinen Stellenwert haben. Es liegt nahe, bereits im Einlegen von Token in den Stake objektiv eine Gewinnerzielungsabsicht zu sehen. Durch diese Einlage gibt die tokeninnehabende Person zu erkennen, dass sie am Konsensmechanismus partizipieren möchte und dementsprechend auch Erlöse erwartet. Die Wallet bietet Token den gleichen Schutz wie der Stake – der Unterschied ist allein, dass im Stake Erlöse zu erzielen sind. Auch beim Proof-of-Stake suggeriert eine hohe Teilnahmezeit am Konsensmechanismus eine Gewerblichkeit.[429] Wie auch beim Mining sind gleichwohl altruistische oder politische Motive denkbar, sodass die subjektiven Absichten der steuerpflichtigen Person zu eruieren sind. Allerdings genügt bereits eine Gewinnerzielungsabsicht im Sinne einer Nebenabsicht zur Erfüllung des Tatbestandsmerkmals.[430] In objektiver Hinsicht dürfte, insbesondere aufgrund des geführten Vergleichs zwischen Stake und Wallet, eine Gewinnerzielungsabsicht regelmäßig vorliegen.

---

427 Hierzu s. II. 2. a) cc), S. 88 ff.

428 *Narayanan et al.*, Bitcoin and Cryptocurrency Technologies, 38 ff.

429 Vgl. hierzu die beim Proof-of-Work getroffenen Aussagen, II. 2. a) cc) (2), S. 91 ff.

430 Vgl. *Wacker* in: Schmidt, § 15 Tz. 29.

dd) Beteiligung am allgemeinen wirtschaftlichen Verkehr

(1) Proof-of-Stake

Wie auch beim Proof-of-Work wirft die Beteiligung am allgemeinen wirtschaftlichen Verkehr Fragen auf. Es stellen sich auch beim Staking die zentralen Probleme, die bereits oben erörtert wurden: Der mangelnde Leistungsaustausch aufgrund reinen Glücksspiels und die äußerliche Erkennbarkeit für Dritte.[431] Dies kulminierte in einer differenzierten Betrachtung anhand der Belohnungen: Block Rewards einerseits, Transaktionsgebühren andererseits.

Beim Proof-of-Stake erhält der Miner eine Gewinnchance in Relation zur Größe seines Stakes, also der gehaltenen bzw. hinterlegten Token. Außerhalb der Größe des Stakes gibt es nichts, wodurch er die Gewinnchance zu seinen Gunsten beeinflussen könnte. Grundsätzlich kann jede Person mit einer Blockchain-Adresse am Proof-of-Stake teilnehmen.

(a) Auf Güter- oder Leistungsaustausch gerichtete Tätigkeit

Unter der zuvor dargelegten Beschreibung ist das Staking, genau wie das Mining, grundsätzlich ein reines Glücksspiel. Die konsumierte Gewinnchance (Auswahl als herstellende Person des neuen Blocks) ist nicht Teil eines Leistungsaustausches und entspricht daher keiner Beteiligung am allgemeinen wirtschaftlichen Verkehr.[432] Dies gilt freilich nur solange, wie die Gewinnchance des Teilnehmenden eine Größe hat, die den Eintritt des Gewinns als rein zufällig erscheinen lässt. Hierbei kann die Faustregel angeführt werden: Je kleiner die Blockchain, desto einfacher kann ein gewichtiger Stake – und damit eine größere Gewinnchance – akkumuliert werden.[433] Bei der Währung Ethereum[434] ist etwa ein Stake von genau 32 ETH[435] vorgesehen. Die Entwickelnden gehen von einem minimal vorhandenen Gesamt-Stake von 1 Millionen ETH aus; dies

---

431 Zu diesen Problemen s. bereits II. 2. a) dd), S. 94 ff.

432 S. hierzu und auch zum Folgenden die beim Proof-of-Work geführte Argumentation, II. 2. a) dd) (2), S. 96 ff.

433 Genaue Zahlen sind hierbei schwer anzuführen, da es überwiegend keine Daten über die Partizipation am Proof-of-Stake gibt.

434 S. https://docs.ethhub.io/ethereum-roadmap/ethereum-2.0/proof-of-stake/#what-are-the-minimum-requirements-to-stake; https://docs.ethhub.io/ethereum-roadmap/ethereum-2.0/eth-2.0-economics/, auch zum Folgenden.

435 Dies entspricht einem Gegenwert von ungefähr 50.000 bis 100.000 US-Dollar (Zeitraum Januar bis April 2021).

entspricht 31250 Teilnehmenden am Proof-of-Stake.[436] Die Chance, einen Block zugewiesen zu bekommen, beträgt dementsprechend 1:31250 oder 0,000032%. Bei einem derartigen Rechenbeispiel ergeben sich die gleichen Implikationen wie zuvor beim Mining: Die Zufallsauswahl hebt die Konnexität zwischen Leistung und Gegenleistung auf und lässt einen Leistungsaustausch entfallen. Wann genau eine Tätigkeit den Zufalls- und damit den Glücksspielbereich verlässt ist schwierig zu definieren. In der Regel dürfte bereits eine substantiierte Datengrundlage fehlen, da die Zahl der Netzwerkbeteiligten nicht ohne weiteres ersichtlich ist bzw. nachträglich bestimmt werden kann. Die Finanzverwaltung kann höchstens aus den Daten der Gesamtrechenleistung auf die Gewinnchance einer einzelnen steuerpflichtigen Person schließen.

Außerdem ist die am Auszahlungsprozess beteiligte Blockchain auch im Falle des Stakings kein Rechtssubjekt, weswegen bereits keine Gegenleistung vorliegen wird. Hierbei kann die Argumentation zum Mining parallel übernommen werden.[437] Die technischen Gegebenheiten bei der Ausschüttung sind sehr ähnlich und erfordern keine andersartige rechtliche Handhabung. Dementsprechend entfällt ein Leistungsaustausch jedenfalls mangels menschlichen Gegenübers. Beide Aspekte gelten allerdings auch hier nur hinsichtlich der Block Rewards. Bei den Transaktionsgebühren sind wiederrum zwei Rechtssubjekte beteiligt, sodass eine Gegenleistung vorliegt. Beim Staking wird der Zufall in der Errechnung des nächsten Blockes durch eine Zufallsauswahl anhand des geleisteten Stakes ersetzt. Ob nun eine sehr geringe Chance besteht, den richtigen Block zu finden, oder eine sehr geringe Chance besteht, zur Schürfung des Blocks ausgewählt zu werden: Zufall bleibt Zufall. Dass die nutzende Person in diesem Fall nicht aktiv wird, sondern passiv ausgewählt wird, ändert nichts an dieser Bewertung und ist nicht rechtserheblich. Dementsprechend ist auch hier zu konstatieren, dass das Glücksspiel nur Einfluss auf die Auswahl-, aber nicht die Leistungsebene hat. Die Leistung der steuerpflichtigen Person, die Verifizierung von Transaktionen, erfolgt zielgerichtet und willensgelenkt. Bezüglich der Transaktionsgebühren wird ein Leistungsaustausch daher bestehen.

---

436 https://docs.ethhub.io/ethereum-roadmap/ethereum-2.0/eth-2.0-economics/ unter „Staking Rewards“. Die Kalkulation der Entwickelnden reicht aber bis zu 100 Millionen ETH, was die Chancen der einzelnen Teilnehmenden weiter verschlechtern würde.

437 S. II. 2. a) dd) (2) (a), S. 96 ff.

(b) Äußerliche Erkennbarkeit für Dritte

Beim Proof-of-Work wurde zudem problematisiert, dass die Netzwerkbeteiligten nicht bis höchst gering für Dritte erkennbar tätig werden. Dies ist beim Staking nicht anders. Insbesondere gibt es für Netzwerkteilnehmende keine Möglichkeit, die Stakes anderer nutzender Person einzusehen. Auch hierbei ist jedoch die typische Beteiligungsmöglichkeit zu betrachten und festzustellen, dass eine Erkennbarkeit über die Teilnahme am Konsensmechanismus hinaus weder vorgesehen noch möglich ist. Die gewöhnliche, am Proof-of-Stake teilnehmende Person stellt damit gleichzeitig den Normaltypus dar, wodurch das Merkmal erfüllt ist.[438]

(2) Delegated-Proof-of-Stake

(a) Auf Güter- oder Leistungsaustausch bezogene Tätigkeit

Als bekanntere Modifikation ist das sogenannte Delegated-Proof-of-Stake bekannt. Dieses hat sich als Sonderform des Proof-of-Stake etabliert und nutzt eine „Wahlmodell" als Teil des Konsensmechanismus. So nutzt beispielsweise die Blockchain Steem[439] ein Verfahren, bei welchem die Blocks allein durch 21 vorausgewählte Netzwerkbeteiligte erzeugt werden. Diese 21 „Witnesses[440]" werden durch die übrigen Teilnehmenden bestimmt, indem sie für diese votieren; je mehr Token ein Teilnehmender im Stake hält, desto mehr „Voting Power" kommt ihm zu.[441]

Wird ein nutzende Person als Witness gewählt, werden ihm zu produzierende Blöcke zugewiesen. Mit anderen Worten: Die gewählten Delegierten erhalten keine Chance, sondern ein „Kontingent" auf das Minen von Blöcken. Dieses Modell ist mithin kein reines Glücksspiel, da es keine Zufallsleistung mehr ist, einen Block zu erschaffen. Abhängig vom genauen Modell kann es allerdings ein reines Glücksspiel sein, als delegierte Person ausgewählt zu werden, womit im Ergebnis die Konstellation der Transaktionsgebühren beim Proof-of-Work vorliegt.[442] Hierbei gibt es jedoch so elementare Unterschiede innerhalb der

---

438 Vgl. II 2. a) dd) (3), S. 102.

439 https://steem.com/faq/.

440 Die Bezeichnung der „Delegierten" wechselt von Netzwerk zu Netzwerk. Gängige Synonyme neben „Witnesses" ist „Producers" oder „Super Representatives", s. auch oben Abschnitt C. II. 3. b), S. 73 f.

441 Steem Whitepaper, S. 8, 17 f., abrufbar unter https://steem.com/SteemWhitePaper.pdf.

442 Die Zufallsauswahl auf erster Ebene beschränkt nicht den zielgerichteten Leistungsaustausch auf zweiter Ebene, vgl. II. 2. a) dd) (2) (a) (ii), S. 100.

Netzwerke, dass eine Aussage schlechthin nicht zu treffen ist.[443] Bei Blockchains auf Basis des Delegated-Proof-of-Stake werden Blöcke zudem in einer viel höheren Frequenz erzeugt (teilweise ein Block alle paar Sekunden), was den Zufall zunehmend berechenbar macht. Es ist einfache Mathematik, dass mit einer höheren Zahl von gefundenen Blöcken die Chance, selbst einen Block zu finden, steigt. Selbst wenn eine nutzende Person nicht als delegierte Person gewählt wird, sehen viele Blockchains mit Delegated-Proof-of-Stake eine Belohnung in Form von Token für Stake-Holder vor, die bei jedem Block ausgeschüttet werden.[444] Gleichzeitig ist der Block Reward, korrespondierend mit der weitaus höheren Schaffungsfrequenz, nicht annähernd so hoch wie etwa bei Bitcoin.

Insgesamt bietet das Delegated-Proof-of-Stake-Modell ein hohes Maß für Individualität innerhalb der jeweiligen Netzwerke. Es werden weitaus mehr Blöcke gefunden als bei Bitcoin bzw. dessen Klonen, was die Ausschüttung von Gewinnen berechenbarer und weniger zufallsbehaftet macht. Außerdem hat die steuerpflichtige Person einen größeren Einfluss auf den Mechanismus, da sie durch Auftreten in der Community ihre Wahl als delegierte Person beeinflussen kann. Somit befindet sich die Erzielung von Block Rewards zumindest mittelbar in der Hand der Teilnehmenden. Insgesamt scheint überwiegend kein reines Glücksspiel mehr vorzuliegen, auch wenn dies für jeden Fall separat zu prüfen bleiben wird. Durch die Vielzahl an verschiedenen Modellen und deren bisweilen kurzen Änderungsintervalle verschwimmt die Grenze zwischen reinem Glücksspiel und normalem Leistungsaustausch zunehmend.

Selbst bei Vorliegen eines Leistungsaustausches ist jedoch weiterhin problematisch, dass ein menschlicher Gegenüber fehlt.[445] Die Token werden, unabhängig vom Belohnungsmodell, durch Systemprozesse ausgekehrt. Hierbei kann vollumfänglich auf die Ausführungen zum Proof-of-Stake und zum Proof-of-Work

---

443 Bei Steem wird einer der 21 Witnesses zufällig ausgewählt, mit Gewichtung anhand der Voting Power, s. Steem Whitepaper, S. 18, abrufbar unter https://steem.com/SteemWhitePaper.pdf; Die Plattform EOS nutzt ein vergleichbares Modell mit 21 Producers, s. https://github.com/EOSIO/Documentation/blob/master/TechnicalWhitePaper.md#consensus-algorithm-bft-Delegated-Proof-of-Stake. Auch bei TRON werden 27 sogenannte Super Representatives" gewählt, vgl. TRON Whitepaper, S. 14 f., abrufbar unter https://tron.network/static/doc/white_paper_v_2_0.pdf.

444 So zB Steem, Steem Whitepaper, S. 8, abrufbar unter https://steem.com/SteemWhitePaper.pdf.

445 *Lohmar/Jeuckens*, FR 2019, 110 (114); *Brinkmann/Meseck*, RdF 2018, 231 (235).

verwiesen werden.[446] In dieser Hinsicht ist das Delegated-Proof-of-Stake keine Ausnahme, sodass ein Leistungsaustausch hinsichtlich etwaiger Block Rewards nicht, bezüglich Transaktionsgebühren schon vorliegen wird.[447]

(b) Äußerliche Erkennbarkeit für Dritte

Im Unterschied zum Proof-of-Work oder -Stake gibt es beim Delegated-Proof-of-Stake eine gesteigerte Erkennbarkeit für Dritte. Durch die „Wahlen“ unter den Netzwerkbeteiligten sticht die nutzende Person, welche sich zum Delegierten wählen lassen möchte, nochmals hinaus,. Auch werden die jeweiligen Delegierten üblicherweise im Code kenntlich gemacht, sodass zumindest die Blockchain-Adressen nachverfolgbar sind. Eine derartige Position im Netzwerk ist für Dritte äußerlich erkennbar.

(3) Zwischenergebnis

Die Beteiligung am allgemeinen wirtschaftlichen Verkehr folgt beim Proof-of-Stake wie auch beim Delegated-Proof-of-Stake den eingehend besprochenen Regeln des Minings. Daher fehlt es an einem Leistungsaustausch, soweit es um den Zufluss des Block Rewards geht. Aufgrund der starken Kontraste in der Implementierung der Modelle ist die zentrale Frage, ob ein reines Glücksspiel vorliegt, nicht einheitlich zu beantworten. Insbesondere beim Delegated-Proof-of-Stake spricht einiges dafür, dass ein reines Glücksspiel nicht (mehr) vorliegt. Dies erhält aber nur Relevanz, wenn die Vergütungen von einem Rechtssubjekt ausgeschüttet werden, welches die Blockchain kontrolliert. Transaktionsgebühren werden unter Beteiligung am allgemeinen wirtschaftlichen Verkehr erworben, da ein Rechtssubjekt – und damit ein Leistungsaustausch – hinsichtlich dieses Zuflusses vorliegt.

ee) Keine selbständige Tätigkeit i.S.d. § 18 EStG

Wie auch beim Proof-of-Work liegt keine selbständige Tätigkeit i.S.d. § 18 EStG vor.[448] Auch beim Staking bedarf es keiner besonderen Geistesleistung oder Qualifikation, um Einkünfte zu erzielen. Vielmehr besteht die Einkünfteerzielung im bloßen Ablegen von Token in die dafür vorgesehenen Stakes.

---

446 Für das Proof-of-Work II. 2. a) dd) (2) (a) (i), S. 97. Für das Proof-of-Stake s. zuvor dd) (1), S. 115.

447 *Arendt* in: Steuer- und Bilanzrechtslexikon, „Kryptotoken“ Tz. 72; *Lohmar/Jeuckens*, FR 2019, 110 (114); *Brinkmann/Meseck*, RdF 2018, 231 (235).

448 S. II. 2. a) ee), S. 103.

ff) Keine bloße Vermögensverwaltung

(1) Proof-of-Stake

Die Abgrenzung zur privaten Vermögensverwaltung muss isoliert vom bereits besprochenen Proof-of-Work eruiert werden. Denn die beim Mining angeführten Indikatoren (zusätzliche bzw. spezifische Hardware, Stromnutzung, Grad der Professionalisierung) sind beim Staking nicht im gleichen Maße ausschlaggebend: es gibt keinen Bedarf an großer Rechenkapazität, womit auch Stromverbrauch und Professionalisierung keinen Ausschlag geben.

Beim gewöhnlichen Proof-of-Stake sind keine nennenswerten Hardware-Ressourcen erforderlich. Folglich wird der Vermögenszuwachs allein durch die Hinterlegung der Token im Stake bewirkt, ohne dass weitere Leistungen der Steuerpflichtigen erbracht würden. Der Tokenbetrag wird „eingefroren" und eröffnet der innehabenden Person so die Möglichkeit, weitere Token im Wege des Stakings zu generieren. Hierfür ist kaum Aufwand notwendig – nur wenige Klicks in der Benutzeroberfläche bzw. der App und ein Dauerbetrieb des technischen Endgeräts. Folglich gibt es weder die Notwendigkeit noch die Möglichkeit, das Staking zu professionalisieren oder auf fremde Rechnung zu betreiben. Es liegt somit eine reine Vermögensnutzung ohne jegliche Vermögensumschichtung vor, was (generell) für eine private Vermögensverwaltung spricht.[449] Demnach tritt die Nutzung im Sinne einer Fruchtziehung aus zu erhaltenden Substanzwerten gegenüber der Ausnutzung substantieller Vermögenswerte durch Umschichtung entscheidend in den Vordergrund, womit die sogenannte „Fruchtziehungsformel" des BFH[450] erfüllt ist.[451] Durch das Hinterlegen der Token gibt die innehabende Person diese außerdem nicht „aus der Hand", sondern entlässt sie nur temporär in die Verwahrung durch das System. Der Vorgang ist vergleichbar mit dem Ablegen von Geld in einen Safe. Eine typische unternehmerische Beteiligung ist hierin nicht zu sehen.[452] Denn die hinterlegten Token können von den Einlegenden entweder jederzeit oder nach einem gewissen Zeitraum entnommen und der Wallet wieder gutgeschrieben werden. Es besteht daher zu keiner Zeit die Chance eines Verlustes der Token im Stake. Somit liegt eine anlagebezogene Tätigkeit vor, die nach ihrer Art und ihrem Umfang einem unternehmerischen Betrieb nicht entspricht.

---

449 *Hey* in: T/L, Tz. 8.417; *Albrecht/John*, FR 2019, 393 (407).

450 Ständige Rspr. seit BFH v. 2.11.1971 – VII R 1/71, BStBl. II 1972, 360 (361).

451 *Albrecht/John*, FR 2019, 393 (407); zum Begriff siehe auch *Buge* in: H/H/R, § 15 EStG Tz. 1108 ff.; *Desens/Blischke* in: K/S/M, § 15 Tz. B 60 ff.

452 *Albrecht/John*, FR 2019, 393 (406); *Pielke*, IWB 2018, 234 (239).

Folglich sprechen beim gewöhnlichen Proof-of-Stake die Indizien für eine grundsätzlich private Vermögensverwaltung. Das Betreiben des Proof-of-Stake in einem gewerblichen Rahmen erscheint nur ausnahmsweise möglich.

(2) Delegated-Proof-of-Stake

Beim Delegated-Proof-of-Stake ist zu beachten, dass grundsätzlich ein professionelleres Vorgehen erforderlich sein wird als beim herkömmlichen Proof-of-Stake. Bei der dauerhaften Teilnahme an diesem Verfahren muss die nutzende Person ständig erreichbar, das heißt in das Netzwerk eingewählt sein und einen gewissen Standard an Technik mitbringen.[453] Das Erreichen dieses Standards wird gleichwohl keine hohen Kosten wie etwa beim Proof-of-Work beinhalten[454], sondern eher Wartungskosten und ggf. moderate Anschaffungskosten; diese werden zwangsläufig durch die Erträge ausgeglichen. Im Übrigen ist auf die Ausführungen zum Proof-of-Stake zu verweisen. Insbesondere liegt auch hier eine anlegende und verwaltende Tätigkeit vor, die nicht als unternehmerischer Betrieb erscheint. Damit stellt sich auch die Teilnahme am Delegated-Proof-of-Stake grundsätzlich als private Vermögensverwaltung dar, da weiterhin bestehende Vermögensteile vermehrt werden und eine Umschichtung nicht vorgesehen ist.[455] Die leicht gesteigerten Anforderungen an Hardware und Aktivität vermögen dies im Wege einer Gesamtbetrachtung nicht zu ändern.

gg) Ergebnis

Nach Untersuchung aller Tatbestandsmerkmale ist festzuhalten, dass auch Erträge aus dem Proof-of-Stake und dem Delegated-Proof-of-Stake keine gewerblichen Einkünfte i.S.d. § 15 Abs. 1 S. 1 Nr. 1 EStG darstellen. Zumindest mangels eines menschlichen Gegenübers liegt keine Beteiligung am allgemeinen wirtschaftlichen Verkehr vor. Ob darüber hinaus ein reines Glücksspiel vorliegt, ist stark einzelfallabhängig. Insbesondere beim Delegated-Proof-of-Stake verschwimmt die Grenze zwischen reinem Glücksspiel und stetigen Einkünften und ist daher mitunter nur schwierig zu bestimmen. Im Einzelfall zu beurteilen wäre eine Selbständigkeit, wobei auch diese tendenziell zu versagen ist. Außerdem

---

453 Vgl. https://docs.ethhub.io/ethereum-roadmap/ethereum-2.0/eth-2.0-economics/, wonach die Kosten der Teilnahme auf 120 US-Dollar im Jahr geschätzt werden (exklusive Anschaffungskosten für Hardware). Laut den Betreibenden der Seite werden diese Kosten bereits sicher aufgewogen, wenn die Aktivität über 50% beträgt.

454 Zu diesem Aspekt s. o. II. 2. a) ff), S. 104.

455 *Albrecht/John*, FR 2019, 393 (406).

wird die Grenze der privaten Vermögensverwaltung nicht überschritten; die Funktionsweise des Proof-of-Stake erscheint durchweg als Fruchtziehung.

b) *Betrachtung des Staking-Prozesses mit anschließender Veräußerung*

Auch beim Staking entspricht es der Typologie der Betätigung, dass Belohnungs-Token nicht ungenutzt in der Wallet der Teilnehmenden verbleiben, sondern veräußert werden. Nach der isolierten Betrachtung des Zuflusses ist also auch beim Staking der Blick auf den Gesamtbetrieb zu erweitern.

Bereits im Rahmen des Minings war zu konstatieren, dass die nachfolgenden Verwertungshandlungen die Probleme bei der Beteiligung am allgemeinen wirtschaftlichen Verkehr entfallen lassen.[456] Dies ist beim Staking ebenfalls festzuhalten: Die nach dem Staking erfolgenden Veräußerungen werden unter Beteiligung am allgemeinen wirtschaftlichen Verkehr getätigt. Die Veräußerung ist nicht zufällig und auch andere Rechtssubjekte liegen vor. Anders als beim Mining liegt die Tätigkeit des Staking jedoch näher an einer Vermögensverwaltung, da keine speziellen Produktionsmittel oder eine Professionalisierung notwendig sind. Werden die Staking-Erträge veräußert, ohne wiederholte Umschichtungen zu betreiben, erscheint auch dieser Betrieb nicht als unternehmerische Betätigung, sondern verbleibt in einer vermögensverwaltenden Sphäre. Komplementiert das Staking hingegen eine umfangreiche Handelstätigkeit, kann ein Gewerbebetrieb vorliegen.[457] Im Gegensatz zum Mining wird insgesamt eher eine vermögensverwaltende als eine gewerbliche Tätigkeit anzunehmen sein.

3. Einkünfte aus Kapitalvermögen, § 20 EStG

Anders als beim Proof-of-Work erscheinen Einkünfte nach § 20 EStG eher denkbar. Immerhin ähnelt das Vorgehen beim Staking – Einlegen der Token gegen Chance auf Erträge – in der Grundkonstellation Sparbüchern bzw. -briefen, bei denen Geld gegen Zinsen angelegt wird. Auch hierbei wird ein Geldbetrag „eingefroren“, aus welchem die einzahlende Person sodann Zinsen bezieht. Letztere werden üblicherweise nach § 20 Abs. 1 S. 1 Nr. 7 EStG von der Besteuerung erfasst.[458] Auch ein partiarisches Darlehen i.S.d. § 20 Abs. 1 S. 1 Nr. 4 EStG erscheint möglich.

---

456 S. II. b) aa), S. 106.
457 Hierzu s. Abschnitt E. IV. 2., S. 169 ff.
458 *Ratschow* in: Blümich, § 20 EStG Tz. 315 f.

Ein partiarisches Darlehen würde erfordern, dass die Hingabe der Token mit einer Verzinsung anhand des Gewinnes des Netzwerks verknüpft wird.[459] Hierfür fehlt es bereits an einem Gewinn des Netzwerks, da es sich dabei nicht um einen Handelsbetrieb sondern eine anorganische technische Struktur handelt, die nicht in Gewinn und Verlust zu beziffern ist. Auch fehlt der menschliche Gegenpart, mit dem paktiert werden könnte. Eine Besteuerung nach § 20 Abs. 1 Nr. 4 EStG scheidet daher aus.

Hinsichtlich des Block Rewards, der für die Verifizierung eines Blocks ausgekehrt wird, ist zu konstatieren, dass es sich hierbei auch nicht um einen Ertrag aus der Kapitalüberlassung handelt. Es gibt schon gar kein Gegenüber, der dem Nutzenden ein Entgelt für die Überlassung der Token aushändigen könnte. Der Block Reward ist auch keine Belohnung für die Überlassung des Kapitals, sondern Produkt einer zufälligen Auswahl seitens des Systems. Eine Verbindung zwischen Kapitalüberlassung und Entgelt ist für die Besteuerung nach § 20 Abs. 1 Nr. 7 EStG aber notwendig.[460] Dies gilt ebenso für etwaige, oben bereits angesprochene Zinsmodelle als Vergütung für die Teilnahme am Proof-of-Stake.

Andere Tatbestände der Norm sind nicht ernstlich zu berücksichtigen. Somit ist eine Besteuerung nach § 20 EStG auch beim Proof-of-Stake auszuschließen.

4. Einkünfte aus sonstigen Leistungen, § 22 Nr. 3 EStG

Auch für Zuflüsse aus dem Staking kommt zuletzt die subsidiäre Steuerpflicht als sonstige Leistungen nach § 22 Nr. 3 EStG in Betracht. Die Probleme, welche sich bei der Subsumtion des Tatbestandes ergeben, gleichen weitgehend denen des Minings.[461]

Sofern ein Block Reward erzielt wird, wird dieser vom Netzwerk ausbezahlt. Es fehlt daher an einer menschlichen Instanz und damit an einem Leistungsaustausch.[462] Bedeutsam ist hierbei – wie bereits bei § 15 EStG besprochen[463] – außerdem, ob im Proof-of-Stake ein reines Glücksspiel liegt, welches den

459 *Bleschick* in: Kirchhof/Seer, § 20 Tz. 75, 77.

460 *Levedag* in: Schmidt, § 20 Tz. 118; *Buge* in: H/H/R, § 20 EStG Tz. 292. Eine vergleichbare Konstellation liegt beim sogenannten Lending vor, s. unten Abschnitt E. II., S. 155 ff.

461 Hierzu s. zuvor II. 4., S. 109 ff.

462 Vgl. *Arendt* in: Steuer- und Bilanzrechtslexikon, „Kryptotoken" Tz. 72; *Brinkmann/Meseck*, RdF 2018, 231 (235); *Lohmar/Jeuckens*, FR 2019, 110 (114). a.A. *Pielke*, Besteuerung von Kryptowährungen, 17.

463 S. zuvor 2. a) dd), S. 115 ff.

Zusammenhang zwischen Leistung und Gegenleistung aufhebt. Hinsichtlich des Delegated-Proof-of-Stake ist fraglich, ob ein solches reines Glücksspiel besteht oder vielmehr ein planbares Anlagemodell. Vor dem Hintergrund des fehlenden Leistungsaustausches mangels Gegenleistung kommt der Frage schlussendlich aber nur akademische Bedeutung zu.

Transaktionsgebühren sind in Proof-of-Stake-Netzwerken nicht so bedeutsam wie bei Proof-of-Work-Netzwerken. In vielen Netzwerken mit dem Delegated-Proof-of-Work-Mechanismus kommen Transaktionsgebühren gar nicht vor.[464] Soweit Transaktionsgebühren vorhanden sind, entspricht ihre Behandlung der bereits beim Proof-of-Work besprochenen.[465] Anders als beim Block Reward liegt ein Leistungsaustausch zwischen Rechtssubjekten vor, sodass § 22 Nr. 3 EStG erfüllt ist.[466] Die Unterscheidung zwischen Block Reward und Transaktionsgebühr ist weiterhin einzuhalten.

Insgesamt entspricht die Behandlung der Erträge aus dem Proof-of-Stake und Delegated-Proof-of-Stake damit dem Mining.

5. Ergebnis

Im Ergebnis folgt die einkommensteuerrechtliche Einordnung der Zuflüsse aus dem Staking den gleichen Prinzipien, die bereits beim Mining erörtert wurden: Eine Steuerpflicht nach § 15 EStG wird nur ausnahmsweise vorliegen, hinsichtlich des Block Rewards ist diese stets zu verneinen. Allein die Transaktionsgebühren unterfallen einer regelmäßigen Steuerpflicht nach § 22 Nr. 3 EStG. Im Detail gibt es jedoch Unterschiede bei der Beurteilung der Tatbestandsmerkmale: So wird es beim Staking noch größeren Begründungs- und Ermittlungsaufwandes bedürfen, eine private Vermögensverwaltung im Rahmen des § 15 EStG zu widerlegen, da sich die Tätigkeit als „Reinform" der Fruchtziehung erwiesen hat. Dies gilt auch bei einer Gesamtbetrachtung von Staking und nachfolgender Veräußerung. Zudem ist auch beim Proof-of-Stake oftmals ein reines Glücksspiel zu erwarten. Gleichzeitig gibt es – insbesondere beim Delegated-Proof-of-Stake – Modelle, bei denen ein Zufall nicht mehr besteht, sondern berechenbare und kalkulierbare Vergütungsmodelle etabliert werden. So kann

464 Steem Whitepaper, S. 18 f., abrufbar unter https://steem.com/SteemWhitePaper.pdf. Das Netzwerk TRON nutzt keine Transaktionsgebühren, sondern eine netzwerkeigene, wiederaufladbare Ressource namens Energy, s. https://developers.tron.network/docs/energy.

465 S. II. 4., S. 109 ff.

466 *Brinkmann/Meseck*, RdF 2018, 231 (235); *Lohmar/Jeuckens*, FR 2019, 110 (114 f.).

eine mangelnde Steuerbarkeit nicht mehr auf die Tatsache gegründet werden, dass ein reines Glücksspiel vorliege. Gleichwohl wird eine Steuerpflicht ganz überwiegend zu verneinen sein, da kein Mensch auf der Gegenseite der Steuerpflichtigen steht und daher kein Leistungsaustausch stattfindet.

IV. Einkommensteuerrechtliche Behandlung der Hard Fork

1. Ausgangspunkt

Ein besonderes Phänomen innerhalb der Blockchain-Technologie sind die häufig auftretenden, aber selten relevanten Hard Forks. Im steuerlich relevanten Fall beschreibt diese „Gabelung" die Trennung eines Blockchain-Netzwerkes in zwei, wobei auch die bestehenden Konten und Token übernommen und so dupliziert werden.[467] In einkommensteuerrechtlicher Hinsicht ist dabei bedeutsam, dass die Inhabenden von Token auf der Ur-Blockchain die gleiche Anzahl an Werteinheiten auf der neuen, durch die Fork begründeten Blockchain erhalten. Plakativ ausgedrückt: Das Vermögen aller Tokeninhabenden wird zahlenmäßig, wenngleich nicht wertmäßig[468], verdoppelt, ohne dass die innehabende Person etwas tun muss (oder auch kann). Es schließt sich die Frage an, ob im Zufluss der neuentstandenen Token durch die Hard Fork ein steuerpflichtiger Vorgang liegt. Wie auch beim Mining und Staking handelt es sich dabei um ein Phänomen, welches kaum Parallelen zu bekannten Vorgängen zeigt und daher schwierig in bestehende Paradigmen einzuordnen ist. Untersucht werden sollen auch hier die in Betracht kommenden Einkunftsarten aus § 2 Abs. 1 EStG. Dabei sind von vornherein nur sonstige Leistungen i.S.d. § 22 Nr. 3 EStG ernsthaft zu erörtern. Insbesondere bei der Hard Fork sind Erträge aus Kapitalforderungen i.S.d. § 20 Abs. 1 Nr. 7 EStG nicht vorstellbar.[469]

2. Bei Inaktivität der Tokeninhabenden

Wie bereits dargestellt erfordert § 22 Nr. 3 EStG Leistung und Gegenleistung i.S.e. Leistungsaustausches. In den Fällen der Hard Fork gabelt sich das Netzwerk, da ein gewichtiger Teil der Netzwerkbeteiligten Änderungen implementieren

---

467 Zum Ablauf einer Hard Fork s.o. Abschnitt C. II. 4. c), S. 75 ff.

468 Da die neu entstehende Blockchain nicht sofort einen Wert hat, sondern dieser erst durch Angebot und Nachfrage tariert wird, lässt sich der Bonus nicht pauschal beziffern. Es handelt sich jedoch um merkliche Beträge.

469 Ebenso *Hakert/Kirschbaum*, DStR 2018, 881 (882); *Pielke*, AL 2020, 194 (196).

bzw. ablehnen möchte und so unterschiedliche „Betriebssysteme“ vorliegen. Dies geschieht durch ein digitales Votum, bei dem die Betreibenden einer Node entweder ein Systemupdate aufspielen oder dies verweigern können; durch die Wahl zwischen den beiden Optionen können die Betreibenden gleichzeitig ihrer Meinung zur technischen Fortführung des Netzwerks Ausdruck verleihen.[470] Der größte Teil der Tokeninhabenden betreibt aber keine Node, sondern hat lediglich eine Wallet mit Token. Für diesen Teil der Community geschieht die Fork ohne jegliches Zutun.

Das bloße kausalose und passive Abwarten ist weder Tun noch Unterlassen und stellt keine Leistung im Normsinne dar; eine solche Untätigkeit ist, im Unterschied zum Unterlassen, kein willensgetragenes und zielgerichtetes Verhalten.[471] Somit liegt auch im Falle eines untätigen Nutzenden bei einer Hard Fork keine Leistung vor. Eine Steuerbarkeit scheidet außerdem aus, da die mögliche Gegenleistung – die Neuentstehung der Token durch die Fork – nicht von einem Menschen ausgeht und kein Konnex zwischen Leistung und dieser Gegenleistung besteht.[472] Wie bereits beim Mining und Staking erörtert kann eine Gegenleistung nur in einem menschlichen Verhalten bestehen.[473]

3. Bei Aktivität der Tokeninhabenden

Möglicherweise bedingt eine Aktivität der Tokeninhabenden einen anderen Befund, etwa durch Partizipation an der Willensbildung innerhalb der Community oder einer Abstimmung für eine Hard Fork. In diesem Fall läge zumindest ein aktives, zielgerichtetes und willensgetragenes Verhalten vor, welches sich als „Tun“ i.S.d. Leistungsbegriffs verstehen ließe. Problematisch bleibt aber, ob auch ein Zusammenhang zwischen der Leistung der Steuerpflichtigen und dem

---

470 Klarstellend soll angemerkt werden, dass es kein institutionalisiertes Plenum gibt, in dem das Für und Wider der im Raum stehenden Änderungen diskutiert würden. Tatsächlich wird die „Richtung“ der Blockchain in Online-Foren von wenigen Entwickelnden besprochenen, dessen jeweiliger Meinung sich dann die weitaus größere Zahl „stummer“ Node-Betreibenden anschließen.

471 *Krey,* Besteuerung sonstiger Leistungen, 39; *Kortendick/Rettenmaier*, FR 2019, 412 (414); *Hakert/Kirschbaum*, DStR 2018, 881 (882); *Pielke*, AL 2020, 194 (196); *Lohmar/Jeuckens*, FR 2019, 110 (113); *Heuel/Matthey*, EStB 2018, 300 (301); *Richter/Augel*, FR 2017, 1131 (1132).

472 *Heuel/Matthey*, EStB 2018, 300 (301); *Kortendick/Rettenmaier*, FR 2019, 412 (414); *Richter/Augel*, FR 2017, 1131 (1132).

473 S. in diesem Abschnitt unter II. 2. a) dd) (2) (ii), S. 96 ff. für das Mining, III. 2. a) dd), S. 115 ff. für das Staking.

Eintritt der Fork besteht. Im Rahmen des § 22 Nr. 3 EStG wird ganz überwiegend ein wirtschaftlicher Zusammenhang gefordert.[474] Es bedarf dafür zunächst eines „Auslösens" der Gegenleistung durch die Leistung i.S.e. Veranlassung.[475]

Gegen eine solche Auslösung durch die „Stimme" der Tokeninhabenden spricht, dass die Fork kein Quorum kennt; auch bei einer einzigen abweichenden Node findet eine Fork statt.[476] Der Zweig wird aber mangels Unterstützung verkümmern, sodass die Fork gar nicht auffällt. Die „Stimme" der steuerpflichtigen Person ließe sich also ohne weiteres hinwegdenken. Somit ist das Ereignis, nämlich die stattfindende Fork, schlussendlich nicht durch die steuerpflichtige Person veranlasst: Im hier besprochenen Fall gibt es eine Vielzahl von Teilnehmenden, welche die Fork stützen. Die Stimme der steuerpflichtigen Person löst daher den Zufluss der Token nicht im Sinne einer Veranlassung aus, da auch ohne ihr Zutun die Fork geschehen würde. Im Gegenschluss läge eine Veranlassung zwar vor, wenn die steuerpflichtige Person eigenmächtig und allein eine Fork herbeiführt; in diesem Falle ist ein Fortbestehen der neuen Blockchain aber ein bloßes Gedankenspiel, da die Fork eines einzelnen Netzwerkbeteiligten keine realen „Überlebenschancen" hat und keinen Gegenwert generiert.[477]

Somit ist auch die Aktivität der Steuerpflichtigen kein Faktor, um eine Steuerpflicht herzuleiten. Es fehlt der notwendige wirtschaftliche Zusammenhang, insbesondere eine Veranlassung. Darüber hinaus ist, wie schon zuvor, eine Gegenleistung mangels menschlichen Gegenparts abzulehnen.

4. Zusammenfassung

Steuerpflichtige Einkünfte durch den Zufluss von Token aus einer Hard Fork liegen nicht vor. Dies ergibt sich aus mehreren Gründen: Üblicherweise bleiben die Steuerpflichtigen untätig, worin schon keine Leistung im Normsinne liegt.

---

474 BFH v. 25.2.2009 – IX R 33/07, juris, Tz. 16 m.w.N.; *Krey*, Besteuerung sonstiger Leistungen, 43 f.; *Wernsmann/Neudenberger* in: K/S/M, § 22 Tz. E 52; *Fischer* in: Kirchhof/Seer, § 22 Tz. 66; *Killat* in: H/H/R, § 22 EStG Tz. 391.

475 Eingehend *Krey*, Besteuerung sonstiger Leistungen, 46 ff.; *Killat* in: H/H/R, § 22 EStG Tz. 391.

476 Zu dieser Tatsache s.o. Abschnitt C. II. 4. c), S. 75 ff.

477 Da der Token-Handel in Blockchain-Netzwerken, ausgenommen sogenannter Stablecoins, allein durch Angebot und Nachfrage reguliert werden, bedarf es stets einer gewissen Unterstützung seitens der Teilnehmenden, um eine Währung „am Leben" zu halten. Aus diesem Grund verwaisen die meisten der Forks, s. *Narayanan et al.*, Bitcoin and Cryptocurrency Technologies, 42. Aus dem gleichen Grund stellt das wiederholte Forken von Blockchains auch kein Geschäftsmodell dar.

Passives, kausaloses Abwarten hat keine Tatbestandsqualität. Selbst bei einem aktiven Tun der tokeninnehabenden Person würde jeder Veranlassungszusammenhang zwischen Leistung und Gegenleistung fehlen, was einen Leistungsaustausch ebenfalls ausschließt. In beiden Fällen liegt zudem, wie schon beim Mining und Staking, keine menschliche Gegenleistung vor. Der umstrittenen Frage zur Steuerpflicht einer Veräußerung der erhaltenen Token wird unten nachgegangen.[478]

V. Einkommensteuerrechtliche Behandlung der Erträge aus Mining-Pools

1. Ausgangspunkt

Eine Sonderkonstellation des Minings sind die sogenannten Mining-Pools, bei denen sich mehrere Miner zusammenschließen und ihre Rechnerleistung bündeln.[479] Bei den großen Blockchains stellen die Mining Pools den hauptsächlichen Teil der Rechenleistung und sind daher ein praktisch sehr relevantes Phänomen.[480] Hervorzuheben ist, dass die geminten Token nach einem festgelegten Schlüssel unter den beteiligten Minern verteilt werden. Dadurch liegt überwiegend kein Originärerwerb, sondern ein Derivativerwerb vor, da die Token mittels Transaktionen auf die Beteiligten des Pools verteilt werden.

2. Einkünfte aus einer Mitunternehmerschaft, § 15 Abs. 1 S. 1 Nr. 2 EStG

a) Voraussetzungen

In der Literatur[481] wird erwogen, die Teilnahme an einem Mining-Pool als Mitunternehmerschaft zu qualifizieren. Unter einer Mitunternehmerschaft versteht sich grundsätzlich die Vereinigung mehrerer Personen zum gemeinsamen Betrieb eines gewerblichen Unternehmens.[482] Das Vorliegen einer Mitunternehmerschaft ist dabei von Kriterien abhängig, deren Reichweite und Gewicht im Einzelnen umstritten sind: Ganz überwiegend wird eine Personengesellschaft

---

478 Abschnitt E. IV. 4. b) cc) (5), S. 202 ff.

479 Zur technischen Erklärung s.o. Abschnitt C. II. 2. d) cc), S. 70.

480 S.o. FN 218.

481 Eingehend *Hötzel*, Virtuelle Währungen, 243 ff.; *Richter/Augel*, FR 2017, 937 (946 f.); *Lutzenberger*, GmbHR 2018, 794 (798); *Heuel/Matthey*, EStB 2018, 300 (307).

482 *Bode* in: Blümich, § 15 EStG Tz. 222.

oder wirtschaftlich vergleichbare Gemeinschaft gefordert, deren Mitglieder in ihrer Verbundenheit einen Gewerbebetrieb betreiben und als Mitunternehmer anzusehen sind, das heißt mitunternehmerische Initiative entfalten können und mitunternehmerisches Risiko tragen.[483] Der Begriff des Mitunternehmers ist ein offener Typusbegriff, weswegen eine abschließende Definition weder möglich noch erforderlich ist; vielmehr kommt es auf das Gesamtbild des Einzelfalls an.[484] Die Anforderungen an die Stellung als Gesellschafter werden unterschiedlich interpretiert. Mehrheitlich wird eine zivilrechtliche Gesellschafterstellung gefordert, welche im Einzelfall auch durch ein wirtschaftlich vergleichbares Gemeinschaftsverhältnis ersetzt werden kann.[485]

b) *Eigene Gewerblichkeit von Mining-Pools*

Zunächst müsste ein Mining-Pool gewerblich tätig werden. Dies kann durch eine Gewerblichkeit der Mitunternehmerschaft selbst (§ 15 Abs. 3 Nr. 1 EStG) oder durch gewerbliche Prägung (§ 15 Abs. 3 Nr. 2 EStG) geschehen. Hierzu werden dieselben Kriterien herangezogen, die schon bei § 15 Abs. 2 EStG erörtert wurden.[486]

Die Zusammenlegung der eigenen Rechnerleistung mit weiteren Netzwerkbeteiligten wird aus dem Grund erfolgen, eine stetigere Einnahmequelle zu erzielen und so, gegenüber dem Solo-Mining, kostendeckend arbeiten zu können.[487] Das Betreibungsmodell erfordert zudem, je nach Größe des Pools, ein erhebliches Maß an betriebswirtschaftlicher Organisation und professioneller Software.[488] Folglich sind Mining-Pools typischerweise gewerblich und nicht vermögensverwaltend tätig.[489] Ausnahmen sind praktisch nicht denkbar, da

---

483 Ständige Rspr. seit BFH v. 25.6.1984 – GrS 4/82, BStBl. II 1984, 751 (768); *Hennrichs* in: T/L, Tz. 10.35 ff.; *Wacker* in: Schmidt, § 15 Tz. 262; *Bode* in: Blümich, § 15 EStG Tz. 221 ff.; *Desens/Blischke* in: K/S/M, § 15 Tz. C 31; *Schustek* in: Die Personengesellschaft im Steuerrecht, 70 f.

484 *Schustek* in: Die Personengesellschaft im Steuerrecht, 70; *Desens/Blischke* in: K/S/M, § 15 Tz. C 32; *Haep* in: H/H/R, § 15 EStG Tz. 305. Dieses Verständnis wird bisweilen aus Bedenken hinsichtlich der Rechtssicherheit kritisiert, vgl. die Nachweise bei *Haep* in: H/H/R, § 15 EStG Tz. 304.

485 S. die Streitdarstellung bei *Haep* in: H/H/R, § 15 EStG Tz. 333 ff.; s. auch *Krumm* in: Kirchhof/Seer, § 15 Tz. 173 f.; *Hennrichs* in: T/L, Tz. 10.31 ff.

486 Zu den Merkmalen s.o. II. 2., S. 85 ff.

487 *Blank/Christ*, StB 2018, 47 (49).

488 *Hötzel*, Virtuelle Währungen, 245.

489 *Hötzel*, Virtuelle Währungen, 245; *Heuel/Matthey*, EStB 2018, 300 (307).

auch kleinere Pools ihre Systeme mittels Software verbinden müssen und so eine professionelle Organisation bilden.

c) Zivilrechtliche Gesellschafterstellung durch Mining-Pools

aa) Anforderungen an die Gesellschafterstellung

Zur Prüfung einer möglichen Mitunternehmerschaft ist von besonderer Relevanz, wie die Teilnahme an einem Mining-Pool rechtlich zu qualifizieren ist. Grundsätzlich ist, um den Begriff der Mitunternehmerschaft zu erfüllen, eine zivilrechtliche Gesellschafterstellung notwendig. Nur ausnahmsweise kann dies durch ein wirtschaftlich ähnliches Gemeinschaftsverhältnis ersetzt werden.[490]

Grundlage einer jeden Gesellschaft im bürgerlich-rechtlichen Sinne ist die vertragliche Verbindung einer Mehrzahl von Personen zur Erreichung eines gemeinsamen Zwecks.[491] Vor der Frage nach der in Betracht kommenden Rechtsform ist zu erörtern, ob ein Vertragschluss überhaupt in Betracht kommt. Anonymität und Dezentralität des Blockchain-Netzwerkes könnten dies erschweren.

bb) Vertragschluss zwischen den Minern

(1) Direkter Vertragschluss zwischen den Teilnehmenden, insbesondere bei kleinen Mining-Pools

Ein erstes Problem besteht darin, eine vertragliche Verbindung zwischen den Netzwerkbeteiligten herzustellen. Hierbei ist zu beachten, dass Mining-Pools in unterschiedlichen Größen und Varianten erscheinen. Beachtenswert sind etwa kleinere, private Pools wie auch der praktische Regelfall der großen, von einer zentralen Instanz verwalteten Pools. Der Vertragschluss beinhaltet die Abgabe eines Angebots und die korrespondierende Annahme des Angebots nach den Vorschriften des bürgerlichen Rechts, §§ 145 ff. BGB.

Ein direkter Vertragschluss im Wege expliziten Kontakts zwischen den Teilnehmenden des Mining-Pools erscheint möglich. Insbesondere bei untereinander bereits bekannten Minern ist es gut vorstellbar, dass ein Pool begründet und entsprechende Willenserklärungen ausgetauscht werden, die zu einem Vertragschluss führen. Bei kleinen Pools erfolgt oft eine Selbstverwaltung, zudem ist die Anzahl der Mitglieder überschaubar. In diesem Rahmen ist es also möglich, dass ein Gesellschaftsvertrag unter den Mitgliedern zustande kommt.

---

490 *Krumm* in: Kirchhof/Seer, § 15 Tz. 173 f.; *Hennrichs* in: T/L, Tz. 10.31 ff.

491 *Szczesny* in: Die Personengesellschaft im Steuerrecht, 39; *Westermann* in: Erman, Vor § 705 BGB Tz. 1; *Schiffers* in: Prinz/Kahle, § 1 Tz. 3.

Da eine kleine Anzahl von Mitgliedern das Problem der Volatilität der Einkünfte nur unzureichend zu lösen vermag, dürfte eine solch „einfache“ Lösung aber bloß ausnahmsweise vorliegen.[492] Denn bei den großen Pools, die ein Mindestmaß an Akquirierung und Werbung betreiben, ist es faktisch unmöglich, dass alle Teilnehmenden untereinander persönlich bekannt sind und auf direktem Wege Willenserklärungen austauschen. Ein Vertragschluss im „klassischen“ Sinne, das heißt über direkt übermittelte, korrespondierende Willesnerklärungen, ist daher möglich, aber unwahrscheinlich. In den praktisch wie wirtschaftlich bedeutsamen Fällen wird sich ein derartiger Vertragschluss nicht beobachten lassen. Ein solches Vorgehen erscheint auch unpraktikabel, da jeder Gesellschafter (was jedem Miner entspricht) dem Beitritt neuer Mitglieder zustimmen müsste, was einen nicht zu bewältigen Aufwand bedeuten würde.

(2) Stellvertretung durch die Pool-Betreibenden / Sternvertrag

Denkbar wäre es aber, die Betreibenden bzw. „Aufsichtspersonen“ des Pools mittels Stellvertretung zu ermächtigen, neue Interessierte zum Pool zuzulassen und mit diesen für und gegen die vorhandenen Gesellschafter einen Vertrag zu schließen. Auch bei der Errichtung von Gesellschaftsverträgen bzw. der Aufnahme von Gesellschaftern ist eine Stellvertretung grundsätzlich möglich.[493] Über diesen Weg könnte erreicht werden, den Pool-Betreibenden als einzigen und zentralen Agierenden die Anwerbung und Aufnahme neuer Gesellschafter zu eröffnen.

Eine solche Ermächtigung müsste aber positiv im Gesellschaftsvertrag novelliert werden. Nach Durchsicht der „Terms of Services(ToS)[494]“ einiger Pool-Anbietender ist festzustellen, dass diese Gestaltungsmöglichkeit offenbar nicht genutzt wird. Vielmehr wird sogar deutlich, dass die Bedingungen nur auf das Verhältnis zwischen Miner und Pool-Betreibenden abzielen und dritte Parteien explizit ausschließen.[495] Der Vorschlag von *Möllenkamp/*

492 Eine geringe Zahl von Minern kann die Gewinnchance nicht derart anheben, dass von stetigen und berechenbaren Einkünften auszugehen wäre. Die größeren Mining-Pools verfügen über tausende Einzelmitglieder. SlushPool weist unter https://slushpool.com/stats/?c=btc circa 13.000 individuelle Nutzende aus; SlushPool gehört zu den „kleineren“ Mining-Pools auf der Bitcoin-Blockchain.

493 BGH v. 17.11.1975 – II ZR 120/74, juris, Tz. 10 ff.; *Westermann* in: Erman, § 705 Tz. 6; *Schöne* in: BeckOK BGB, § 705 Tz. 43.

494 S. etwa Poolin: https://h5.poolin.com/license/service_en-US.html; SlushPool: https://slushpool.com/about/tos/; MiningCity: https://miningcity.com/terms-of-use.

495 So etwa bei SlushPool unter Punkt 8.14.: „The User acknowledges that by conclusion of the Contract (…) it enters into a legal relationship with the Operator, who (…) is

Shmatenko[496], diese Nutzungsbedingungen könnten den Gesellschaftsvertrag darstellen, erscheint daher fragwürdig, da es hierfür keinerlei Anhaltspunkte aus der Praxis gibt. Ein derartiges Modell über Stellvertretung ist daher zwar vorstellbar, wird aber nicht praktiziert.

Einen vergleichbaren Ansatz spricht *Hötzel*[497] an, wenn er Parallelen zu sogenannten Sternverträgen erwägt. Diese zeichnen sich dadurch aus, dass individuelle und autarke Stellen jeweils bilaterale Verträge mit einer koordinierenden Stelle abschließen, die aufeinander aufbauen und für sich betrachtet unselbständig sind.[498] In diesen Fällen der „Verzahnung" eines Vertriebssystems könnte ein Gesellschaftsvertrag konkludent geschlossen sein. Eine solche Verbindung fehlt vorliegend aber, da die Miner autark tätig sind und keine aufeinander aufbauende Leistung erbringen. Die Addition der Rechenleistung verändert nicht die individuelle Leistung der Miner, sondern wirkt sich nur im Ergebnis aus. Ein sogenanntes Sternvertragssystem liegt mithin nicht vor.

(3) Entbehrlichkeit der Annahme, § 151 S. 1 2. Alt. BGB

Da direkte und gegenseitige Willenserklärungen zwischen den Minern an praktische Problemen (insbesondere der Anonymität und Zahl der Teilnehmenden) scheitern, kann ein Vertragschluss im größten Teil der Fälle nur durch eine Entbehrlichkeit der Annahme i.S.d. § 151 S. 1 2. Alt BGB erklärt werden.[499] Auch beim Abschluss von Gesellschaftsverträgen kann ein Zugangsverzicht erfolgen.[500] Ob ein solcher gewollt ist, ist durch Auslegung zu ermitteln; besonders naheliegend ist dies, wenn es sich um lediglich oder überwiegend vorteilhafte Rechtsgeschäfte handelt.[501] Bei einem Beitritt des Miners zu einem Pool ist von einem konkludenten Verzicht auf die Annahmeerklärung im Regelfall auszugehen. Die leichte Integration in Systeme bedingt, dass zwischen den Mining-Pools eine hohe Fluktuation an Nutzenden besteht. Es erscheint daher unpraktikabel,

solely responsible for settlement of any and all of the User´s claims (…).", abrufbar unter https://slushpool.com/about/tos/. Ähnliches in der Präambel bei Poolin: „This Agreement creates legal effect between you and the Company and becomes a legal document binding on both parties.", abrufbar unter https://h5.poolin.com/license/service_en-US.html.

496 *Möllenkamp/Shmatenko* in: Hoeren/Sieber/Holznagel, § 13.6 Tz. 80.

497 *Hötzel*, Virtuelle Währungen, 246.

498 Vgl. *Westermann* in: Erman, § 705 Tz. 7; *Schäfer* in: MüKo BGB[7], § 705 Tz. 21.

499 So auch *Hötzel*, Virtuelle Währungen, 246.

500 *Schäfer* in: MüKo BGB[7], § 705 Tz. 20; *Schöne* in: BeckOK BGB, § 705 Tz. 42.

501 *Armbrüster* in: Erman, § 151 Tz. 4; *Busche* in: MüKo BGB[1], § 151 Tz. 7.

wenn jeder Miner Beitritte neuer Mitglieder mit seiner Zustimmung quittieren müsste. Mit der Zahl der individuellen Miner steigt zudem die Rechnerleistung und so die Stabilität des Zuflusses aus dem Mining-Pool. Es handelt sich damit um ein überwiegend (wirtschaftlich) positives Geschäft für den einzelnen Miner, sodass regelmäßig von einem Verzicht i.S.d. § 151 S. 1 2. Alt. BGB auszugehen ist. Ein Gesellschaftsvertrag könnte somit, auch bei einer großen Zahl an Teilnehmenden, zustande kommen.

(4) Zusammenfassung

Bereits bei der Prüfung einer vertraglichen Verbindung zeigt sich, dass die leichtlebige und unstete Verbindung in Mining-Pools nur schwierig in Vertrag- und Gesellschaftssysteme eingeordnet werden kann. Gleichwohl kann ein Vertragschluss noch mit den Mitteln des bürgerlichen Rechts angenommen werden, auch wenn sich im Einzelfall deutliche Unterschiede ergeben können, insbesondere mit Blick auf die Größe der Pools.

cc) Förderung eines gemeinsamen Zwecks

Als konstituierendes Merkmal einer Gesellschaft müsste ein gemeinsamer Zweck bestehen, zu dessen Förderung jeder einzelne Gesellschafter verpflichtet ist.[502] Zweck kann dabei jedes wirtschaftliche oder ideelle Ziel sein, welches nicht verboten oder sittenwidrig ist.[503]

Zweck des Mining-Pools ist es, durch die Bündelung der Rechnerleistung einen stetigeren Zufluss an geminten Token zu erhalten und diese – entsprechend der vereinbarten Konditionen – auf die Mitglieder zu verteilen. Die Teilnehmenden versprechen sich stabilere Einkünfte durch das Mining zu erzielen. Ein gemeinsamer Zweck liegt daher vor.[504]

Gleichzeitig müsste auch eine Pflicht zur Förderung des gemeinsamen Zweckes vereinbart worden sein, aus der sich für jeden Gesellschafter dauerhafte Verhaltensweisen ergeben.[505] Diese sind notfalls auch einklagbar; Verstöße können zum Ausschluss aus der Gesellschaft führen.[506] Problematisch erscheint, ob den einzelnen Miner wirkliche Pflichten treffen oder ob es sich dabei um reine Obliegenheiten handelt. Zumindest bei den offen einsehbaren Pools lässt

---

502 *Stürner* in: Jauernig, § 705 Tz. 1; *Servatius* in: Henssler/Strohn, § 705 BGB Tz. 3.

503 *Schöne* in: BeckOK BGB, § 705 Tz. 63.

504 *Hötzel*, Virtuelle Währungen, 246 f.

505 *Westermann* in: Erman, § 705 Tz. 33; *Sauter* in: Prinz/Kahle, § 2 Tz. 33 f.

506 *Westermann* in: Erman, § 705 Tz. 33.

sich eine verpflichtende Quote hinsichtlich Rechnerleistung oder Aktivität nicht erkennen. Auch besteht keine ersichtliche Pflicht des Miners, seine Rechnerleistung in jedem Fall dem Pool zur Verfügung stellen. Die jeweiligen Passagen der AGB sind vielmehr als Recht aus Sicht des Miners formuliert.[507] Zwischen den Minern selbst existiert keine erkennbare Vereinbarung. Die im Raum stehenden Verhältnisse spiegeln also eher eine Obliegenheit des Miners zur freien Integration seiner Rechenleistung vor, nicht aber eine Pflicht zur Erfüllung des gemeinsamen Zwecks.[508] Es erscheint fernliegend, dass einzelne Miner ein entsprechendes Verhalten der übrigen Pool-Teilnehmenden einklagen könnten. In Einzelfällen kann dies freilich nicht ausgeschlossen werden.

Folglich ist zwar ein gemeinsamer Zweck ersichtlich. Es fehlt jedoch an der ebenfalls notwendigen Förderungspflicht.

dd) Rechtsbindungswille

Weiterhin ist für die Entstehung einer Gesellschaft – wie für alle Verträge – zwingend, dass die Paktierenden mit Rechtsbindungswillen agieren.[509] In den Fällen der Mining-Pools liegt das Interesse der nutzenden Personen darin, ihre Rechenleistung effektiv bündeln zu können. Dies bedeutet aber nicht, dass sie ihre Rechenkapazitäten einem bestimmten Pool unterordnen und verfügbar machen möchten; es entspricht vielmehr der wirtschaftlichen Sitte in diesem Bereich, dass die Miner einfach und schnell den Pool wechseln können und dies auch tun. Es ist auch vorstellbar, dass ein Miner Zugangsberechtigungen zu mehreren Pools hält, um bei lukrativen Situationen schnell zwischen den Pools wechseln zu können.[510]

---

507 S. Punkt 4.2. bei SlushPool: „During the existence of their user account the User is entitled to provide computing power to the Pool (…)“, abrufbar unter https://slushpool.com/about/tos/. „Entitled“ ist in diesem Zusammenhang als bloße Berechtigung, aber nicht als Verpflichtung zu verstehen. Vgl. auch NovaBlock: „The User has the right to enter and use the site and services, as long as he/she agrees to and actually complies with the Terms of Service“ , abrufbar unter https://support.novablock.com/hc/en-us/articles/360033292374-NovaBlock-terms-of-services.

508 Ähnlich *Hötzel*, Virtuelle Währungen, 247. a.A. (GbR liegt vor) *Möllenkamp/Shmatenko* in: Hoeren/Sieber/Holznagel, § 13.6 Tz. 80; wohl auch *Arendt* in: Steuer- und Bilanzrechtslexikon, „Kryptotoken“ Tz. 29.

509 *Armbrüster* in: Erman, § 145 Tz. 3; *Busche* in: MüKo BGB[1], § 145 Tz. 7.

510 Dies wird „Pool-Hopping“ genannt und ist innerhalb der Community verpönt, wenngleich Maßnahmen hiergegen nur schwer umzusetzen sind.

Möllenkamp/Shmatenko[511] wollen einen Rechtsbindungswillen (und insgesamt eine GbR) dennoch anerkennen und verweisen auf die Behandlung von Lotto-Tippgemeinschaften. Dies erscheint deswegen unsachgemäß, da zu diesem Komplex ergangene Urteile auf Fällen beruhen, in denen die Beteiligten persönlich bekannt waren.[512] Eine solche soziale Nähe, sei es auch eine Bekanntschaft allein zum Zwecke des gemeinsamen Tippspiels, entspricht gerade nicht dem Typus eines Mining-Pools. Die bloße Bekanntheit mit den übrigen Teilnehmenden begründet aber ein anderes Niveau an Rechtsbindung. Zudem haben die Teilnehmenden einer Lotto-Tippgemeinschaft ein weitaus größeres Interesse daran, dass ein Verhältnis mit Rechten und Pflichten entsteht. Denn bei der Verteilung der Gewinnchancen entsteht der Gemeinschaft ein Wahrscheinlichkeitsverlust, wenn ein Beteiligter die vereinbarten Scheine nicht (rechtzeitig) ausfüllt; es stellen sich mithin gänzlich andere Haftungsfragen und Fürsorgepflichten.[513] Daher ist einem solchen Vergleich zur bekannten Gruppe der Lotto- und Tippgemeinschaften nicht zu folgen.

Die Tatsächlichkeit deutet viel eher darauf hin, dass die Miner gerade keinen Rechtsbindungswillen dahingehend bilden, ein rechtsfestes Konsortium in Form eines Mining-Pools zu bilden.[514]

ee) Zwischenergebnis

Die Entstehung eines Gesellschaftsverhältnisses durch einen Mining-Pool wird in der ganz überwiegenden Zahl der Fälle abzulehnen sein. Gerade bei größeren Pools, welche die typische Erscheinungsform bilden, fehlt es den Parteien erkennbar an den nötigen Förderungspflichten und am Rechtsbindungswillen, sodass nicht einmal eine BGB-Gesellschaft entsteht.[515] Ausnahmen sind gleichwohl denkbar, wenn es sich um eine kleinere Zahl Teilnehmender handelt, die persönlich bekannt sind und so eine engere Bindung zueinander haben.

---

511 *Möllenkamp/Shmatenko* in: Hoeren/Sieber/Holznagel, § 13.6 Tz. 80.

512 Vgl. nur BFH v. 16.5.1974 – II ZR 12/73, juris, Tz. 1, 8: „(…) Mitgliedern einer mündlich verabredeten Lotto- oder Totospielgemeinschaft (…)"; OLG Karlsruhe v. 30.12.1986 – 9 U 26/85, juris, Tz. 1: „(…) Stammtischrunde im ‚Schwarzwald-Cafe' (…)".

513 Vgl. hierzu *Schücking* in: Handbuch des Gesellschaftsrecht, § 4 Tz. 106 f.; *Schäfer* in: MüKo BGB[7], Vor § 705 Tz. 117.

514 *Kütük-Markendorf*, Internetwährungen, 83 f.; *Hötzel*, Virtuelle Währungen, 247.

515 Möglicherweise entsteht hierdurch aber ein sogenannter Netzwerkvertrag, welcher jedoch keine Gesellschaft statuiert. Eine Etablierung dieses Vertragstypus wird derzeit diskutiert, s. nur *Börding/Jülicher/Röttgen/v. Schönfeld*, CR 2017, 134 (136 ff.)

d) Wirtschaftlich vergleichbare Gemeinschaftsverhältnisse

Die bereits zuvor angesprochene Erweiterung des Anwendungsbereiches auf wirtschaftlich vergleichbare Gemeinschaftsverhältnisse umfasst insbesondere Bruchteils- und Gesamthandsgemeinschaften, welche sich durch die gemeinschaftliche Inhaberschaft an Rechten auszeichnen, ohne Personengesellschaften zu sein.[516]

Die Teilnehmenden des Mining-Pools teilen sich die Erträge, die aus dem Zusammenlegen der Rechenleistung resultieren. Die Gesamtrechenleistung ist dabei genauso wenig ein fassbares Recht wie die Entität des Mining-Pools als solcher (anders als z.B. bei einem Haus). Wie zuvor beschrieben, spielt sich die Bereitstellung der Rechenleistung in einem bilateralen Verhältnis zwischen Pool-Betreibenden und Minern ab, aber nicht auf multilateraler Ebene aller Miner; hierzu fehlt ihnen abermals der Rechtsbindungswille. Daher bestehen keine wirtschaftlich vergleichbaren Gemeinschaftsverhältnisse.[517] Insgesamt lässt sich damit festhalten, dass in Mining-Pools typischerweise keine zivilrechtliche Verbindung zu sehen ist, die über Verträge im bilateralen Verhältnis zwischen Miner und Verwaltenden hinaus gehen. Insbesondere zwischen den Minern eines Pools bestehen keine Rechtsverhältnisse. Die für eine Mitunternehmerschaft notwendige Mindestbindung liegt damit insgesamt nicht vor.

e) Mitunternehmerinitiative/Mitunternehmerrisiko

aa) Mitunternehmerinitiative

Zuletzt bleibt, wenn auch für die meisten Fälle hypothetisch, zu erörtern, ob die Teilnahme an einem Mining-Pool von Mitunternehmerrisiko und -initiative getragen ist. Dabei sind die Merkmale nicht als starre Rechtsbegriffe zu verstehen, sondern als Ausprägungen eines Typusbegriffes, der durch verschiedenste, austauschbare Merkmale beschrieben wird.[518] Sie können in unterschiedlichen Ausprägungen vorliegen und sind teilweise durch den Gegenbegriff kompensierbar.[519]

---

516 BFH v. 25.6.1984 – GrS 4/82, BStBl. II 1984, 751 (768); *Kahle* in: Prinz/Kahle, § 7 Tz. 37; *Hennrichs* in: T/L, Tz. 10.31.

517 *Hötzel*, Virtuelle Währungen, 249.

518 *Hennrichs* in: T/L, Tz. 10.38; *Schustek* in: Die Personengesellschaft im Steuerrecht, 70.

519 BFH v. 3.11.2015 – VIII R 63/13, BStBl. II 2016, 383 (385); *Desens/Blischke* in: K/S/M, § 15 Tz. C 32.

Die Mitunternehmerinitiative liegt vor, wenn die steuerpflichtige Person an den unternehmerischen Entscheidungen teilhaben und diese beeinflussen kann; hierfür kann bereits die Wahrnehmung von Stimm-, Kontroll- und Widerspruchsrechten genügen.[520]

Der einzelne Miner kann entscheiden, wann und wie lange er seine Rechenleistung in den Pool einspeist. Er ist allerdings nicht in die operativen Entscheidungen des Pools eingebunden, kann also nicht die zu minende Währung bestimmen oder die zugrundeliegende Software ändern. Diese Möglichkeiten sind ihm oftmals sogar explizit durch die AGB entzogen.[521] Folglich kann der Miner lediglich das „Ob" bestimmen, das heißt in welchen Pool er seine Rechenleistung integriert und ggf. welches Vergütungsmodell er wählt. Damit kann er jedoch auf das „Wie", also die operativen Bedingungen des Gewerbebetriebes, keinen direkten Einfluss nehmen. Insbesondere stehen ihm hierzu keine Rechte im juristischen Sinne zu.[522] Er hat weder Stimm- noch Kontrollrechte und kann den Pool nicht nach außen vertreten. Somit ist eine Mitunternehmerinitiative nicht festzustellen und daher abzulehnen.[523]

bb) Mitunternehmerrisiko

Die steuerpflichtige Person trägt Mitunternehmerrisiko, wenn sie an Erfolg wie Misserfolg des Unternehmens beteiligt ist; dies wäre etwa gegeben, wenn sie an Gewinn und Verlust und/ oder den stillen Reserven beteiligt ist.[524] Dabei tritt nicht die formal-rechtliche, sondern die wirtschaftliche Betrachtung in den Vordergrund.[525]

---

520 BFH v. 3.11.2015 – VIII R 63/13, BStBl. II 2016, 383 (385); *Haep* in: H/H/R, § 15 EStG Tz. 309.

521 S. etwa bei SlushPool die Punkte 4.1. – 4.4. und 5.1. – 5.4. sowie 6.2., welche ausdrücklich regeln, dass der „Operator" sämtliche Koordination des Pools vornimmt und der Miner allein die Hardware beisteuert, exemplarisch: „4.3. The Operator undertakes to exploit the provided and received computing power (...) for the cryptocurrencies mining"; „5.1. The Operator endeavors to provide continuous uninterrupted Pool operation, so the User can provide the computing power (mine) any time"; „6.2. The Operator seeks to facilitate also mining of other cryptocurrencies in the future", abrufbar unter https://slushpool.com/about/tos/.

522 S. *Hötzel*, Virtuelle Währungen, 252 f.

523 a.A. wohl *Richter/Augel*, FR 2017, 937 (947).

524 BFH v. 3.11.2015 – VIII R 63/13, BStBl. II 2016, 383 (385); *Schustek* in: Die Personengesellschaft im Steuerrecht, 71; *Wacker* in: Schmidt, § 15 Tz. 264.

525 *Bode* in: Blümich, § 15 EStG Tz. 349.

Für den Miner ist zunächst festzuhalten, dass eine Verlustbeteiligung kaum vorstellbar ist. Der Miner trägt seine eigenen Verluste, nämlich die Kosten für die Unterhaltung der Hardware, solange keine kostendeckenden Einkünfte vorliegen; ein Verlust seitens des Pools dürfte aber ausscheiden, da die Kosten für Server und Organisation im Vergütungsmodell berücksichtigt werden und sonstige Verluste nicht zu erwarten sind oder zumindest nicht auf den Miner abgewälzt werden.[526] Auch ist eine Beteiligung an stillen Reserven nicht zu erwarten, da solche regelmäßig gar nicht gebildet werden dürften; die Erträge aus dem Pool werden direkt an die Miner weitergegeben. Wie bereits angesprochen ist auch keinerlei Haftung für die Miner hinsichtlich Ansprüchen gegen den Pool vorgesehen. Insbesondere läuft der Miner keine Gefahr, seine eingesetzten Ressourcen (Hardware) zu verlieren; diese kann er vielmehr in anderen Pools oder als Solo-Miner einsetzen, auch wenn der Pool „scheitern" sollte.

Hinsichtlich der Gewinnbeteiligung ist zu konstatieren, dass eine direkte Beteiligung ausscheidet. Mangels Gesellschafterstellung bzw. wirtschaftlich vergleichbaren Verhältnisses liegt eine solche nicht vor. Allerdings werden die Miner mittelbar durch die bilateralen Verträge mit den Pool- Betreibenden beteiligt. Je nach Vergütungsmodell wird die tatsächlich eingespeiste Rechenleistung bei Erbringung des Proof-of-Work[527] oder eine theoretisch-virtuelle Rechenleistung unabhängig vom Erbringen des Proof-of-Work[528] vergütet. Im Falle der Pay-per-Share-Modelle wird die Vergütung gerade losgelöst vom tatsächlichen Unternehmensgewinn gezahlt, sodass keine Gewinnbeteiligung vorliegt. Dadurch, dass der Gewinn von den tatsächlichen Erträgen entkoppelt ist, liegt gleichzeitig auch kein Verlustrisiko vor, da der Miner seine Gegenleistung immer einfordern kann. Für die Pay-per-Last-N-Shares-Modelle liegt eine

526 Ähnlich *Hötzel*, Virtuelle Währungen, 251 f.

527 So etwa bei SlushPool, vgl. https://slushpool.com/help/reward-system/. Liefert der Miner etwa 5% der Rechenleistung des Pools, erhält er 5% aller Erträge; das Risiko der längerfristigen Nichtrealisierung der Gewinnchance trägt gleichwohl der Miner. Dieses Modell wird als „Pay-per-Last-N-Shares (PPLNS)" bezeichnet, vgl. https://support.novablock.com/hc/en-us/articles/360027197853-What-is-rewarding-system- und *Hötzel*, Virtuelle Währungen, 243.

528 So etwa bei NovaBlock, vgl. https://support.novablock.com/hc/en-us/articles/360027197853-What-is-rewarding-system-, wonach der Miner seine Beträge proportional zur Rechenleistung, aber unabhängig von tatsächlichen Blockfindungen ausgezahlt bekommt. Die Pool-Betreibenden tragen daher das Zahlungsrisiko. Das Modell wird „Pay-per-Share (PPS)" genannt, wobei Konditionen im Einzelfall variieren. S. auch *Hötzel*, Virtuelle Währungen, 242 f.

direkte Beeinflussung der Auszahlungen durch den Unternehmensgewinn zwar vor, doch ist dies kaum mit dem Maß an Gewinnbeteiligung zu vergleichen, die üblicherweise bei einer Mitunternehmerschaft eingefordert wird.[529] Vielmehr ist hierin eine reine Umsatzbeteiligung zu sehen, die grundsätzlich nicht zu einem Mitunternehmerrisiko führt.[530]

Eine Beteiligung am laufenden Gewinn bzw. Verlust oder am Vermögen bzw. den stillen Reserven liegt in der ganz überwiegenden Zahl der Fälle nicht vor. Eine Übernahme von Haftung, sei es Innen- oder Außenhaftung, erscheint ausgeschlossen. Somit sind die wesentlichen Kriterien zum Vorliegen eines Mitunternehmerrisikos nicht erfüllt. Es liegt eine bloße Umsatzbeteiligung vor, die den Miner nicht in einem Maße am unternehmerischen Geschehen teilhaben lässt, wie es für ein Mitunternehmerrisiko zu fordern wäre.[531]

f) Ergebnis: Einkünfte aus einer Mitunternehmerschaft i.S.d. § 15 Abs. 1 S. 1 Nr. 2 EStG

Die Untersuchung hat gezeigt, dass die wesentlichen Elemente einer Mitunternehmerschaft nicht vorliegen. In zivilrechtlicher Hinsicht ist die Bindung zwischen den Minern zu lose und anonym, um zumindest eine gesellschaftsähnliche Verbindung anzunehmen. Auch in spezifisch steuerrechtlicher Hinsicht wurde deutlich, dass Mitunternehmerinitiative und -risiko bei Mining-Pools schlechthin abzulehnen sind. Ausnahmen mögen in den Fällen von sehr kleinen Pools, bei denen die Miner persönlich bekannt sind, möglich sein; doch selbst dort werden die Kriterien schwerlich zu erfüllen sein. Eine mitunternehmerische Gemeinschaft aus Minern erscheint daher nur auf den ersten Blick naheliegend und ist abzulehnen.[532]

---

529 *Hötzel*, Virtuelle Währungen, 251.

530 BFH v. 18.4.2000 – VIII R 68/98, BStBl. II 2001, 359 (363); *Haep* in: H/H/R, § 15 EStG Tz. 322.

531 Ähnlich *Hötzel*, Virtuelle Währungen, 252, welcher aber ein sehr gering ausgeprägtes Mitunternehmerrisiko in Fällen des PPLNS-Modells sieht.

532 Ebenso *Hötzel*, Virtuelle Währungen, 251. a.A. *Arendt* in: Steuer- und Bilanzrechtslexikon, „Kryptotoken" Tz. 29; unklar *Heuel/Matthey*, EStB 2018, 300 (307), welche zwar Mitunternehmerinitiative und -risiko bejahen, schlussendlich aber nur unspezifisch gewerbliche Einkünfte „i.S.d. § 15 Abs. 1, 2 EStG" feststellen.

3. Einkünfte aus Gewerbebetrieb, § 15 Abs. 1 S. 1 Nr. 1 EStG

a) Ausgangspunkt

Auf Ebene des einzelnen Miners kommen weiterhin Einkünfte aus originärem Gewerbebetrieb i.S.d. § 15 Abs. 1 S. 1 Nr. 1 EStG in Betracht. Wie auch beim Solo-Mining partizipiert die nutzende Person am Proof-of-Work und erbringt vergleichbare Tätigkeiten. Daher ist grundsätzlich auf die beim Solo-Mining gefundenen Ergebnisse zu verweisen.[533] Insbesondere die Merkmale der Selbständigkeit, Nachhaltigkeit und privaten Vermögensverwaltung lassen sich sehr ähnlich beurteilen. Allerdings sind auch Unterschiede erkennbar, welche nachfolgend herausgestellt werden sollen. Dabei werden Gewinnerzielungsabsicht und die Beteiligung am allgemeinen wirtschaftlichen Verkehr betrachtet.

b) Gewinnerzielungsabsicht

Der ausschlaggebende Grund eines Miners, sich einem Mining-Pool anzuschließen, wird überwiegend in der zu erwartenden Verstetigung der Einkünfte liegen. Dies lässt sich als subjektives Streben nach einem Totalgewinn erklären, da insbesondere die kostendeckende Betreibung des Minings durch die Pools weitaus einfacher zu erreichen ist als allein. Durch die Vergütungsmodelle erhält der Miner zwar deutlich weniger, dafür aber umso häufiger und periodischer Erträge. Ob am Ende eine positive Gewinnprognose besteht, ist im Einzelfall zu beurteilen. Aufgrund der Regelmäßigkeit der Zuflüsse ist eine solche Prognose, anders als beim Solo-Mining[534], einfacher und belastbarer zu erstellen.[535] Als objektive Kriterien können die beim Solo-Mining herausgearbeiteten gereichen: Anschaffung besonderer Hardware, zielgerichteter Einsatz der Rechenleistung anhand aktueller Trends[536] und eine hohe Partizipationszeit am Proof-of-Work. Schließt sich eine umfassende Handelstätigkeit an das Pool-Mining an, ist ein Gewerbebetrieb insgesamt stark indiziert.

---

533 S. in diesem Abschnitt II. 2., S. 85 ff.

534 Zu den Unwägbarkeiten s. II 2. a) cc), S. 88 ff.

535 Hierzu gibt es sogar einige Websites, auf denen die Rentabilität individuell geprüft werden kann, etwa https://whattomine.com oder www.cryptocompare.com/mining/calculator/.

536 Speziell bei den Mining-Pools kann sich dies in einem Pool-Hopping äußern, d.h. die nutzende Person „springt“ zwischen einzelnen Pools um möglichst lukrative Situationen auszunutzen.

In objektiver Hinsicht besteht bereits aufgrund der bloßen Teilnahme an einem Mining-Pool ein Indiz für eine Gewinnerzielungsabsicht. Im Übrigen sind die Kriterien des Solo-Minings heranzuziehen. Insgesamt dürfte eine Gewinnerzielungsabsicht regelmäßig vorliegen, wenn eine steuerpflichtige Person an Mining-Pools teilnimmt.

c) Beteiligung am allgemeinen wirtschaftlichen Verkehr

Andere Erkenntnisse lassen sich auch für die Beurteilung der Beteiligung am allgemeinen wirtschaftlichen Verkehr bei Mining-Pools ableiten.

So ist dem oben[537] ausführlich thematisierten Zufallselement auch hier besondere Beachtung zu schenken: Je nach Zahl der Teilnehmenden am Mining-Pool kann, wie bereits beim Staking[538] festgestellt, eine so starke Verstetigung der Quote gefundener Blöcke erfolgen, dass kein reines Glücksspiel mehr vorliegt. Vielmehr liegt eine stetige und berechenbare Einnahmenquelle vor, in welchem das Zufallselement eine untergeordnete Rolle spielt. Dies gilt umso mehr als einige Vergütungsmodelle (z.B. Pay-per-Share-Modelle) eine von tatsächlichen Blockfindungen unabhängige Vergütung bezahlen.

Problematisiert wurde zudem, dass eine menschliche Gegenleistung nicht vorliegt, da der Block Reward direkt von der Blockchain ausgekehrt wird.[539] Dieser Befund ist nur noch auf der ersten Ebene des Proof-of-Work zutreffend: Die Erzeugung eines Blocks durch einen Miner ist weiter ein reines Glücksspiel und sorgt beim erfolgreichen Miner für nicht-steuerpflichtige Einkünfte. Die Erlöse aus dem Mining-Pool fließen, auf zweiter Ebene, den übrigen Nutzenden dann zwar in Token, aber nicht direkt vom System zu. Denn die Betreibenden des Mining-Pools „sammeln" alle Block Rewards und verteilen diese entsprechend der o.g. Modelle auf die Miner. Die Token fließen dem Miner daher von einem Menschen zu, gerade weil er seine Rechenleistung dem Pool zur Verfügung stellt. Es liegt damit nicht nur eine Gegenleistung, sondern auch eine Verknüpfung mit der Leistung des Miners vor. Denn dieser erhält die Vergütung ja gerade proportional zu seiner Rechenleistung und unabhängig davon, ob er den Block Reward selbst gefunden hat oder ein anderer der Netzwerkbeteiligten.

---

537 II. 2. a) dd) (2) (i), S. 96 ff. in diesem Abschnitt.
538 In diesem Abschnitt III. 2. a) dd), S. 115 ff.
539 S. II. 2. a) dd) (2), S. 96 ff.

Zuletzt tritt der Miner auch offen am Markt zutage, da er sich auf den entsprechenden Domänen der Pool-Betreibenden anmeldet und so zumindest den Verantwortlichen bzw. der Betriebsgesellschaft bekannt ist.[540]

Anders als beim Solo-Mining liegt also eine Beteiligung am allgemeinen wirtschaftlichen Verkehr beim Pool-Mining vor. Der fehlende menschliche Gegenpart und die Zufallselemente entfallen aufgrund der Eigenarten des Pool-Minings, weswegen die wesentlichen Problempunkte des Solo-Minings hier entfallen.

d) *Ergebnis: Einkünfte aus Gewerbebetrieb, § 15 Abs. 1 S. 1 Nr. 1 EStG*

Auch wenn Einkünfte aus einer Mitunternehmerschaft nicht vorliegen, erfüllt der Pool-Miner regelmäßig die Voraussetzungen des § 15 Abs. 1 S. 1 Nr. 1 EStG und erzielt so Einnahmen aus Gewerbebetrieb.[541] Anders als beim Solo-Mining entfallen die kritischen Momente in Form des reinen Glücksspiels und der fehlenden menschlichen Komponente auf Seiten der Gegenleistung.

4. Einkünfte aus sonstigen Leistungen, § 22 Nr. 3 EStG

Analog zum vorherigen Befund liegen Einkünfte aus § 22 Nr. 3 EStG vor, falls ein Tatbestandsmerkmal des Gewerbebetriebs fehlt.[542] Auch bei dieser Einkunftsart liegen die Bedenken nicht mehr vor, die eine Steuerbarkeit des Solo-Minings noch fernliegend erscheinen ließen.

5. Ergebnis: Ertragsteuerliche Behandlung der Erträge aus Mining-Pools

Am Ende des Abschnittes zu den Mining-Pools ist ein mitunter überraschendes Ergebnis festzuhalten: Die Erträge aus dem Pool-Mining unterfallen § 15 bzw. § 22 Nr. 3 EStG, obwohl die Steuerpflichtigen im Vergleich zum Solo-Mining fast identische Handlungen vornehmen. Die Integration der eigenen Rechenleistung in einen Pool ändert jedoch die Beurteilung einiger Tatbestandsmerkmale fundamental.

---

540 Vgl. *Heuel/Matthey*, NWB 2018, 1037 (1052); *Blank/Christ*, StB 2018, 47 (49).

541 So auch *Hötzel*, Virtuelle Währungen, 253; *Richter/Augel*, FR 2017, 937 (947); *Blank/Christ*, StB 2018, 47 (49); *Pielke*, Besteuerung von Kryptowährungen, 17; wohl auch *Heuel/Matthey*, EStB 2018, 300 (307).

542 *Hötzel*, Virtuelle Währungen, 253.

Zunächst liegt keine Mitunternehmerschaft i.S.d. § 15 Abs. 1 S. 1 Nr. 2 EStG vor. Es fehlt an allen Voraussetzungen, sodass eine Mitunternehmerschaft nur in Ausnahmefällen in Betracht zu ziehen ist. Demgegenüber ist eine Einordnung zu den Einkünften aus Gewerbebetrieb i.S.d. § 15 Abs. 1 S. 1 Nr. 1 EStG naheliegend, da die Probleme aus dem Solo-Mining (menschliches Gegenüber und reines Glücksspiel) entfallen. Demnach dürfte in vielen Fällen eine Steuerpflicht nach § 15 Abs. 1 S. 1 Nr. 1 EStG gegeben sein. Aus demselben Grund kommt auch eine Besteuerung nach § 22 Nr. 3 EStG in Betracht, sollte ein Gewerbebetrieb nicht vorliegen.

VI. Einkommensteuerrechtliche Behandlung der Erträge aus Cloud-Mining

1. Ausgangspunkt

Eine andere Form des Minings liegt beim sogenannten Cloud-Mining vor.[543] Wesentlicher Unterschied ist dabei, dass der Miner keine eigene Hardware hat, sondern diese über das Internet „ausleiht". Konkret erwirbt er Rechenkapazität, die ihm von den Anbietenden gegen Entgelt zur Verfügung gestellt wird. Die Flexibilität der Rechenleistung variiert dabei – einige Anbietende[544] geben den Nutzenden die Möglichkeit, selbst über die geminte Blockchain zu entscheiden, andere[545] haben einen eigenen Pool und profitieren so selbst von der kumulierten Rechenkapazität. Es wird also auf erster Ebene ein Vertrag über die Nutzung der Rechenleistung geschlossen, während auf der zweiten Ebene Erträge aus dem Einsatz der Rechenleistung zufließen.

---

543 Für die detaillierte technische Darstellung s.o. Abschnitt C. II. 2. d) bb), S. 69.

544 So etwa Genesis Mining, s. https://www.genesis-mining.com/customer-service#how-does-bitcoin-mining-work. Allerdings kann nur die zu minende Blockchain eingestellt werden, d.h. die nutzende Person kann sich keinen eigenen Pool suchen, sondern muss die von den Betreibenden vorgegebenen Möglichkeiten nutzen. Eine Aufteilung der Rechenkapazität auf verschiedene Netzwerke ist ebenfalls möglich.

545 S. das Cloud-Mining Angebot der Plattform ViaBTC, welche gleichzeitig einen der größten Mining-Pools unterhält, https://support.viabtc.com/hc/en-us/articles/900001524743-ViaBTC-Cloud-Mining-Contract-Service-Agreement unter Punkt 1 „Contract Purchase": „The mining machines will mine in the ViaBTC mining pool; (…)".

2. Einkünfte aus Gewerbebetrieb, § 15 EStG

a) Ausgangspunkt

Das Cloud-Mining könnte gewerblich betrieben werden und daher § 15 EStG unterfallen. Dabei scheidet eine Mitunternehmerschaft i.S.d. § 15 Abs. 1 S. 1 Nr. 2 EStG von vornherein aus, wobei auf die Ausführungen zum Mining-Pool zu verweisen ist.[546] Ergänzend sei angemerkt, dass die Verbindung zwischen Cloud-Miner und dem Pool-Betreibenden bzw. Pool-Teilnehmenden noch schwächer ausgeprägt ist als beim Pool-Mining, da keine eigene Hardware eingebracht wird und keine Initiative seitens der Steuerpflichtigen im Raum steht. Gleichwohl kommt eine originäre gewerbliche Tätigkeit in Betracht, welche nach § 15 Abs. 1 S. 1 Nr. 1 EStG zu erfassen wäre. Dann müssten die Merkmale eines Gewerbebetriebs vorliegen.[547]

b) Selbständigkeit

Das Merkmal der Selbständigkeit wird in der Literatur von zwei Quellen[548] problematisiert. Aus Sicht von *Behrendt/Janken*[549] sind Unternehmerinitiative und -risiko nicht gegeben. Einerseits könne die steuerpflichtige Person ihre Arbeitszeiten nicht selbst bestimmen und den Gewinn durch die eigene Aktivität nicht beeinflussen, was gegen eine Unternehmerinitiative spreche. Außerdem trage der Miner kein wirtschaftliches Erfolgsrisiko, da keine Hardware angeschafft werde, weswegen auch kein Unternehmerrisko vorliege. Nach *Blank/Christ*[550] liegt eine Unternehmerinitiative nicht vor, ein Unternehmerrisiko aber schon. Für die Annahme der Selbständigkeit sei die Einflussmöglichkeit auf die Serverstruktur vonnöten, welche beim Cloud-Mining nicht bestehe. Daher könne keine Unternehmerinitiative angenommen werden. Dadurch, dass die nutzende Person regelmäßig das zu minende Netzwerk auswählen kann, bestünde aber zumindest ein Unternehmerrisiko.

Wie bereits beim Staking[551] wird das Merkmal der Selbständigkeit auch hier überdehnt. Viele der erwähnten Aspekte sind eher der Abgrenzung zur privaten Vermögensverwaltung zuzuordnen, nicht der Selbständigkeit. Auch sind die

---

546 S. zuvor V. 2., S. 128 ff.

547 Detailliert zu den einzelnen Merkmalen s.o. II. 2., 85 ff.

548 *Behrendt/Janken*, DStZ 2018, 342 (347); *Blank/Christ*, StB 2018, 47 (49 f.).

549 *Behrendt/Janken*, DStZ 2018, 342 (347), auch zum Folgenden.

550 *Blank/Christ*, StB 2018, 47 (49 f.), auch zum Folgenden.

551 S. III. 2. a) aa), S. 113.

angeführten Argumente bisweilen sachfremd und nicht überzeugend. *Blank/Christ*[552] fordern für eine Annahme der Selbständigkeit Einflussmöglichkeiten auf die Serverstruktur. Es wird nicht klar, warum genau dies zu fordern bzw. woraus dies abzuleiten ist. Auch bleibt unklar, welche Entscheidungsmöglichkeiten in Bezug auf die Serverstruktur konkret gemeint sind. Der Zugang zu solch weitreichenden Befugnissen ist beim Cloud-Mining nicht zu erwarten, da die Nutzenden lediglich Rechenleistung erwerben; die Nutzung dieser Leistung setzt den Zugriff auf die Serverstrukturen aber nicht voraus. Die nutzende Person erwirbt Rechenkapazität, nicht aber einen Anteil an der Rechnerfarm. Die Forderung von *Blank/Christ* ist daher zu verwerfen. Auch *Behrendt/Janken*[553] verneinen die Selbständigkeit und verweisen darauf, dass der Miner die Arbeitszeiten nicht selbst bestimmen kann und überdies keine Abhängigkeit vom Entgelt zu seiner eigenen Aktivität besteht. Dabei wird nicht klar, was die Autoren unter „Arbeitszeit" verstehen. Die Zeit, in welcher die Rechenleistung zum Mining eingesetzt wird, kann nicht gemeint sein, da diese für optimale Erträge ohnehin 100% betragen müsste. Ist die Zeit gemeint, die der Miner mit dem Setup des Cloud-Minings verbringt, ist dem zu widersprechen: Die Konfiguration geschieht mithilfe der Websites der Anbietenden bzw. deren Wallets und kann dort jederzeit geändert werden. Zumindest in den Fällen, in denen der Miner einen Einfluss auf die zu minende Währung hat, ist seine Aktivität auch für den Ertrag bedeutsam.[554] Auch *Behrendt/Janken* ist daher zu widersprechen.

Im Ergebnis liegt im Cloud-Mining eine Tätigkeit, die von der nutzenden Person selbständig durchgeführt wird. Eine nichtselbständige Betätigung i.S.e. Arbeitnehmerverhältnisses ist nicht erkennbar. Das „Ob" und „Wie" des Minings liegt vollständig in der Hand der Nutzenden, sodass die Tätigkeit im Gesamtbild als selbständig i.S.d. § 15 Abs. 2 EStG erscheint.

c) Nachhaltigkeit

Hinsichtlich der Nachhaltigkeit ist zunächst zu erkennen, dass regelmäßig ein langfristiger Vertrag über die Rechnerleistung geschlossen wird. Durch die perpetuierte Betätigung am Mining-Prozess, ggf. unter Wechsel der zu minenden

---

552 *Blank/Christ*, StB 2018, 47 (50).

553 *Behrendt/Janken*, DStZ 2018, 342 (347).

554 Vgl. hierzu BFH v. 14.12.1978 – I R 121/76, BStBl. II 1979, 188 (189), wonach ein unternehmerisches Risiko darin gesehen werden kann, wenn beim Steuerpflichtigen die „Höhe seiner Einnahmen (…) weitgehend von seiner eigenen Tüchtigkeit" abhängen.

Blockchains, wird durch ein Dauerzustand erschaffen. Aus diesem generiert er über die gesamte Vertragslaufzeit beständig Einkünfte, sodass er zwar wenige oder auch nur eine einzige Handlung begeht, diese aber gleichwohl zu einer nachhaltigen Einkünfteerzielung führt.[555] Dadurch ist objektiv belegt, dass der Miner zumindest für die Vertragslaufzeit einer nachhaltigen Tätigkeit nachgehen will. Die Nachhaltigkeit liegt damit vor.

d) Gewinnerzielungsabsicht

Als weiteres Merkmal müsste das Cloud-Mining mit Gewinnerzielungsabsicht betrieben werden.

Richter/Augel[556] äußern Zweifel daran, ob eine positive Totalgewinnprognose überhaupt zu erwarten ist. Die Beantwortung der Profitabilitäts-Frage ist ex ante kaum möglich, da keine verlässlichen Zahlen oder gar Studien existieren. Wie jede Mining-Tätigkeit ist auch das Cloud-Mining zudem stark von den allgemeinen Kursentwicklungen im Bereich der blockchain-basierten Vermögenswerte abhängig. Zum Zeitpunkt der Bearbeitung dieser Arbeit spricht aber für eine positive Totalgewinnprognose, dass die Angebote auf einschlägigen Seiten mehrheitlich ausverkauft sind.[557] Unter Zugrundelegung der derzeitigen Marktverhältnisse ergibt sich, dass Cloud-Mining wohl nur unter Integration in Mining-Pools gewinnbringend betrieben werden kann.[558] Schlussendlich wird eine verlässliche Prognose kaum möglich sein, da die volatile und bisweilen explosive Preisentwicklung der Netzwerke unberechenbar ist.

In objektiver Hinsicht gibt es kaum Kriterien, welche sich zur Einordnung der konkreten Tätigkeit heranziehen lassen. Auf einer abstrakten Ebene findet beim

555 Vgl. hierzu BFH v. 4.2.1976 – I R 113/74, BStBl. II 1976, 423 (424); v. 16.12.1971 – V R 41/68, BStBl. II 1972, 238. Bei der zuletzt genannten Entscheidung ging es inhaltlich um einen Dauerzustand, der durch wiederholte Duldungen geprägt ist. Es sollte in der Bewertung aber keinen Unterschied machen, ob die Erträge durch Duldung oder aktives Tun erzielt werden.

556 *Richter/Augel*, FR 2017, 937 (947).

557 Zum Stand 11.4.2021 bspw. www.hashflare.io/#plans; https://www.genesis-mining.com/pricing.

558 Der Anleitung unter www.genesis-mining.com/performance-estimation folgend ergibt sich für das Solo-Mining unter fast allen Voraussetzungen eine negative Prognose. Einzelfallabhängig gibt es positive Ausschläge bei kleineren Netzwerken, etwa Dash. Bei Betrachtung der Kalkulation, welche oftmals nur gering unterhalb der Profitabilitäts-Schwelle liegt, wird ein SoloMining vor dem „Halving" bei Bitcoin mit großer Wahrscheinlichkeit profitabel gewesen sein. Zum Halving s. FN 191 und 318.

Cloud-Mining ein Austausch von Geld in Token statt, bei dem der Miner hofft, einen Token-Gewinn zu realisieren. Andernfalls könnte er sein Geld einfach bei einer Tauschbörse umtauschen und den langen Weg des Minings umgehen. Das Cloud-Mining lässt sich daher faktisch nur durch eine Gewinnerzielungsabsicht erklären.[559] Dies ließe sich nur negativ entkräften, wenn die Aktivitäts-Zeit des Minings unter den, ohne weiteres möglichen, 100% liegt, die zu erwarten sind; da den Cloud-Miner keine Betriebskosten treffen, würde jede Minute Offline-Zeit seine Erträge schmälern. Soweit möglich kann außerdem die Optimierung durch Wechsel der zu minenden Netzwerke beurteilt werden.

Eine Gewinnerzeilungsabsicht wird daher vorliegen.

e) Beteiligung am allgemeinen wirtschaftlichen Verkehr

Die Beurteilung der Beteiligung am allgemeinen wirtschaftlichen Verkehr hängt entscheidend von der Art der Verwendung der erworbenen Rechenleistung ab.

Tritt die steuerpflichtige Person mit ihrer Leistung einem Mining-Pool bei, so sind die entsprechend erörterten Maßstäbe anzusetzen.[560] Sofern der Miner in seiner Pool-Auswahl beschränkt ist, tritt er zumindest gegenüber den Betreibenden des Cloud-Minings offen auf. Damit liegt in dieser Form des Cloud-Minings eine Beteiligung am allgemeinen wirtschaftlichen Verkehr vor.

Setzt der Miner seine Ressourcen hingegen zum Solo-Mining ein, gelten die diesbezüglich erarbeiteten Grundsätze. Es ist in zweifacher Hinsicht zu differenzieren: Zunächst ist zwischen dem Moment des Zuflusses und der Gesamtbetrachtung, insbesondere der nachfolgenden Veräußerung, zu unterscheiden. Bei der Betrachtung des Zuflusses sind außerdem die Belohnungstypen auseinander zu halten, sodass Block Rewards und Transaktionsgebühren separat betrachtet werden. Das Modell des Cloud-Minings bewirkt dabei keinen graduellen Unterschied in der rechtlichen Würdigung, sodass die bereits oben herausgestellten Befunde entsprechend zu übertragen sind.[561] Bei Betrachtung des Zuflusses der Token wird der Block Reward unter einem reinen Glücksspiel und ohne Beteiligung eines anderen Rechtssubjektes erlangt, sodass kein Leistungsaustausch und damit keine Marktbeteiligung vorliegt. Die Transaktionsgebühren werden hingegen im Wege eines Leistungsaustausches vereinnahmt. Bei einer Betrachtung der Herstellungs- mit der nachfolgenden Veräußerungstätigkeit liegen

559 Ähnlich *Behrendt/Janken*, DStZ 2018, 342 (347).

560 S. zuvor V. 3. c), S. 141.

561 Hinsichtlich der Zuflussbetrachtung s. II. 2. a), S. 85 ff.; hinsichtlich der Gesamtbetrachtung s. II. 2. b), S. 106 ff.

Marktbeteiligung und Leistungsaustausch ebenfalls vor. Die Veräußerung von Token aus dem Cloud-Mining und solchen aus dem Solo-Mining unterscheiden sich nicht, sodass die Ergebnisse übertragbar sind.[562]

Schlussendlich hängt die Bewertung der Marktteilnahme also vom Einsatz der Rechenleistung ab; das Cloud-Mining selbst verändert die Tatsachengrundlage nicht, sodass die Befunde zum Pool- bzw. Solo-Mining parallel gelten. Sofern im Pool gemint wird, liegt das Merkmal vor; setzt die steuerpflichtige Person sie zum Solo-Mining ein, kommt es auf die Betrachtung an.

f) Keine bloße Vermögensverwaltung

Die positiven Tatbestandsmerkmale können durch das Cloud-Mining damit durchaus erfüllt werden.[563] Zuletzt dürfte die Tätigkeit in ihrem Gesamtbild nicht als bloße Vermögensverwaltung erscheinen. Beim Cloud-Mining zahlt der Miner einen festen Betrag, um über die Vertragslaufzeit mit seiner Rechenleistung Erträge zu generieren. Beim Mining war insbesondere die Anschaffung spezifischer Hardware, welche hohe Kosten und eine betriebliche Struktur mit sich brachte, Argument für die naheliegende Annahme eines Gewerbebetriebs.[564] Beim Cloud-Mining entfällt dieser Hardwarebedarf gerade, da die Rechenleistung extern bezogen wird. Sie ist daher kein relevanter Faktor, weswegen das Cloud-Mining prima facie dem Ausgangspunkt des Proof-of-Stake ähnelt.[565] Bei den Erträgen aus dem Cloud-Mining handelt es sich streng genommen nicht um Zinsen, da diese nicht als Gegenleistung für eine Kapitalüberlassung gezahlt werden. Es ist daher fragwürdig, wenn *Richter/Augel*[566] mit eben diesem Argument der Fruchtziehung aus Kapitalüberlassung eine Gewerblichkeit verneinen. Dennoch erscheint das Cloud-Mining insgesamt als eine anlageähnliche Tätigkeit.[567] In Abgrenzung zum Solo- oder Pool-Mining liegt keine Hardware vor, die angeschafft, eigenhändig betrieben und gewartet werden müsste. Anders als beim Staking ist es auch nicht erforderlich, dass der Cloud-Miner

---

562 Dazu s. II. 2. b) aa), S. 106.

563 *Richter/Augel*, FR 2017, 937 (947).

564 S. II. 2. a) ff), S. 104 ff. und b) bb), S. 107.

565 Beim Proof-of-Stake ist die vorhandene Hardware ebenfalls nicht ausschlaggebend, weswegen Faktoren wie die Betriebszeit in den Vordergrund rückten. Insgesamt erscheint eine vermögensverwaltende Tätigkeit naheliegend, s. III. 2. a) ff), S. 120 ff.

566 *Richter/Augel*, FR 2017, 937 (947).

567 Ähnlich, allerdings fälschlicherweise unter dem Merkmal der Selbständigkeit *Behrendt/Janken*, DStZ 2018, 342 (347).

seine Hardware permanent betreibt; die Person muss einmalig die Einstellungen vornehmen und ändert diese ggf. noch, wenn das zu minende Netzwerk gewechselt werden soll. Abgesehen davon gibt es keinen Anlass, die eigene Hardware zu diesem Zwecke zu betreiben. Dies übernehmen ja gerade die Anbietenden des Cloud-Minings aufgrund des Vertrags über die Rechenleistung. Das Tätigwerden der steuerpflichtigen Person erschöpft sich mithin auf wenige Klicks. Tatsächlich handelt es sich daher um eine passive, anlageorientierte Betätigung, die dem Typus einer unternehmerischen Tätigkeit – für sich genommen – nicht entspricht.[568] Diese wird allerdings durch nachfolgende Handelstätigkeiten komplementiert, wobei der Umfang variieren kann. Für einen Gewerbebetrieb müsste die Handelstätigkeit aber über bloße Einzelakte zur Wertrealisation weit hinausgehen.[569]. In diesen Fällen läge aber schlicht ein typischer Handelsbetrieb vor, der durch das Cloud-Mining ergänzt wird, sodass eine wesensfremde Betätigung zu betrachten wäre.[570]

Das Cloud-Mining an sich erscheint daher, auch unter Einbeziehung der nachfolgenden Veräußerungstätigkeit, als eine vermögensverwaltende und nicht als unternehmerische Betätigung.

g) *Ergebnis: Einkünfte aus Gewerbebetrieb, § 15 Abs. 1 S. 1 Nr. 1 EStG*

Das Cloud-Mining folgt in vielerlei Hinsicht den Befunden zum Solo- und Pool-Mining, je nachdem, wie die Rechenleistung eingesetzt wird. Insbesondere unter Einbeziehung der späteren Veräußerung der geminten Token werden die positiven Tatbestandsmerkmale des § 15 Abs. 2 EStG erfüllt sein. Allerdings entspricht das Cloud-Mining in seinem Gesamtgepräge nicht einer unternehmerischen Betätigung, sondern einer passiven, anlageorientierten und damit vermögensverwaltenden Tätigkeit. Wird das Cloud-Mining zusätzlich zu einer umfassenden Handelstätigkeit betrieben, können die Token durchaus den Einkünften aus Gewerbebetrieb zuzurechnen sein; in diesen Fällen dominiert aber der Handel, nicht das Cloud-Mining. Solange eine solche komplementierende

---

568 i.E. auch *Richter/Augel*, FR 2017, 937 (947); *Behrendt/Janken*, DStZ 2018, 342 (347). a.A. *Blank/Christ*, StB 2019, 47 (50); *Pielke*, Besteuerung von Kryptowährungen, 17.

569 Hierzu s. bereits II. 2. b) bb), S. 107.

570 Zu betrachten wäre dann, ob eine gewerbliche Handelstätigkeit vorliegt, bei welcher das Cloud-Mining ein zusätzliches Indiz für eine Gewerblichkeit darstellen kann. Hierzu s. Abschnitt E. IV. 2. e), S. 170 ff.

Handelstätigkeit nicht besteht, werden gewerbliche Einkünfte nur ausnahmsweise anzunehmen sein.

3. Einkünfte aus Kapitalvermögen, § 20 EStG

a) § 20 Abs. 1 Nr. 4 EStG

Beim Cloud-Mining bezahlt der Miner die Anbietenden dafür, dass diese die Rechenkapazität stellen und ihn an den Erträgen ihrer Rechnerfarm beteiligen. Im Gegenzug erhält er anteilig die Erträge aus dem Einsatz der Rechenleistung, weswegen an eine Besteuerung der Erträge nach § 20 EStG zu denken ist.

Nach § 20 Abs. 1 Nr. 4 EStG werden Erträge aus partiarischen Darlehen und stillen Gesellschaften taxiert.[571] Eine Rückführung des Entgelts ist beim Cloud-Mining nicht vorgesehen, was etwa für eine Besteuerung als partiarisches Darlehen nach § 20 Abs. 1 Nr. 4 EStG Voraussetzung wäre.[572] Für eine stille Gesellschaft wären Kontroll- und Mitspracherechte wie auch eine Vermögenseinlage konstitutiv.[573] Durch das Cloud-Mining leistet der Miner aber keine Einlage, sondern einfache Entgeltzahlungen; auch Kontroll- und Mitspracherechte im übergeordneten Unternehmen erlangt er nicht.[574] Folglich liegt im Cloud-Mining weder ein partiarisches Darlehen noch eine stille Gesellschaft vor, sodass § 20 Abs. 1 Nr. 4 EStG nicht erfüllt ist.[575]

b) § 20 Abs. 1 Nr. 7 EStG

Subsidiär könnte § 20 Abs. 1 Nr. 7 EStG herangezogen werden, welcher sonstige Kapitalforderungen besteuert.[576] Diese bestehen in allen Forderungen, die nicht § 20 Abs. 1 Nr. 1,2,4,5,6 oder 8 EStG unterfallen und auf Geldzahlung gerichtet sind.[577]

Den erfassten Forderungen des § 20 Abs. 1 Nr. 7 EStG ist gemein, dass sie allesamt aus Anlagemodellen bestehen, die mit einer Rückzahlungsverpflichtung

---

571 Zu den Voraussetzungen s. bereits III. 3., S. 122.

572 *Levedag* in: Schmidt, § 20 Tz. 96; *Lutzenberger*, GmbHR 2018, 794 (798).

573 *Bleschick* in: Kirchhof/Seer, § 20 Tz. 75.

574 *Behrendt/Janken*, DStZ 2018, 342 (347).

575 *Richter/Augel*, FR 2017, 937 (947); *Behrendt/Janken*, DStZ 2018, 342 (347); *Lutzenberger*, GmbHR 2018, 794 (798).

576 Zur Norm s. bereits III. 3., S. 122.

577 *Buge* in: H/H/R, § 20 EStG Tz. 294.

(unabhängig von der Wahrscheinlichkeit der Realisation) einhergehen.[578] Beim Cloud-Mining entspricht es aber der vertraglichen Praxis, dass es keinerlei Rückforderungsanspruch für das Vertragsentgelt gibt.[579] Die Erträge stammen nicht aus einem Darlehen von Kapital, sondern aus der gemieteten Rechenleistung. Die rechtliche wie tatsächliche Konstellation entspricht daher nicht dem Belastungsgrund des § 20 Abs. 1 Nr. 7 EStG.

Fraglich ist zudem, eine Forderung auf Geld vorliegt. Dies würde erfordern, dass die Zahlung auf ein gesetzliches Zahlungsmittel gerichtet sein muss.[580] In den Fällen des Cloud-Mining erfolgt die Auszahlung aber in den Token, die durch den Einsatz der Rechenleistung gemint werden. Zwar sind viele blockchainbasierte Vermögenswerte als Ersatzzahlungsmittel konzipiert, doch fehlt ihnen die Eigenschaft als gesetzliches Zahlungsmittel, insbesondere der gesetzliche Annahmezwang.[581] Somit liegt ebenfalls keine Forderung auf Geld vor.[582]

Insgesamt fällt das Cloud-Mining daher mangels Rückzahlungsanspruch und Forderung auf Geld nicht unter § 20 Abs. 1 Nr. 7 EStG. Die Erträge aus dem Cloud-Mining unterfallen damit insgesamt nicht § 20 EStG.

4. Einkünfte aus sonstigen Leistungen, § 22 Nr. 3 EStG

Zuletzt kommt, sofern Einkünfte aus Gewerbebetrieb nicht vorliegen, eine Besteuerung als sonstige Leistung i.S.d. § 22 Nr. 3 EStG in Betracht. Erneut ist für die rechtliche Beurteilung relevant, wie der Miner seine Rechenleistung einsetzt. Zu betonen ist, dass die Erträge nicht durch die Anbietenden des Cloud-Minings zufließen. Beim Solo-Mining mint die nutzende Person „in die eigene Tasche“, während sie die Erträge aus Mining-Pools über die Verwaltenden zugewiesen bekommt.

Nutzt der Cloud-Miner seine Rechenleistung zum Pool-Mining, kann vollumfänglich auf die dortigen Ausführungen verwiesen werden.[583] Die Erträge

578 S. *Buge* in: H/H/R, § 20 EStG Tz. 290; *Levedag* in: Schmidt, § 20 Tz. 114, 116; *Bleschick* in: Kirchhof/Seer, § 20 Tz. 111.

579 So auch *Lutzenberger*, GmbHR 2018, 794 (798); *Behrendt/Janken*, DStZ 2018, 342 (347).

580 *Weißbrodt/Michalke*, DStR 2012, 1533 (1535).

581 S. hierzu *Omlor*, ZHR 2019, 294 (307 f.); *Sagasser/Leuschner* in: HdB d. Kapitalanlagerechts, § 27 Tz. 1132.

582 *Richter/Augel*, FR 2017, 937 (947); *Heuel/Matthey*, EStB 2018, 300 (307); *Sagasser/Leuschner* in: HdB d. Kapitalanlagerechts, § 27 Tz. 1132.

583 S.o. V. 4., S. 142.

aus dem Cloud-Mining unterliegen in diesem Fall der Besteuerung nach § 22 Nr. 3 EStG.[584]

Anders ist dies, wenn der Miner die Rechenleistung zum Solo-Mining einsetzt. Die vorliegende Konstellation des Zukaufs der Rechenleistung ändert an dieser Bewertung nichts, da der Vertrag mit den Anbietenden des Cloud-Minings keine Leistung von Token mit einschließt; diese gelangen vielmehr direkt in die Inhaberschaft des Cloud-Miners.[585] Daher sind die entsprechenden Feststellungen zum Solo-Mining übertragbar.[586] Block Rewards fließen steuerfrei, Transaktionsgebühren steuerpflichtig zu.

5. Ergebnis: Besteuerung der Erträge aus dem Cloud-Mining

Die Besteuerung der Erträge aus dem Cloud-Mining ist nicht pauschal einzuordnen. Sie hängt entscheidend davon ab, wie die steuerpflichtige Person die erworbene Rechenleistung einsetzt. Mit der Rechenleistung können grundsätzlich das Solo-Mining und das Pool-Mining betrieben werden.

Eine Besteuerung des Cloud-Minings nach § 15 Abs. 1 S. 1 Nr. 1 EStG erscheint unwahrscheinlich. Das Cloud-Mining stellt eine vermögensverwaltende Betätigung dar, welche den Rahmen eines gewerblichen Betriebs kaum erreichen kann. Gerade im Vergleich zum Solo- und Pool-Mining fehlt die Hardware, deren Anschaffung ein gewichtiges Argument für die Annahme eines Gewerbebetriebs ist. Im Übrigen folgt die Behandlung des Cloud-Minings aus dem Einsatz der Rechenleistung: Sollte die steuerpflichtige Person die Rechenleistung zum Solo-Mining nutzen, gelten die hierzu getroffenen Befunde entsprechend. Eine Steuerpflicht besteht in diesen Fällen nur bezüglich der Transaktionsgebühren über § 22 Nr. 3 EStG. Nutzt die Person die Rechenleistung zum Pool-Mining, unterliegen sämtliche Zuflüsse der Einkommensbesteuerung nach § 22 Nr. 3 EStG.

---

584 *Behrendt/Janken*, DStZ 2018, 342 (347); *Richter/Augel*, FR 2017, 937 (948).

585 Dies verkennen scheinbar *Behrendt/Janken*, DStZ 2018, 342 (347), wenn sie zwischen Anbietenden und Minern einen Leistungsaustausch konstruieren wollen. Zu betrachten ist aber nicht das Verhältnis Miner zu Anbietenden, sondern Miner zu ausschüttender Entität; dies sind nicht die Anbietenden, sondern die Blockchain. Die Ausschüttung ist auch nicht von ihnen veranlasst. Lediglich beim Pool-Mining ist es gut vorstellbar, dass Anbietende des Cloud-Minings und Verwaltende des Mining-Pools identisch sind.

586 S.o. II. 4., S. 109.

VII. Zusammenfassung der Ergebnisse

Die Untersuchung zur Besteuerung von Schöpfungsvorgängen blockchainbasierter Vermögenswerte hat das erwartet inhomogene Gesamtbild bestätigt. Oft sind die Phänomene einer exakten Einordnung nicht zugänglich, sondern lassen Raum für Einzelfälle oder abweichende Modelle.

Die Erträge aus dem Solo-Mining sind getrennt zu betrachten. Der Zufluss allein kann keine Steuerpflicht an den Token, welche aus dem Block Reward erzielt werden, begründen. Sie sind Ausfluss eines reinen Glücksspiels und werden von einer anorganischen Entität, der Blockchain, zugesprochen. Es fehlt damit an einem Leistungsaustausch. Die Token, welche als Transaktionsgebühren übermittelt werden, können hingegen § 15 Abs. 1 S. 1 Nr. 1 EStG unterfallen, sind aber jedenfalls nach § 22 Nr. 3 EStG zu versteuern. Bei ihnen findet die Zufallsauswahl nur auf der ersten Ebene der Bestimmung der leistenden Person statt, die nachfolgende Leistung erfolgt hingegen zielgerichtet. Auch liegt in der transferierenden Person ein Rechtssubjekt vor, sodass eine Gegenleistung angenommen werden kann. Bei einer Erweiterung des Blicks auch auf die nachfolgende Veräußerung der erlangten Vermögenswerte ist ein Gewerbebetrieb naheliegend. Zufall und fehlende Gegenpartei, welche bei der Zuflussbetrachtung noch zu einer abweichenden Einordnung führten, entfallen durch die Veräußerung.

Ähnlich fällt der Befund beim Staking aus. Auch dort liegt grundsätzlich ein reines Glücksspiel und eine fehlende Gegenleistung vor, sodass die Behandlung des Minings auch auf das Staking übertragen werden kann. Einzelfallabhängig kann es jedoch Abweichungen geben, speziell durch das Delegated-Proof-of-Stake. Bei diesen Modellen kann der Aspekt des Glücksspiels mitunter entfallen. Aufgrund seiner Natur liegt im Proof-of-Stake jedoch regelmäßig eine vermögensverwaltende Tätigkeit, sodass die Besteuerung nach § 22 Nr. 3 EStG erfolgt – auch unter Einbeziehung einer späteren Realisation der Token.

Token aus einer Hard Fork unterliegen nicht der Einkommensbesteuerung, da es an jeglicher Leistung fehlt.

Die Teilnahme an einem Mining-Pool stellt zwar keine Mitunternehmerschaft dar, erfüllt aber regelmäßig den Tatbestand des originären Gewerbebetriebs und ist daher nach § 15 Abs. 1 S. 1 Nr. 1 EStG zu besteuern. Subsidiär sind die Einnahmen als sonstige Leistungen nach § 22 Nr. 3 EStG steuerpflichtig.

Die Beurteilung des Cloud-Minings hängt vom konkreten Einsatz der erworbenen Rechenleistung ab. Nutzt die steuerpflichtige Person diese zum Pool-Mining unterliegen alle Token der Besteuerung nach § 22 Nr. 3 EStG. Beim Solo-Mining unterliegen allerdings nur die Transaktionsgebühren der

Besteuerung als sonstige Leistung. Ein Gewerbebetrieb liegt fern, da auch das Cloud-Mining ohne eigene Hardware erfolgt und damit vermögensverwaltenden Charakter hat.

Insgesamt bleiben Schöpfungsprozesse damit teilweise unbesteuert, insbesondere, wenn sie allein auf Zufall basieren. Dies deckt sich mit der Maßgabe des Einkommensteuergesetzes, bloße Zuwächse der finanziellen Leistungsfähigkeit nicht zu besteuern, solange diese nicht am Markt realisiert werden.[587] Bei Erweiterung des Blicks auf die Veräußerung der geschöpften Token werden die Realisationsvorgänge dementsprechend besteuert. Dieses Ergebnis erscheint daher folgerichtig.

587 Vgl. *Tipke*, StRO II, 629 f.; *P. Kirchhof* in: FS BFH II, 1197 (1209 f.).

E. Einkommensteuerrechtliche Behandlung der Verwendung blockchain-basierter Vermögenswerte

I. Phänomenologie

Die Verwendung blockchain-basierter Vermögenswerte erfolgt schwerpunktmäßig durch die Ausführung einer Transaktion, die sodann in das Blockchain-Netzwerk eingespeist wird. Hierbei kommen oftmals Börsen als Intermediäre hinzu, welche eine Plattform für derartige Geschäfte bieten. Die Phänomenologie erstreckt sich daher insbesondere auf das Handeltreiben mit sowie auf die Transaktionen von blockchain-basierten Vermögenswerten. Dabei geht es dem Veräußernden vor allem darum, Kursgewinne zu realisieren oder Vermögenswerte von einer auf eine andere Blockchain umzuschichten; hierdurch werden ihm üblicherweise Beträge in Fiat-Währungen ausbezahlt. Es gibt jedoch auch andere Geschäftsmodelle, die mit der Blockchain-Technologie aufgekommen sind. Hierzu zählt das sogenannte Lending, welches oberflächlich als Darlehens-System mit Token beschrieben werden kann. Ein weiteres Phänomen sind außerdem die sogenannten Airdrops oder Faucets, bei welchen Interessierte Token ohne oder gegen geringste Gegenleistungen erhalten. Um spätere Inzidentprüfungen zu vermeiden sollen diese Modelle vor den Veräußerungsvorgängen behandelt werden.

II. Einkommensteuerrechtliche Behandlung der Erträge aus dem Lending

1. Ausgangspunkt

Das Lending beschreibt einen Vorgang, der mit den bekannten Modellen des Sparbuchs oder der Wertpapierleihe weitgehend übereinstimmt. Token werden, gegen einen konkreten Zins, an den Schuldner überwiesen, welcher dem Gläubiger den Zins und die Token (nach Ablauf des Vertrages, Kündigung des Vertrages oder Auszahlungsverlangen) schuldet. Dabei werden die Token aus der eigenen Wallet in die Wallet der Anbietenden überführt; die Rückzahlungsmodalitäten werden üblicherweise durch Smart Contracting[588] abgesichert.

588 Zum Begriff s. Abschnitt B. I. 1. c), S. 31.

Der Vorgang wird häufig in eine eigene Applikation auf den Präsenzen der Anbietenden eingebettet.

2. Aus Sicht des Unternehmens

Aus der Sicht der beteiligten Unternehmen werden regelmäßig kraft Rechtsform gewerbliche Einkünfte vorliegen (§ 8 Abs. 2 KStG). Liegt eine Personengesellschaft vor, dürfte dennoch ein originärer Gewerbebetrieb i.S.d. § 15 Abs. 1 S. 1 Nr. 1 EStG bestehen. An der Erfüllung der einzelnen Tatbestandsmerkmalen besteht, allein aufgrund des zu erwartenden Umsatzes und der Betriebsform, kaum Zweifel.

3. Aus Sicht der nutzenden Person

a) *Einkünfte aus sonstigen Kapitalforderungen, § 20 Abs. 1 Nr. 7 EStG*

Die Nutzenden des Angebots können einerseits selbst Darlehen aufnehmen oder aber ihre Token den Anbietenden zur Verfügung stellen und zinsähnliche Erträge generieren. Die Aufnahme eines Darlehens führt regelmäßig schon nicht zu einer Einnahme i.S.d. § 8 Abs. 1 EStG, da die Leistungsfähigkeit der Steuerpflichtigen aufgrund des korrespondierenden Rückzahlungsanspruchs nicht vermehrt wird.[589] Auch in den Fällen des Lendings ist eine solche Modalität zu erwarten, sodass sich keine andere Beurteilung ergibt. Beachtlich sind daher die Fälle, in denen die steuerpflichtige Person ihre eigenen Token transferiert, um im Gegenzug ein Entgelt aus der Überlassung zu generieren. Aufgrund der Ähnlichkeit zu Modellen wie dem Sparkonto liegt eine Einordnung unter den Tatbestand des § 20 EStG nahe.

Das Geschäftsmodell des Lendings spricht prima facie für eine Subsumtion unter § 20 EStG: Der Lender überlasst der empfangenden Person einen Token-Betrag und erhält im Gegenzug ein Entgelt für diese Kapitalüberlassung. Mangels direkter Beteiligung am unternehmerischen Erfolg oder Misserfolg, was § 20 Abs. 1 Nr. 4 EStG nahe käme, kommt dabei allein eine Einordnung als sonstige Kapitalforderung nach § 20 Abs. 1 Nr. 7 EStG in Betracht.

589 BFH v. 8.10.1969 – I R 94/67, BStBl. II 1970, 44 (45); *Kister* in: H/H/R, § 8 EStG Tz. 35; *Ettlich* in: Blümich, § 8 EStG Tz. 23. Für diese (wirtschaftliche) Betrachtung kann dahinstehen, welcher zivilrechtliche Vertragstyp einschlägig ist, solange eine Rückzahlungsverpflichtung besteht.

Die hierfür erforderliche Kapitalüberlassung samt Rückführungsanspruch liegt vor. Der Schuldner ist dazu verpflichtet, die angenommenen Token zu verzinsen und zurückzuzahlen, wenn der Vertrag endet oder der Gläubiger diesen kündigt. Eine Kapitalforderung liegt damit grundsätzlich vor.

Die Rechtsprechung[590] und ein bedeutender Teil der Literatur[591] nehmen jedoch nur solche Forderungen in den Tatbestand auf, die auf Geld lauten. Dies wird bisweilen auf Geld i.S.e. gesetzlichen Zahlungsmittels konkretisiert.[592] Mit eben dieser Begründung wird eine Subsumtion unter § 20 Abs. 1 Nr. 7 EStG für Token häufig verneint, da kein gesetzliches Zahlungsmittel bzw. kein Geld vorliege.[593] Dieser Sichtweise wird durch *Hötzel*[594] widersprochen, der auch beim Lending eine Steuerpflicht nach § 20 Abs. 1 Nr. 7 EStG annimmt. Da Token (bislang) in keinem Land den Status eines gesetzlichen Zahlungsmittels innehaben, ist für die Besteuerungsfrage entscheidend, wie der Begriff der „Kapitalforderung" auszulegen ist. Anschließend ist zu eruieren, ob sich die Token unter die jeweilige Auslegung des Begriffs subsumieren lassen.

aa) Auslegung des Begriffes „Kapital" durch die überwiegende Literatur

Wie zuvor dargestellt geht die überwiegende Meinung in Rechtsprechung und Schrifttum davon aus, dass nur solche Forderungen auf „Kapital" in den Normbereich fallen, die auf Geldleistungen gerichtet sind. Dies erfolge in Abgrenzung zu Ansprüchen auf die Lieferung sonstiger Wirtschaftsgüter, insbesondere Sachleistungen und -darlehen, die dann gemäß § 22 Nr. 3 EStG besteuert würden.[595] Was genau dabei unter „Geld" zu verstehen ist, wird häufig nicht eindeutig definiert. *Weißbrodt/Michalke*[596] verstehen darunter eine Forderung, die sich auf ein

590 S. nur BFH v. 12.5.2015 – VIII R 35/14, BStBl. II 2015, 834 (835) m.w.N.

591 *Levedag* in: Schmidt, § 20 Tz. 115; *Hey* in: T/L, Tz. 8.496; *Buge* in: H/H/R, § 20 EStG Tz. 294; *Ratschow* in: Blümich, § 20 EStG Tz. 308; *Bleschick* in: Kirchhof/Seer, § 20 Tz. 111.

592 *Weißbrodt/Michalke*, DStR 2012, 1533 (1535); *Sagasser/Leuschner*, HdB d. Kapitalanlagerechts, § 27 Tz. 1132.

593 *Dürr*, DStZ 2019, 562 ff.; *Heuel/Matthey*, NWB 2018, 1037 (1041 f.); *Dies.*, EStB 2018, 263 (266); *Lutzenberger*, GmbHR 2018, 794 (798); *Lohmar/Jeuckens*, FR 2019, 110 (117); *Arendt* in: Steuer- und Bilanzrechtslexikon, „Kryptotoken" Tz. 105.

594 *Hötzel*, Virtuelle Währungen, 225 ff.

595 BFH v. 12.5.2015 – VIII R 35/14, BStBl. II 2015, 834 (835); *Weißbrodt/Michalke*, DStR 2012, 1533 (1535); *Levedag* in: Schmidt, § 20 Tz. 115.

596 *Weißbrodt/Michalke*, DStR 2012, 1533 (1535 f.); *Sagasser/Leuschner*, HdB d. Kapitalanlagerechts, § 27 Tz. 1132.

gesetzliches Zahlungsmittel bezieht, wobei auch Fremdwährungen einbezogen werden. Schlussendlich führt diese h.M. eine rein (zivil-)rechtliche Betrachtung der Kapitalforderung durch.

In zivilrechtlicher Hinsicht könnte im Lending ein Darlehensvertrag i.S.d. § 488 BGB liegen. Während die wirtschaftliche Grundkonstellation (Kapitalüberlassung gegen Zinsen und Rückzahlungsanspruch) vorliegt, stellt sich auch in diesem Normkontext die Frage, was unter „Geld“ zu verstehen ist; bereits nach dem Wortlaut des § 488 Abs. 1 BGB ist nur die Überlassung eines Geldbetrages unter die Norm zu fassen. Einen einheitlichen bürgerlich-rechtlichen Geldbegriff gibt es indes nicht, sodass der Begriff stets im jeweiligen Normgefüge auszulegen ist (sogenannter relativer Geldbegriff).[597] Im Kontext des Gelddarlehens besteht die vertragliche Pflicht des Darlehensgebers in der Zurverfügungstellung eines Geldbetrages. Nach den Motiven zur Schuldrechtsreform 2001, im Zuge derer § 488 BGB neu geschaffen wurde, ist unter Geldbetrag die wertmäßige Verschaffung des vereinbarten Betrages zu verstehen.[598] Der Ausdruck „zur Verfügung stellen“ soll dabei betonen, dass es auf die konkrete Überlassungsform des Geldes nicht ankommt, das heißt auch Zahlungsformen neben dem Bargeld sind erfasst.[599] Der Gesetzgeber sieht daher als „Geld“ an, was der Geldsummen- bzw. Fremdwährungsschuld aus §§ 244, 245 BGB entspricht.[600] Dabei entspricht es der ganz herrschenden Meinung, dass keine der bekannten blockchain-basierten Zahlungsmittel bislang als Geld im Sinne des Zivilrechts angesehen werden kann.[601] Es fehle ihnen übergreifend an einer breiten Anerkennung als Zahlungsmittel und der Integration in die staatliche Geldverfassung.[602] Die

---

597 *Terlau* in: FinTech-Handbuch, 486 Tz. 23; *Hahn/Häde*, Währungsrecht, 19 Tz. 7 f.

598 BT-Drs. 14/6040, 253.

599 BT-Drs. 14/6040, 253: „Mit der Formulierung ‚zur Verfügung stellen‘ sollen die in der Rechtswirklichkeit vorkommenden unterschiedlichen Formen der Überlassung von Geld als Darlehen erfasst werden: Darunter lassen sich sowohl die Übergabe von Bargeld als auch die Formen des bargeldlosen Verkehrs wie die Überweisung, die Gutschrift, die Gewährung eines Kontokorrentkredits und in dessen Rahmen die Einräumung eines Überziehungskredits verstehen.“; vgl. auch *Rohe* in: BeckOK BGB, § 488 Tz. 15.

600 *Berger* in: Jauernig, § 488 Tz. 13; *Dürr*, DStZ 2019, 562 (563 f.).

601 *Omlor*, ZHR 2019, 294 (313); *Lerch*, ZBB 2015, 190 (199 f.); *Kütük-Markendorf*, Internetwährungen, 76 f.; *Pesch*, Cryptocoin-Schulden, 72 ff.; *Terlau* in: FinTech-Handbuch, 488 Tz. 28 f.; *Berger* in: Jauernig, §§ 244, 245 Tz. 2; *Spindler/Bille*, WM 2014, 1357 (1361).

602 *Omlor*, ZHR 2019, 294 (307 f.); *Terlau* in: FinTech-Handbuch, 487 f. Tz. 27; *Spindler/Bille*, WM 2014, 1357 (1361).

Schlussfolgerung der meisten Publizierenden[603], in der Hingabe von blockchain-basierten Vermögenswerten sei kein „Geldbetrag“ zu sehen, erscheint – gemessen am zuvor Dargestellten – daher folgerichtig.

bb) Abweichende Auslegung durch die Finanzverwaltung bzw. die Literatur

Die Finanzverwaltung[604] wie auch einige Stimmen in der Literatur[605] weichen vom Verständnis der h.M. ab und plädieren dafür, das begriffliche Verständnis von „Kapital“ zu erweitern. Die Finanzverwaltung folgt dabei grundsätzlich der Mehrheitsmeinung, erkennt aber auch solche Forderungen an, die auf die Lieferung einer Sache lauten und nicht in physischer Form gedeckt sind (beispielhaft werden die sogenannten Xetra-Gold-Inhaberschuldverschreibungen angeführt).[606] Zwar befasst sich die Verwaltungsauffassung lediglich mit Einkünften nach § 20 Abs. 2 Nr. 7 EStG, doch setzt dieser Tatbestand eine Kapitalforderung i.S.d. § 20 Abs. 1 Nr. 7 EStG voraus. Nach dieser Sichtweise kommt es für die Beurteilung des Begriffs „Kapital“ nicht auf die rechtliche, sondern die wirtschaftliche Betrachtungsweise an.[607] Ausschlaggebend sei daher der wirtschaftliche Charakter der Vereinbarung, was sich auch aus § 20 Abs. 1 Nr. 7 S. 2 EStG ableiten lasse.[608]

In rein wirtschaftlicher Hinsicht liegt im Lending eine Kapitalüberlassung vor, aus welcher dem Überlassenden Zinsen zufließen. Die Konstellation ist in dieser Hinsicht vergleichbar mit Fremdwährungs-[609] und Wertpapierdarlehen[610]. Während die erstgenannten unter § 488 BGB subsumiert werden können[611], stellen letztgenannte nach fast ausschließlicher Meinung ein Sachdarlehen i.S.d.

---

603 *Dürr*, DStZ 2019, 562 ff.; *Heuel/Matthey*, NWB 2018, 1037 (1041 f.); *Dies.*, EStB 2018, 263 (266); *Lutzenberger*, GmbHR 2018, 794 (798); *Lohmar/Jeuckens*, FR 2019, 110 (117); *Arendt* in: Steuer- und Bilanzrechtslexikon, „Kryptotoken“ Tz. 105. a.A. *Hötzel*, Virtuelle Währungen, 225 f., s. sogleich unter cc).

604 BMF v. 18.1.2016 – IV C 1 – S 2252/08/10004:017, BStBl. I 2016, 85 (93) Tz. 57; ersetzte BMF v. 9.10.2012 – IV C 1 – S 2252/10/10013, BStBl. I 2012, 953 (961) Tz. 57.

605 *Dornheim*, DB 2014, 2312 (2314 f.); *Bock*, DStR 2014, 2102 (2104).

606 BMF v. 18.1.2016 – IV C 1 – S 2252/08/10004:017, BStBl. I 2016, 85 (93) Tz. 57.

607 Vgl. *Dornheim*, DB 2014, 2312 (2314); *Dürr*, DStZ 2019, 562 (564).

608 *Dornheim*, DB 2014, 2312 (2314); *Weißbrodt/Michalke*, DStR 2012, 1533 (1535); *Bock*, DStR 2014, 2102 (2104).

609 *Hötzel*, Virtuelle Währungen, 226.

610 *Kanders/Thonemann-Micker/Gräfe*, ErbStB 2018, 145 (150).

611 *Saenger* in: Erman, § 488 Tz. 6, 18.

§ 607 BGB dar[612]. Allein wirtschaftlich ist die Zuordnung daher nicht eindeutig zu beurteilen.

cc) Auslegung von Hötzel

Eine im Ergebnis vermittelnde Position nimmt *Hötzel*[613] konkret für die Behandlung blockchain-basierter Vermögenswerte ein. Nach seiner Lösung kann es dahinstehen, wie der Begriff des Kapitals auszulegen ist, da er nach beiden zuvor präsentierten Auslegungsvarianten zu einer Subsumtion unter § 20 Abs. 1 Nr. 7 EStG kommt. Dies erreicht er, indem er das Lending als Gelddarlehen i.S.d. § 488 Abs. 1 BGB einordnet; hierfür führt er an, dass blockchain-basierte Vermögenswerte mit der Funktion als Ersatzzahlungsmittel Geld im ökonomisch-funktionalen Sinne darstellten. In wirtschaftlicher Hinsicht bestehe kein Unterschied etwa zur Hingabe von Fremdwährungsbeträgen (s. soeben), sodass eine Steuerpflicht nach § 20 Abs. 1 Nr. 7 EStG in beiden Varianten anzunehmen sei.

dd) Stellungnahme

(1) Rechtliche Betrachtung des Lendings und Ansicht von Hötzel

Die bisherige Untersuchung hat gezeigt, dass eine divergierende Betrachtungsweise des Begriffs „Kapital" zu ebenso divergierenden Steuerfolgen führt. Im Zuge der Stellungnahme zur Einordnung des Begriffes bietet es sich an, die rechtliche wie wirtschaftliche Betrachtungsweise konkret auf blockchain-basierte Vermögenswerte anzuwenden. Sollten diese zum gleichen Ergebnis führen, könnte eine Streitführung dahinstehen.

Die rechtliche Einordnung des Lendings kann nach überwiegender Auffassung nicht zu einem Gelddarlehen i.S.d. § 488 BGB führen, da kein „Geldbetrag" im Normsinne vorliegt. Dem tritt *Hötzel*[614] entgegen, indem er auch Darlehen über blockchain-basierte Vermögenswerte unter § 488 BGB subsumiert. Dies begründet er mit einer ökonomisch-funktionalen Auslegung des Begriffs „Geldbetrag", wonach es im Rahmen des § 488 BGB schlussendlich um eine Überlassung von Kaufkraft gehe. Daher komme es auf die Eigenschaft als gesetzliches Zahlungsmittel nicht an. Es ist daher in einem ersten Schritt zu klären, welches Verständnis von „Geld" der Norm zu entnehmen ist. Erst nachfolgend kann das Lending einer exakten rechtlichen Einordnung zugänglich gemacht werden.

---

612 *Mansel* in: Jauernig, §§ 607-609 Tz. 3; *Berger* in: MüKo BGB[5], § 607 Tz. 6.
613 *Hötzel*, Virtuelle Währungen, 224 ff., auch zum Folgenden.
614 *Hötzel*, Virtuelle Währungen, 225 ff., auch zum Folgenden.

Es erscheint fraglich, ob – ein ökonomisch-funktionales Verständnis von Geld unterstellt – tatsächlich die Überlassung von Kaufkraft erfolgt bzw. im Mittelpunkt des Geschäfts steht. Denn sowohl Gebende als auch Nehmende wollen durch das Lending einen Spekulationsgewinn erreichen. *Hötzel* ist sicherlich zuzugestehen, dass in blockchain-basierten Vermögenswerten auch Kaufkraft inkorporiert ist. Die Übertragung solcher ist aber nicht Hauptanliegen der beteiligten Parteien. Vielmehr steht für beide die Realisierung von Spekulationsgewinnen im Vordergrund, nicht die Übertragung oder Fruchtziehung von bzw. aus Geld oder Kaufkraft. Soll bereits die bloße Eigenschaft als Kaufkraft genügen, ließe sich der Tatbestand uferlos ausdehnen, da praktisch allen Vermögenswerten Kaufkraft zugeschrieben werden kann, wenn sie nur als Tauschintermediär betrachtet werden. Auch kann nicht überzeugen, wenn *Hötzel* mit unterschiedlichen Gefahrtragungen zwischen Geld- und Sachdarlehen argumentiert. Auch beim Sachdarlehen trägt der Darlehensgeber ein Liquiditätsrisiko des Darlehensnehmers, denn ohne finanzielle Mittel kann er die übergebene Sache möglicherweise nicht zurückbeschaffen. *Hötzel* vermengt hier die rechtliche Unmöglichkeit und die faktische Zahlungsunfähigkeit. Zudem liegt der Schluss nahe, dass der Gesetzgeber durch die offene Formulierung „zur Verfügung stellen" in § 488 Abs. 1 BGB auf Zahlungsmittel abzielte, die eine breite Akzeptanz genießen und daher in vielfältiger Weise übertragen werden können. Dies trifft allein auf staatliche Währungen, inländisch oder ausländisch, zu.

Soweit *Hötzel* sein Ergebnis durch einen Wertungsvergleich zur Zinsschrankenregelung aus § 4h Abs. 1, Abs. 3 EStG zu stützen versucht, verfängt dies ebenfalls nicht. Er argumentiert, dass eine Vermeidung des Zinsabzugsverbotes möglich sei, wenn Kapitalforderungen nicht auch virtuelle Währungen einschließen würden.[615] Würde eine steuerpflichtige Person tatsächlich auf Darlehen in blockchain-basierten Vermögenswerten zurückgreifen, um die Rechtsfolge des § 4h EStG zu vermeiden, würde ein wirtschaftlicher Zustand geschaffen, der dem Gesetzeszweck zuwiderläuft. Dann handelt es sich nicht um einen Gestaltungsspielraum, wie von *Hötzel* behauptet, sondern vielmehr um einen Gestaltungsmissbrauch i.S.d. § 42 AO.[616] Denn der Tatbestand des § 4h EStG wird durch eine rechtliche Gestaltung umgangen, für die es keine wirtschaftliche Rechtfertigung gibt. Durch die Volatilität der Kurse und Umtauschgebühren in staatliche Währungen wird ein Darlehen in blockchain-basierten Vermögenswerten stets ein wirtschaftliches Minus zu gewöhnlichem Fremdkapital sein; ein verständiger

615 *Hötzel*, Virtuelle Währungen, 227.

616 Näher zur Vorschrift *Englisch* in: T/L, Tz. 5.116 ff.; *Drüen* in: T/K, § 42 Tz. 30 ff.

Gewerbebetreibender würde eine solche Gestaltung nicht wählen.[617] Denn eine von vornherein unklare Höhe der Rückzahlungsverpflichtung bürdet Unwägbarkeiten auf, die der wirtschaftlichen Situation einer Darlehensaufnahme widersprechen; der Darlehensnehmer möchte Sicherheit, keine Spekulation. Der einzig logische Grund, Fremdkapital in blockchain-basierten Zahlungsmitteln aufzunehmen, besteht daher in deren Andersartigkeit, insbesondere bezüglich der rechtlichen Beurteilung und der damit einhergehenden Umgehung der Zinsschranke.[618] Insoweit bedarf es also keiner Korrektur des Tatbestandes des § 4h EStG. Wie *Dürr*[619] zutreffend hervorhebt, verfängt die Argumentation *Hötzels* auch deswegen nicht, weil der von ihm erkannte Gestaltungsspielraum für jegliches Sachkapital eröffnet wird, nicht nur für Darlehen in blockchain-basierten Vermögenswerten. Dabei handelt es sich mithin um eine gesetzgeberische Entscheidung[620], wodurch entsprechende Gestaltungsspielräume in Kauf genommen werden und außerdem bereits hinlänglich bekannt sind.[621]

Insgesamt ist *Hötzel* damit zu widersprechen. Selbst unter Zugrundelegung des von ihm vorgeschlagenen ökonomisch-funktionalen Geldbegriffs ist zweifelhaft, ob ein Gelddarlehen i.S.d. § 488 BGB vorliegt. Im Übrigen ist der herrschenden Meinung darin beizupflichten, dass blockchain-basierte Vermögenswerte in Ermangelung einer breiten Akzeptanz kein Geld im Rechtssinne darstellen. Da nur solches unter § 488 BGB fällt, kann das Lending bei rechtlicher Betrachtungsweise den Steuertatbestand des § 20 Abs. 1 Nr. 7 EStG nicht erfüllen.

---

617 Dies ist ein wesentliches Kriterium für einen Gestaltungsmissbrauch, s. BFH v. 23.8.1984 – V R 17/78, BStBl. II 1984, 856 (858); *Drüen* in: T/K, § 42 Tz. 33.

618 Ähnlich bzgl. der missbräuchlichen Nutzung von Wertpapierleihen und ähnlichen Geschäften BMF v. 4.7.2008 – IV C 7 – 2742-a/07/10001, BStBl. I 2008, 718 (720 Tz. 24).

619 *Dürr*, FR 2019, 656 (657 f.).

620 BT-Drs. 16/4841, 49:„Die Zinsschranke erfasst danach nur Erträge und Aufwendungen aus der vorübergehenden Überlassung von Geldkapital (Zinserträge und Zinsaufwendungen im engeren Sinne)“. So auch *Adrian* in: BeckOK EStG, § 4h Tz. 171 f.; BMF v. 4.7.2008 – IV C 7 – 2742-a/07/10001, BStBl. I 2008, 718 (720 Tz. 23).

621 *Loschelder* in: Schmidt, § 4h Tz. 24: „Die Überlassung von Sachkapital wird hingegen nicht erfasst (...), wodurch sich Gestaltungsspielräume ergeben (...)“; *Seiler* in: Kirchhof/Seer, § 4h Tz. 17, 20 mit einem ganzen Abschnitt „Gestaltungsempfehlung“.

(2) Wirtschaftliche Betrachtung des Lendings

Wie bereits dargestellt gibt es innerhalb der wirtschaftlichen Betrachtung ein geteiltes Spektrum, welches die Nähe entweder zu den Fremdwährungs- oder den Wertpapierdarlehen betont.

Der Darlehensgeber erhält beim Lending stets Zinsen auf die übertragene Valuta, was mit beiden Vergleichsmodellen übereinstimmt. Der Darlehensnehmer, das heißt in diesem Fall die Anbietenden des Lendings, bezwecken mit der Einnahme der Token eine bessere Verhandlungsbasis gegenüber Dritten, denen sie wiederum Token vermitteln, sowie einen dadurch bedingten Gewinn.[622] Dabei kann der Darlehensnehmer die Token transferieren, sodass er grundsätzlich auch über diese „verfügen" kann. Der Darlehensgeber erhofft sich eine höhere Rendite auf seine Token. Wirtschaftlich handelt es sich für beide Seiten damit um ein Risikogeschäft.

Bei Wertpapierdarlehen ist die Interessenlage ganz ähnlich: Auch dort erhoffen sich beide Parteien eine höhere Rendite bzw. einen höheren Umsatz aus der wechselseitigen Übertragung von Wertpapieren.[623] Bei Fremdwährungsdarlehen ist ein typischer wirtschaftlicher Impetus nicht festzustellen, da der einzige Unterschied zu „gewöhnlichen" Gelddarlehen darin besteht, dass diese auf eine ausländische Währung lauten. Insofern eröffnet die Hingabe von Fremdwährungen ein größeres Handlungsspektrum. Einen besonderen Stellenwert – neben den reinen Finanzkrediten – nehmen sie in Sachverhalten mit Auslandsbezug ein (z.B. Export- und Projektfinanzierung).[624] Fremdwährungsdarlehen verfolgen also tendenziell Finanzierungsfunktionen, wie sie bei § 488 BGB typischerweise zu erwarten sind. Letztlich läuft es also auf die Frage hinaus, ob das Lending wirtschaftlich eher eine Risiko- bzw. Renditefunktion hat oder eine Finanzierungsfunktion. Rein konzeptionell sind die meisten blockchainbasierten Vermögenswerte auf beides ausgelegt: Ihnen kommt die Funktion als Ersatzzahlungsmittel zu, sodass sie grundsätzlich zur Finanzierung herangezogen werden können. Gleichzeitig werden sie offen am Markt gehandelt, wodurch sie ein Spekulations- und Investitionsobjekt sind und den Wertpapierdarlehen nahestehen. Die Entscheidung muss somit anhand des Vergleichs zu dem Modell getroffen werden, welches dem Lending am nächsten steht.

---

622 Vgl. Nexo unter https://support.nexo.io/hc/en-us/articles/360014283839-Earn-up-to-10-interest-on-Crypto-Assets-Explained: „We are committed to protecting your assets by lending them to institutions on an overcollateralized basis (…)".

623 Vgl. *Teuber* in: Schimansky/Bunte/Lwowski, § 105 Tz. 1.

624 *Schefold* in: Schimansky/Bunte/Lwowski, § 116 Tz. 386.

Da es sich vorliegend um eine wirtschaftliche Betrachtung handelt, ist hervorzuheben, dass das Lending von beiden Beteiligten nicht als Finanzierungsgeschäft betrachtet wird. Blockchain-basierte Zahlungsmittel sind zwar weithin bekannt, genießen jedoch noch keine breite Akzeptanz als Ersatzzahlungsmittel. Vielmehr werben die Anbietenden des Lendings sogar für spezielle „Crypto-Loans[625]" – also Darlehen in Fiat-Geld unter Absicherung von Token – und betonen dabei, dass Projekte mit größerem Finanzvolumen (z.B. der Kauf eines Hauses) allein durch blockchain-basierte Vermögenswerte gar nicht umsetzbar sind, da keine hinreichende Akzeptanz besteht. Die Token gereichen vielleicht als Sicherungs-, nicht aber als Finanzierungsmittel. Das Lending wirtschaftlich mit Fremdwährungsdarlehen gleichzusetzen, die größtenteils eine Finanzierungsfunktion einnehmen, ist daher unsachgemäß, da eine solche Möglichkeit allein mit Token kaum gegeben ist.[626] In wirtschaftlicher Hinsicht wird somit nicht Geld, sondern ein Spekulationsobjekt überlassen. Selbst unter Heranziehung dieser rein wirtschaftlichen Betrachtungsweise liegt also keine Kapitalforderung vor.[627] Bei wirtschaftlicher Betrachtungsweise ist § 20 Abs. 1 Nr. 7 EStG daher nicht erfüllt.

(3) Ergebnis

Die Untersuchung hat gezeigt, dass eine Entscheidung zwischen der rechtlichen und wirtschaftlichen Betrachtungsweise des Begriffs „Kapitalforderung" nicht notwendig ist, da aus beiden Blickwinkeln eine solche nicht vorliegt. Insgesamt verdient die überwiegenden Meinung Zustimmung, wonach durch das Lending keine Kapitalforderung im Normsinne des § 20 Abs. 1 Nr. 7 EStG vorliegt und eine Steuerpflicht über diese Norm daher ausscheidet.

Somit erfüllt das Lending den Tatbestand des § 20 Abs. 1 Nr. 7 EStG nicht.

b) Einkünfte aus Vermietung und Verpachtung, § 21 Abs. 1 S. 1 Nr. 3 EStG

Nach § 20 EStG kann eine Einordnung unter die Einkünfte aus Vermietung und Verpachtung erwogen werden. Möglicherweise unterfällt die zeitweise Überlassung von Token dem Begriff der zeitlich begrenzten Überlassung von Rechten aus § 21 Abs. 1 S. 1 Nr. 3 EStG.

---

625 Der Anbieter BlockFi wirbt etwa mit dem Satz „traditional lenders will not let you pay for a home with crypto", s. https://blockfi.com/apply-for-crypto-loan.

626 Ähnlich *Dürr*, DStZ 2019, 562 (564).

627 Ebenso *Kanders/Thonemann-Micker/Gräfe*, ErbStB 2018, 145 (150); *Dürr*, DStZ 2019, 562 (564).

Hierzu müssten die überlassenen Token ein Recht darstellen, welches mit den beispielhaft in § 21 Abs. 1 S. 1 Nr. 3 EStG aufgeführten Rechten vergleichbar ist.[628] Allerdings ist in den Token keinerlei vergleichbare Rechtsposition inkorporiert: Sie sind weder Immaterialgüterrechte[629], noch ein urheberrechtlich geschütztes Werk[630]. Mangels eines Forderungsgegners stellen Token für sich auch keine Forderung dar.[631] Da die Nr. 3 spezifisch geistig-gewerbliche Rechte umfasst erscheint es nur folgerichtig, dass Token keine Rechte im Normsinne darstellen.[632] Eine Besteuerung nach § 21 Abs. 1 S. 1 Nr. 3 EStG scheidet damit aus.

c) Einkünfte aus sonstigen Leistungen, § 22 Nr. 3 EStG

Das Lending könnte zuletzt als sonstige Leistung steuerpflichtig sein.

Ein hierfür erforderliches Tun, die Transferierung der Token in die Wallet der anbietenden Person, ist Voraussetzung für das Modell und damit gegeben. Auch eine Gegenleistung liegt durch die Zinszahlungen vor. Da es sich um einen herkömmlichen Austauschvertrag handelt, gibt es auch keine Probleme bezüglich der Natur des Minings als Glücksspiel. Vielmehr ist die notwendige Verbindung zwischen Leistung und Gegenleistung gegeben.[633]

Die tatbestandliche Einordnung als sonstige Leistung bereitet daher keine Probleme. Somit wird das Lending über § 22 Nr. 3 EStG erfasst und stellt schlussendlich eine steuerpflichtige Tätigkeit dar.[634]

4. Ergebnis: Ertragsteuerliche Behandlung des Lendings

Aus Sicht der beteiligten Unternehmen, also der Anbietenden bzw. Dienstleistenden des Lendings, werden regelmäßig gewerbliche Einkünfte i.S.d. § 15 EStG vorliegen. Die Betrachtung des Lendings aus Sicht der nutzenden Person

---

628 *Mellinghoff* in: Kirchhof/Seer, § 21 Tz. 46; *Spilker* in: BeckOK EStG, § 21 Tz. 568.

629 *Pesch*, Cryptocoin-Schulden, 98 ff.; *Kütük-Markendorf*, Internetwährungen, 117.

630 Insbesondere sind Token keine Software i.S.d. § 69a UrhG, sondern Ergebnis einer Softwareverarbeitung, vgl. *Pesch*, Cryptocoin-Schulden, 97 f.

631 *Hötzel*, Virtuelle Währungen, 228.

632 *Drüen* in: K/S/M, § 21 Tz. B 6.

633 *Dürr*, DStZ 2019, 562 (565).

634 So im Gesamtergebnis auch *Dürr*, DStZ 2019, 562 (565); *Krüger*, BB 2018, 1887 (1890 f.); *Pielke*, Besteuerung von Kryptowährungen, 17; *Heuel/Matthey*, EStB 2018, 263 (266); *Dies.*, NWB 2018, 1037 (1042); *Kanders/Thonemann-Micker/Gräfe*, ErbStB 2018, 145 (150); *Lutzenberger*, GmbHR 2018, 794 (798); *Lohmar/Jeuckens*, FR 2019, 110 (117); vgl. auch *Hötzel*, Virtuelle Währungen, 228.

ist allerdings komplexer: Sowohl Einkünfte nach § 20 EStG als auch nach § 21 EStG liegen nicht vor, da blockchain-basierte Vermögenswerte die entsprechenden Besteuerungstatbestände nicht erfüllen. So verbleibt noch die subsidiäre Besteuerung über § 22 Nr. 3 EStG, welche ohne tatbestandliche Probleme anzunehmen ist.

III. Einkommensteuerrechtliche Behandlung der Erträge aus Airdrops bzw. Faucets

1. Ausgangspunkt

Bei den sogenannten Airdrops bzw. Faucets erhält die nutzende Person einen geringen Betrag an Token unentgeltlich durch eine Website oder eine App. Die Anforderungen für den Erhalt variieren, sodass mal ein einfacher Klick genügt, mal eine Registrierung inklusive Angabe persönlicher Daten nötig ist. Die Begrifflichkeiten „Airdrop" und „Faucet" sind dabei nicht feststehend, sondern werden teilweise synonym genutzt.[635]

Aufgrund der geringen Beträge und der begrenzten Emittierung der Token erscheint es ausgeschlossen, gewerbliche Einkünfte erzielen zu können. Erwägt werden könnte allein eine Steuerpflicht nach § 22 Nr. 3 EStG. Dies wird entscheidend vom Einzelfall abhängen, insbesondere davon, was die begünstigte Person für den Erhalt der Token tun musste. Daher wird im Folgenden nach der Tätigkeit der Empfangenden, also der steuerpflichtigen Personen, differenziert. Es fällt auf, dass in der Literatur[636] vielfach alle denkbaren Vorgänge einheitlich behandelt und pauschal gleichgestellt werden, obwohl eine differenzierte Betrachtung geboten ist.

2. Erhalt von Token ohne bzw. mit minimalem Zutun der Empfangenden

Der zuerst zu untersuchende Fall ist der, in dem die steuerpflichtige Person Token ohne jegliches Tätigwerden gutgeschrieben bekommt. Dies umschreibt den Vorgang, der regelmäßig als Airdrop bezeichnet wird. Die empfangende Person bekommt die Token unmittelbar in ihre Wallet; hierfür braucht es keine Bestätigung der empfangenden Person, da diese ja nur bevorteilt ist. In diesen,

---

635 Zur Begriffsbestimmung und technischen Erläuterung s. Abschnitt C. III. 1., S. 77.

636 So bei *Pielke*, AL 2020, 194 (196); *Reiter/Nolte*, BB 2018, 1179 (1181 f.); *Kortendick/Rettenmaier*, FR 2019, 412 (415).

sehr einfach gelagerten Fällen fehlt es in jedem Fall an einer Leistung, sodass keine Einkünfte i.S.d. Norm vorliegen.[637]

An dieser Bewertung ändert sich nichts, wenn die steuerpflichtige Person nur einen minimalen Aufwand leistet, etwa einen „Klick“ auf einer Website oder in einer App tätigt (ohne bzw. unter ohnehin bereits erfolgter Registrierung).[638] Auch hier liegt kein Tun, Dulden oder Unterlassen vor, welches Gegenstand eines Vertrags sein könnte. Damit fehlt es auch hier an einer Leistung.

3. Erhalt von Token unter Hingabe von Daten, Informationen o.ä.

Anders ist dies möglicherweise, wenn bei Airdrops/Faucets eine vorhergehende Registrierung auf einer Website, das Herunterladen einer App oder das Bereitstellen von Informationen verlangt wird. Im Gegensatz zu den zuvor besprochenen Fällen liegt hier ein konkreteres und wertigeres Tätigwerden der steuerpflichtigen Person vor. Dieses steht auch in direkter Verbindung zur Gegenleistung: Die interessierte Person leistet gerade das von ihm verlangte (insbesondere Daten oder Informationen), um die Token zu erhalten. Ein Leistungsaustausch im Normsinne liegt vor. Unter diesem Gesichtspunkt kann eine Leistung i.S.d. § 22 Nr. 3 EStG bei den zuvor genannten Tätigkeiten vorliegen.[639] Entscheidend ist dabei freilich der Einzelfall, insbesondere ob das Geleistete einen eigenen wirtschaftlichen Wert hat. Die Hingabe von Daten und Informationen über die steuerpflichtige Person selbst wird regelmäßig einen eigenen wirtschaftlichen Wert haben. Gleiches gilt für das Hinterlassen wohlwollender Bewertungen auf Online-Portalen oder das Herunterladen von Apps. Kein eigener Wert liegt hingegen in einem reinen „Klick“ (s.o.) oder dem Abonnement eines Newsletters. Der in der Literatur[640] geführte Verweis auf die Behandlung der Token aus einer Hard Fork[641] ist nur teilweise schlüssig, da bisweilen eine gänzlich andere Konstellation vorliegt: Bei der Hard Fork geschieht der Zufluss der Token ohne

---

637 *Brinkmann/Meseck*, RdF 2018, 231 (236); *Lohmar/Jeuckens*, FR 2019, 110 (116), bezeichnet als „Standard-Airdrop“; *Kortendick/Rettenmaier*, FR 2019, 412 (415); *Heuel/Matthey*, NWB 2018, 1037 (1049 f.); *Dies.*, EStB 2018, 300 (302).

638 *Lohmar/Jeuckens*, FR 2019, 110 (116), bezeichnet als „Airgrab“.

639 *Lohmar/Jeuckens*, FR 2019, 110 (116); a.A. *Heuel/Matthey*, EStB 2018, 300 (302) und NWB 2018, 1037 (1049 f.); a.A. wohl auch *Brinkmann/Meseck*, RdF 2018, 231 (236).

640 *Kortendick/Rettenmaier*, FR 2019, 412 (415); *Pielke*, AL 2020, 194 (196). Wie hier differenzierend *Lohmar/Jeuckens*, FR 2019, 110 (116).

641 Zur Behandlung s.o. Abschnitt D. IV, S. 125 ff.

Zutun und regelmäßig auch ohne Kenntnis der tokeninnehabenden Person; er kann die Gutschrift der Token nicht selbständig herbeiführen. Dies gleicht der zustimmungsfreien und kausalosen, unter 1. beschriebenen Variante von Airdrops/Faucets. Anders ist dies bei zuvor benannten Varianten der Gutschriften, bei denen die nutzende Person gerade durch die Hingabe von Daten dazu in der Lage ist, diese zu effektuieren. Es stehen sich also ein passives Abwarten und ein aktives Tun gegenüber, weswegen eine Parallele ausscheiden muss.

4. Ergebnis: Besteuerung von Token aus Airdrops/Faucets

Bei veranlassungsloser Gutschrift von Token liegen keine steuerbaren Einkünfte vor. Gleiches gilt für Token, welche die steuerpflichtige Person durch minimales Tun erlangt. Anders ist dies aber ggf. zu bewerten, wenn im Gegenzug für die Token Daten oder Informationen erhoben werden bzw. ein weitergehendes Tätigwerden verlangt wird. Dann liegt ein Leistungsaustausch vor und die Hingabe der Token verliert ihren unentgeltlichen Charakter.

Erwähnenswert ist dabei, dass die Freigrenze des § 22 Nr. 3 S. 2 EStG i.H.v. 256 € kaum überschritten werden dürfte: Die Beträge, die im Rahmen der Faucets ausgegeben werden, belaufen sich auf wenige Cents. Bei neueren Währungen entspricht der Wert Bruchteilen von Cents, weswegen die Frage nach der Behandlung, auch bei „ernsthafter" Ausschöpfung des Angebots, im Ergebnis dahinstehen dürfte.[642]

IV. Einkommensteuerrechtliche Behandlung der Erträge aus der Veräußerung blockchain-basierter Vermögenswerte

1. Ausgangspunkt

Veräußerungs- und Handelsgeschäfte werden häufig über sogenannte Exchanges oder Börsen abgewickelt, können aber auch ohne solche Plattformen stattfinden. Die Token werden dabei anhand der aktuellen Kurswerte vergütet, was den Transferierenden ermöglicht, Gewinne wie Verluste zu realisieren. Die so erzielten Erträge könnten zunächst einen Gewerbebetrieb i.S.d. § 15 EStG begründen, subsidiär über §§ 20 Abs. 2 oder 22 Nr. 2, 23 Abs. 1 S. 1 Nr. 2 EStG der Einkommensbesteuerung unterliegen. Innerhalb der jeweiligen Tatbestände sind einzelne Merkmale problembelastet. So ist die Abgrenzung zwischen Gewerbebetrieb

642 Ebenso *Heuel/Matthey*, NWB 2018, 1037 (1050); *Dies.*, EStB 2018, 300 (302); *Lohmar/Jeuckens*, FR 2019, 110 (117).

und privater Vermögensverwaltung beim Handel mit blockchain-basierten Vermögenswerten ein in der vorhandenen Literatur eingehend erörtertes Problem. Bei der Untersuchung privater Veräußerungsgeschäfte wird das Merkmal der „Anschaffung“ Anlass zu einer stark differenzierenden Betrachtung geben; hier wird die Art und Weise des Zuflusses der Token ausschlaggebend sein.

2. Einkünfte aus Gewerbebetrieb, § 15 EStG

a) Selbständigkeit

Die Veräußerung von blockchain-basierten Vermögenswerten könnte zunächst als originärer Gewerbebetrieb i.S.d. § 15 Abs. 1 S. 1 Nr. 1 EStG verstanden werden. Dann müsste ein Gewerbebetrieb nach dem Typusbegriff des § 15 Abs. 2 EStG vorliegen, das heißt die hierfür erforderlichen positiven und negativen Merkmale müssten erfüllt sein.[643]

Ein Handel mit blockchain-basierten Vermögenswerten beinhaltet die Veräußerung von Token zu einem möglichst günstigen Zeitpunkt. Das „Wann“ und das „Wie“ der Veräußerung wird dabei von den Steuerpflichtigen bestimmt, womit diese die wesentlichen Entscheidungen tragen und daher Unternehmerinitiative entfalten. Durch die unternehmerischen Entscheidungen (etwa Veräußerungszeitpunkt oder Umschichtung in andere Netzwerke) tragen sie ein Gewinn- bzw. Verlustrisiko. Die Folgen ihrer Entscheidungen, sei es Gewinn oder Verlust, treffen sie dabei persönlich. Insgesamt erscheint die steuerpflichtige Person in den benannten Fällen keineswegs als Arbeitnehmer, sondern agiert selbständig.

Folglich liegt die Selbständigkeit vor.

b) Nachhaltigkeit

Betätigt sich die steuerpflichtige Person wiederholt an Börsen bzw. führt sie wiederholt Transaktionen durch, liegt eine auf Wiederholung angelegte Tätigkeit vor. Dies wird üblicherweise zutreffen, wenn eine gewisse Umschichtungs- oder Veräußerungshäufigkeit gegeben ist. Problematisch kann dies nur werden, wenn etwa ein Miner seine gehaltenen Token auf einmal – und damit in einem einzigen, großen Realisationsvorgang – veräußert. Hierbei wird allerdings im Mining bereits die erste Aktivität zu sehen sein, sodass faktisch eine wiederholte Tätigkeit, bestehend aus unterschiedlichen Einzelaktivitäten, besteht.

Auch die Nachhaltigkeit liegt damit vor.

643 Bzgl. der einzelnen Merkmale eingehend oben Abschnitt D. II. 2., S. 85 ff.

c) Gewinnerzielungsabsicht

Die Tätigkeit müsste auch mit Gewinnerzielungsabsicht unternommen werden.

Eine Prognose ist insoweit zu stellen, als dass ein Totalgewinn wahrscheinlich und möglich ist. Durch ein gewisses Geschick bei den Realisationsvorgängen und ggf. rechtzeitigem Investieren in andere Netzwerke kann ein Gewinn (auch in beachtlicher Höhe) erzielt werden. Liegt ein Totalverlust vor, sind als objektive Kriterien die Umschlagshäufigkeit und der Kursverlauf heranzuziehen. Auch die Diversität des „Portfolios" an Token kann aufschlussreich sein.

In aller Regel wird die Gewinnerzielungsabsicht vorliegen.

d) Beteiligung am allgemeinen wirtschaftlichen Verkehr

Weiterhin müsste die steuerpflichtige Person offen am allgemeinen wirtschaftlichen Verkehr teilnehmen.

Durch wiederholte Veräußerungen und Ankäufe wird die steuerpflichtige Person sowohl als anbietende als auch als konsumierende Person tätig. Im Zuge des Angebots von Token bzw. Fiat-Geld wird sie zumindest den Inhabenden der jeweiligen Börsen oder Netzwerken bekannt, was bereits ausreichend ist.

Auch eine Beteiligung am allgemeinen wirtschaftlichen Verkehr liegt damit vor.

e) Abgrenzung zur privaten Vermögensverwaltung

aa) Maßstab und Vergleichsgruppen

Die positiven Tatbestandsmerkmale des § 15 Abs. 2 EStG führen – wie bei einer Handelstätigkeit zu erwarten – zu keinen Problemen. Nachfolgend ist die negative Abgrenzung des vorliegenden Betriebes zur privaten Vermögensverwaltung vorzunehmen. Diese erweist sich bereits in ihrer Ausgangslage als schwierig, da sich der „typische" Handelsbetrieb mit blockchain-basierten Vermögenswerten noch nicht konturiert hat. Aufgrund der innovativen Natur der Blockchain sind bereits etablierte Rechtsprechungskriterien nicht ohne weiteres zu übertragen. Es gilt daher, zunächst Maßstab und mögliche Vergleichsgruppen festzulegen.

Die praktisch sehr relevante Abgrenzung wird im Ausgang dadurch erschwert, dass der Handel mit blockchain-basierten Vermögenswerten ein relativ neues Phänomen ist, welches keinem bekannten betrieblichen Modell gleicht. Der Handel lässt sich so kaum in bekannte Kategorien einordnen, da der Markt zu jung ist, um typisierend Beispielbetriebe benennen oder beschreiben zu können. Im wissenschaftlichen Diskurs hat es in den letzten Jahren Versuche gegeben, Parallelen zu etablieren und hinreichend konturierte Gruppen zu bilden, um den Handel mit blockchain-basierten Vermögenswerten „greifbar" zu machen. Hierbei werden häufig der Wertpapier- bzw. Devisenhandel[644] und der Handel mit (physischem) Gold[645] als Vergleichsmaßstäbe angeführt. In der Folge wird die Übertragbarkeit dieser Gruppen bewertet. Am Ende soll ein Kriterienkatalog stehen, anhand dessen eine möglichst trennscharfe Abgrenzung erfolgen kann.

bb) Kriterien zum Wertpapier- bzw. Devisenhandel

(1) Ausgangspunkt

Ein Handelsbetrieb mit Wertpapieren bzw. Devisen wickelt wiederholt Transaktionen mit vorbezeichneten Wertgegenständen ab. Wertpapiere sind Urkunden über Vermögensrechte, etwa Mitgliedschaftsrechte an einer Kapitalgesellschaft (z.B. Aktien) oder Forderungen.[646] Devisen sind (im weiteren Sinne) Fremdwährungsguthaben ausländischer gesetzlicher Zahlungsmittel und vergleichbare Ansprüche, die wertpapiermäßig verbrieft sind.[647] Der Handel besteht überwiegend aus der Umschichtung sowie dem Zu- und Verkauf von Kapitalbeständen, wodurch der eigene Bestand immer wieder optimiert wird. Schlussendlich soll durch die nachhaltige Umschichtung des Bestandes ein stetiger Gewinn unter möglichst guter Rendite erzielt werden. Es ist daher abzugrenzen, ob notwendige Kapitalerhaltungsmaßnahmen oder aber die Wirtschaftung mit dem Kapitalstamm vorliegen.[648]

(2) Kriterien der Rechtsprechung

Zum Wertpapier- bzw. Devisenhandel gibt es eine breite Kasuistik[649], wodurch die Grenze des „Übertritts" in die Gewerblichkeit gut austariert ist. Eine

---

644 *Hötzel*, Virtuelle Währungen, 177 ff.; *Heuel/Matthey*, NWB 2018, 1037 (1051 f.); *Dies.*, EStB 2018, 300 (303 f.); *Albrecht/John*, FR 2019, 393 (399 ff.); *Hötzel/Schober/Wicher*, IWB 2018, 392 (395); *Krüger*, BB 2018, 1887 (1888 f.); *Liegmann/Farruggia-Weber*, BB 2019, 2524 (2525 f.); *Reiter/Nolte*, BB 2018, 1179 (1183); *Kanders/Thonemann-Micker/Gräfe*, ErbStB 2018, 145 (146); *Pielke*, Besteuerung von Kryptowährungen, 15; *Arendt* in: Steuer- und Bilanzrechtslexikon, „Kryptotoken" Tz. 98.

645 *Albrecht/John*, FR 2019, 393 (398 f.); *Krüger*, BB 2018, 1887 (1888); *Heuel/Matthey*, EStB 2018, 300 (304); *Liegmann/Farruggia-Weber*, BB 2019, 2524 (2525); *Kanders/Thonemann-Micker/Gräfe*, ErbStB 2018, 145 (147).

646 *Golombek* in: Steuer- und Bilanzrechtslexikon, „Wertpapiere" Tz. 1.

647 *Hakenberg* in: Creifelds Rechtswörterbuch, „Devisen".

648 S. *Lang*, Bemessungsgrundlage, 478 f.

649 Vgl. nur BFH v. 29.10.1998 – XI R 80/97, BStBl. II 1999, 448 (449 f.); v. 30.7.2003 – X R 7/99, BStBl. II 2004, 408 (410 ff.); v. 2.9.2008 – X R 14/07, juris, Tz. 21 ff.; s. auch *Buge* in: H/H/R, § 15 EStG Tz. 1171 m.w.N.

gewerbliche Tätigkeit wird hiernach erst angenommen, wenn eine strukturelle und wirtschaftliche Vergleichbarkeit zu einem Finanzunternehmen i.S.d. Kreditwesengesetzes (KWG) gegeben ist.[650] Kriterien hierfür sind etwa das Betreiben des Wertpapierhandels als berufliche Haupttätigkeit[651], das unmittelbare Handeln mit anderen Marktteilnehmenden (das heißt nicht über eine Depotbank)[652] oder die Durchführung gewichtiger und umfangreicher Wertpapiergeschäfte (auch) für Rechnung Dritter[653].[654] Dementsprechend reicht der private Tätigkeitsbereich sehr weit, insbesondere unterfällt die, auch in erheblichem Umfang erfolgende, Umschichtung der Wertpapiere grundsätzlich der privaten Sphäre.[655] Nicht entscheidend für die Beurteilung ist die Umschlagshäufigkeit oder -größe[656] und eine Fremdfinanzierung der Tätigkeit[657]. Vielmehr steht eine qualitative statt quantitative Betrachtung im Vordergrund.[658] Die Schwelle, um einen Gewerbebetrieb außerhalb des KWG annehmen zu können, ist sehr hoch. Es bedarf daher eines hohen Maßes an Professionalität, um gewerbliche Einkünfte annehmen zu können. Die Rechtsprechung hat die Kriterien für den Wertpapierhandel überdies auch bei anderen Gewerbebetrieben entsprechend bzw. in ähnlicher Form angewandt.[659]

---

650 BFH v. 30.7.2003 – X R 7/99, BStBl. II 2004, 408 (411 f.).

651 BFH v. 28.11.2007 – X R 24/06, juris, Tz. 32; v. 30.7.2003 – X R 7/99, BStBl. II 2004, 408 (412).

652 BFH v. 30.7.2003 – X R 7/99, BStBl. II 2004, 408 (412); v. 2.9.2008 – X R 14/07, juris, Tz. 28.

653 BFH v. 2.9.2008 – X R 14/07, juris, Tz. 25 ff.; v. 30.7.2003 – X R 7/99, BStBl. II 2004, 408 (412).

654 Diese Kriterien werden seit dem Urteil v. 30.7.2003 – X R 7/99, BStBl. II 2004, 408 verstärkt angewendet. In älterer Rechtsprechung wurden bisweilen andere bzw. zusätzliche Kriterien gefordert, s. hierzu *Buge* in: H/H/R, § 15 EStG Tz. 1171.

655 *Kanders/Thonemann-Micker/Gräfe*, ErbStB 2018, 145 (146); *Hey* in: T/L, Tz. 8.417; s. auch BFH v. 30.7.2003 – X R 7/99, BStBl. II 2004, 408 (413).

656 BFH v. 30.7.2003 – X R 7/99, BStBl. II 2004, 408 (413).

657 BFH v. 29.10.1998 – XI R 80/97, BStBl. II 1999, 448 (449 f.); v. 30.7.2003 – X R 7/99, BStBl. II 2004, 408 (413); *Ritzrow*, EStB 2011, 187 (189).

658 So auch *Desens/Blischke* in: K/S/M, § 15 Tz. B 80 f.

659 BFH v. 9.7.2019 – X R 9/17, juris, Tz. 33 (gewerbliche Kreditvergabe); v. 20.12.2000 – X R 1/97, BStBl. II 2001, 706 (707 f., Optionsgeschäfte). Abgelehnt wurde eine Übertragbarkeit auf den physischen Goldhandel, BFH v. 19.1.2017 – IV R 50/14, BStBl. II 2017, 456 (459 f.), hierzu s. sogleich.

(3) Bewertung in der Literatur

In der Literatur werden stellenweise die hohen Anforderungen der Rechtsprechung kritisiert, welche an eine gewerbliche Tätigkeit gestellt werden.[660] Die Nähe zu den Definitionen des § 1 Abs. 3, 3d KWG führe zwangsläufig dazu, dass sich ein gewerblich tätiger Wertpapierhändler an der (strafbewehrten) Grenze zu verbotenen Geschäften i.S.d. §§ 32 Abs. 1, 54 Abs. 1 Nr. 2 KWG bewege.[661] Dies schließe nahezu alle gewerblichen Beteiligungsmöglichkeiten unterhalb der „KWG-Schwelle" aus.[662] Abgesehen von diesen Bedenken wird die Rechtsprechung angenommen bzw. erhält Zustimmung.[663] Das Gesamtbild zeigt eine überwiegende Zustimmung zu den Rechtsprechungskriterien.

(4) Eigene Bewertung der Kriterien zum Wertpapierhandel

Abschließend ist bezüglich der Kriterien zum Wertpapierhandel festzustellen, inwieweit die Rechtsprechungskriterien überzeugen können und ob den kritischen Stimmen aus der Literatur beizupflichten ist.

Es ist zunächst festzuhalten, dass die Positionen der Rechtsprechung und von *Buge*[664] und *Hufeld*[665] nicht weit auseinander liegen. Die Kritik *Buges* erstreckt sich auf die Parallele zum KWG und das Tatbestandsmerkmal „auf fremde Rechnung", ohne die Rechtsprechung im Ganzen abzulehnen. Ihm ist dabei beizupflichten, dass eine Gleichstellung der Handelstätigkeit mit den Definitionen des KWG abzulehnen ist; dies wird bei genauerem Hinsehen von der Rechtsprechung aber gar nicht eingefordert. Auch diese beruft sich schlussendlich auf eine Gesamtbetrachtung und beharrt nicht auf dem KWG.[666] Diese Kriterien sind vielmehr in das erforderliche Gesamtbild aufzunehmen und steuerspezifisch

---

660 *Buge* in: H/H/R, § 15 EStG Tz. 1171, welcher eine zu große Einengung des Begriffs auf die Definition im KWG bemängelt; diesen Bedenken zustimmend *Hufeld* in: BeckOK EStG, § 15 Tz. 1332.

661 *Buge* in: H/H/R, § 15 EStG Tz. 1171.

662 *Buge* in: H/H/R, § 15 EStG Tz. 1171; *Ritzrow*, EStB 2011, 187 (190 f.). *Buge* und *Schnorr*, NJW 2004, 3214 (3217) vermuten fiskalische Erwägungen hinter dieser Rechtsprechung, um Verlustabzüge zu beschränken.

663 Ausdrücklich zustimmend *Desens/Blischke* in: K/S/M, § 15 Tz. B 81 und *Krumm* in: Kirchhof/Seer, § 15 Tz. 131b; i.E. auch *Hufeld* in: BeckOK EStG, § 15 Tz. 1332. S. auch *Bode* in: Blümich, § 15 EStG Tz. 153 f.; H 15.7 (9) EStH 2019.

664 *Buge* in: H/H/R, § 15 EStG Tz. 1171.

665 *Hufeld* in: BeckOK EStG, § 15 Tz. 1332.

666 Vgl. nur BFH v. 11.10.2012 – IV R 31/10, BStBl. II 2013, 538 (541) m.w.N.; s. auch *Hufeld* in: BeckOK EStG, § 15 Tz. 1332.

auszulegen, sodass die Umstände des Einzelfalls weiterhin Berücksichtigung finden können und müssen.[667]

Auch die Kritik am Merkmal des Handelns „auf fremde Rechnung“ verfängt nicht. Denn dem BFH kommt es nicht darauf an, dass der Handel allein auf fremde Rechnung betrieben wird. Vielmehr geht es um einen Handel auf fremde Rechnung, welcher neben dem eigenen Handel betrieben wird und diesen ergänzt.[668] Daher geht der Einwurf, das Handeln ausschließlich auf fremde Rechnung sei ein Kommissionsgeschäft, auch fehl. Dem BFH geht es um eine Fremdtätigkeit neben der eigenen Handelstätigkeit. Folgerichtig spricht ein Tätigwerden nur für eigene Rechnung auch gegen einen Gewerbebetrieb.[669]

Im Ergebnis sind daher die Kriterien der Rechtsprechung heranzuziehen, ohne dass die Tätigkeit den strengen Vorschriften des KWG genau entsprechen muss. Liegt eine professionelle und bankentypische Tätigkeit vor, die in einer Gesamtbetrachtung dem Bild eines Wertpapierhandels i.S.d. KWG entspricht, liegt eine gewerbliche Tätigkeit vor. Die Schwelle für eine solche gewerbliche Handelstätigkeit ist aber als sehr hoch zu bemessen.

cc) Kriterien zum Goldhandel

Ein weiterer, für einen Vergleich in Betracht kommender Komplex betrifft den Handel mit dem Edelmetall Gold. Dabei werden vorhandene Goldbestände – je nach Kursstand – erweitert oder abgestoßen, um Kursgewinne zu realisieren bzw. einen niedrigen Kursstand auszunutzen. Im Unterschied zu Wertpapieren handelt es sich bei Gold jedoch um ein ausschließlich „fruchtloses“ Wirtschaftsgut, das heißt ein Gewinn lässt sich nur durch eine Veräußerung realisieren.[670] In diesem Punkt ergibt sich eine starke Parallele zu blockchain-basierten Vermögenswerten, da auch diese keine inhärenten Früchte tragen, sondern nur durch Veräußerung Gewinne realisiert werden können.

Der BFH hatte seine zuvor dargestellten Kriterien für den Wertpapierhandel bewusst nicht auf den Goldhandel übertragen.[671] Die Wirtschaftsgüter „Gold“ und „Wertpapiere“ seien nicht ähnlich genug, um eine Übertragbarkeit

667 Ähnlich *Hötzel*, Virtuelle Währungen, 178; *Hufeld*, BeckOK EStG, § 15 Tz. 1332.

668 Ausdrücklich BFH v. 30.7.2003 – X R 7/99, BStBl. II 2004, 408 (412): „Zumindest muss ein eng mit den eigenen Wertpapiergeschäften verbundenes Tätigwerden für fremde Rechnung besonders ins Gewicht fallen“. S. auch *Ritzrow*, EStB 2011, 187 (190).

669 BFH v. 2.9.2008 – X R 14/07, juris, Tz. 27; *Ritzrow*, EStB 2011, 187 (190).

670 BFH v. 19.1.2017 – IV R 50/14, BStBl. II 2017, 456 (459 f.).

671 BFH v. 19.1.2017 – IV R 50/14, BStBl. II 2017, 456 (459 f.), auch zum Folgenden.

der Kriterien anzunehmen. Dies fuße vor allem in deren andersartigen Anlagemodellen, was einen konzeptionell differenten Geschäftsansatz bedinge. Im Gegensatz zum Wertpapierhandel sei eine häufige Umschichtung und eine hohe Verkaufsfrequenz dem Goldhandel fremd. Zudem sei der Goldhandel kaum staatlich reguliert und, mangels Definitionen ähnlich des KWG, nicht eindeutig konturiert. Der BFH sieht daher den Bedarf, ein eigenständiges Handelsbild herauszubilden und individuelle Kriterien zur Abgrenzung zu schaffen.[672] Damit rekurriert er schlussendlich auf die allgemeinen Grundsätze zur Abgrenzung, wonach eine wertende Betrachtung des Gesamtbilds unter Einbeziehung der Spezifika des Wirtschaftsgutes vorzunehmen ist.[673]

Kriterien, die für eine Gewerblichkeit sprechen, können etwa die Gesamtzahl der Umschläge und eine kurze Zeit zwischen Anschaffung und Veräußerung des Goldes sein; die Tätigkeit muss auf einen nachhaltigen und marktmäßigen Güterumschlag gerichtet sein.[674] Anders als bei den Wertpapieren wird daher (auch) eine quantitative Abgrenzung vorgenommen. Besonderer Stellenwert soll auch dem Einsatz von Fremdmitteln zur Erreichung einer Hebelwirkung zukommen, was ebenfalls der Kasuistik zum Wertpapierhandel widerspricht.[675] Im Übrigen erwähnt der BFH weitere Kriterien, die allgemein als Merkmale einer gewerblichen Tätigkeit verstanden werden können: Die Professionalität des Geschäftsbetriebs und der Informationstechnik, das Gesamtvolumen der Geschäfte, der Grad der Medienwirksamkeit und die unmittelbare Teilnahme am Handelsgeschehen.[676] Die Kriterien der Rechtsprechung werden von der Literatur überwiegend zustimmend angenommen.[677] Insgesamt sind die vorbenannten Kriterien auch zufriedenstellend; sie erlauben eine hinreichend genaue

---

672 Dem insgesamt zustimmend *Anzinger*, NZG 2017, 599 (600); *Buge* in: H/H/R, § 15 EStG Tz. 1170.

673 Diese Einordnung findet in der Literatur Zustimmung, vgl. *Hufeld* in: BeckOK EStG, § 15 Tz. 1348; *Buge* in: H/H/R, § 15 EStG Tz. 1170; *Bode* in: Blümich, § 15 EStG Tz. 154a.

674 BFH v. 19.1.2017 – IV R 50/14, BStBl. II 2017, 456 (460); *Salzmann*, DStR 2017, 978 (979); *Buge* in: H/H/R, § 15 EStG Tz. 1170.

675 BFH v. 19.1.2017 – IV R 50/14, BStBl. II 2017, 456 (460); *Bode* in: Blümich, § 15 EStG Tz. 154a. Bei Wertpapiergeschäften soll der Einsatz von Fremdmitteln hingegen nur ausnahmsweise beachtlich sein, s.o.

676 BFH v. 19.1.2017 – IV R 50/14, BStBl. II 2017, 456 (460 f.).

677 *Bode* in: Blümich, § 15 EStG Tz. 154a; *Buge* in: H/H/R, § 15 EStG Tz. 1170; *Hufeld* in: BeckOK EStG, § 15 Tz. 1348; *Salzmann*, DStR 2017, 978 (979). Kritisch hingegen *Anzinger*, NZG 2017, 599 (600): Die Merkmale blieben im Ergebnis „konturlos".

Einordnung und tragen dem Einzelfall angemessen Rechnung. Die Schwelle zur Gewerblichkeit liegt dabei graduell unter den Anforderungen beim Wertpapier- bzw. Devisenhandel, insbesondere da Normen wie die des KWG fehlen und so ein gesetzliches Leitbild ausbleibt.

dd) Bewertung der Übertragbarkeit der Fallgruppen

(1) Einordnung des Wirtschaftsgutes und des Gewerbebetriebes

(a) Vergleich der Wirtschaftsgüter

Nach der Darstellung der in Betracht kommenden Vergleichsgruppen ist im nächsten Schritt zu eruieren, ob und inwieweit diese auf den Handel mit blockchain-basierten Vermögenswerten übertragen werden können. Dabei ist insbesondere die Vergleichbarkeit des Wirtschaftsgutes und des Gewerbebetriebes von Relevanz. Auch eine Ähnlichkeit der ökonomischen Vorgänge kann eine Vergleichbarkeit begründen. Nicht außer Acht gelassen werden darf dabei, dass der Handel mit blockchain-basierten Vermögenswerten eine neuartige Tätigkeit ist, über die sich noch keine feste Verkehrsanschauung gebildet hat.[678] Dem Einzelfall muss also besonderer Raum zugebilligt werden, unabhängig von einer möglichen Übertragung der Kriterien aus bekannten Geschäftszweigen. Zunächst ist ein Vergleich zwischen blockchain-basierten Vermögenswerten (insbesondere den Token) und Wertpapieren bzw. Gold anzustellen. Nachfolgend ist, soweit möglich, darzustellen, ob Wirtschaftsgut und Handelsbetrieb eher dem Wertpapier- oder dem Goldhandel entsprechen.

Token sind ein „fruchtloses" Wirtschaftsgut. Ihnen ist keine Rendite inhärent, sodass nur durch die Veräußerung ein (Kurs-)Gewinn erzielt werden kann. Diesbezüglich gleichen sie mehr dem Gold als den Wertpapieren. Letztere führen üblicherweise zu einer Beteiligung an der Dividende, wodurch sie laufende Erträge garantieren.[679] Eine Ausnahme hiervon können Token bilden, die auf einer Blockchain mit dem Proof-of-Stake-Mechanismus gehalten werden. Diese können ebenfalls passiv Erträge generieren, wenn sie in den Stake eingelegt werden. Hierbei ist jedoch zu beachten, dass diese Token zu einer Veräußerung aus dem Stake entnommen werden müssen. Teilweise sehen die Netzwerke eine feste Einlagezeit von mehreren Wochen/Monaten vor. Anders als bei Wertpapieren ist demnach nicht beides – jederzeitige Veräußerungsmöglichkeit und Rendite/

---

678 *Hötzel*, Virtuelle Währungen, 179; *Kanders/Thonemann-Micker/Gräfe*, ErbStB 2018, 145 (147).

679 *Hötzel*, Virtuelle Währungen, 179; *Krüger*, BB 2018, 1887 (1889).

Dividende – möglich. Weiterhin bestehen die Token ausschließlich auf der Blockchain, sind also digitale Wirtschaftsgüter. Insoweit sind sie eher mit Wertpapieren vergleichbar, welche zwar physisch verbrieft sind, aber schlussendlich einen nichtkörperlichen, virtuellen Wert wie einen Unternehmensteil oder eine Forderung abbilden. Demgegenüber ist Gold ein reales Edelmetall, welches in physischer Form bei einer Bank oder bei der steuerpflichtigen Person lagert.

Konzeptionell bestehen also Parallelen mit Gold wie Wertpapieren. Gerade in wirtschaftlicher Hinsicht dominieren aber die Parallelen zum Gold. Die materielle Existenz des Wirtschaftsgutes ist für die Wertbildung von untergeordnetem Interesse. Am ehesten sind blockchain-basierte Vermögenswerte in Funktionsweise wie Konzeption mit Devisen vergleichbar.[680] Beide bilden virtuelle Werte ab und tragen für sich genommen keine Früchte, was die Devisen von der übergeordneten Gruppe der Wertpapiere abgrenzt. Devisen bilden gewissermaßen eine Mischung aus Wertpapieren und Gold und eignen sich daher als Vergleich. *Albrecht/John*[681] ist zu widersprechen, wenn sie eine strikte „strukturelle Vergleichbarkeit“ mit Wertpapieren feststellen wollen. Dies ist schon aufgrund der „Fruchtlosigkeit“ der blockchain-basierten Vermögenswerte abzulehnen.

(b) Vergleich der Handelsformen

Beim Vergleich der Handelsformen ist neben der Durchführung an sich auch die Art der Gewinnrealisation von Bedeutung. Die Abwicklung von Geschäften mit allen drei Wirtschaftsgütern kann heute über (Internet-)Börsen erfolgen und so volldigital durchgeführt werden. Diesbezüglich sind keine nennenswerten Unterschiede festzustellen.

Deutliche Differenzen sind hingegen bei der Gewinnrealisation erkennbar. Gold und Wertpapiere verfolgen dabei gänzlich andere Konzepte, die sich insbesondere durch den Zeitraum zwischen Anschaffung und Veräußerung unterscheiden. Dabei stehen sie gewissermaßen an den jeweiligen Enden der Skala: Gold ist ein langfristiges Anlageobjekt, dem das häufige Umschichten fremd ist. Wertpapiere sind hingegen auf viele Zukauf- und Abstoßvorgänge ausgelegt, da der Bestand ständig optimiert und abhängig vom Marktgeschehen geändert werden muss. Blockchain-basierte Vermögenswerte sind für ihre schwankenden Kurse bekannt, sodass es bei einem diversifizierten Bestand an Token verständlich ist, dass solche aus „schlechten“ Netzwerken abgestoßen und

---

680 Ähnlich *Kanders/Thonemann-Micker/Gräfe*, ErbStB 2018, 145 (148); *Liegmann/Farruggia-Weber*, BB 2019, 2524 (2526).

681 *Albrecht/John*, FR 2019, 393 (399, 401 f.).

durch „bessere" ersetzt werden. Dies bedingt gleichfalls eine größere Umschlagshäufigkeit, die mit der Zahl an Token auf unterschiedlichen Netzwerken skaliert.[682] Auch die Volatilität der Kurse an sich widerspricht Gold, welches seit Jahrzehnten einen, im Vergleich mit blockchain-basierten Vermögenswerten, stabilen Kursverlauf nimmt.

Folglich steht der Handel mit blockchain-basierten Vermögenswerten dem Wertpapier- bzw. Devisenhandel näher, ohne mit diesem exakt übereinzustimmen. Zum Goldhandel bestehen grundlegende Unterschiede.

(2) Übertragbarkeit der Kriterien zum Wertpapier- und Goldhandel

(a) Keine pauschale Gleichsetzung mit Rechtsprechungskategorien

Im letzten Schritt sind die zuvor dargestellten Rechtsprechungskriterien zu evaluieren und ggf. auf die Behandlung blockchain-basierter Vermögenswerte zu übertragen. Unter Synthese der vorherigen Befunde zur Einordnung von Wirtschaftsgut und Handelsbetrieb ist kritisch zu erörtern, ob einzelne Kriterien überhaupt übertragen werden können oder eine gänzlich andere Betrachtungsweise erfordern.

Die Befunde aus dem vorherigen Abschnitt haben gezeigt, dass das Wirtschaftsgut „blockchain-basierter Vermögenswert" dem Gold bzw. Fremdwährungen ähnlich ist, der Handel aber eher dem Wertpapier- und Devisenhandel gleicht. Innerhalb der Token gibt es zahlreiche netzwerkbedingte Inhomogenitäten, welche mitunter eine andere Behandlung erfordern könnten. Vor diesem Hintergrund erscheint es fragwürdig, die Rechtsprechungskriterien des Wertpapier- und Devisenhandels kongruent bzw. analog auf den Handel mit blockchain-basierten Vermögenswerten zu übertragen.[683] Für die weitere Untersuchung empfiehlt sich daher ein Vergleich der herausgearbeiteten Kriterien mit der Rechtstatsächlichkeit des Token-Handels, ohne eine Gleichsetzung oder Analogie vorzunehmen.[684] Festzuhalten ist außerdem, dass die Schwelle der Gewerblichkeit aufgrund der Nähe zum Wertpapier- und Devisenhandel hoch anzusetzen ist. Auch die Investition in blockchain-basierte Vermögenswerte

---

682 *Kanders/Thonemann-Micker/Gräfe*, ErbStB 2018, 145 (148); *Albrecht/John*, FR 2019, 399 (403).

683 So pauschal aber *Pielke*, Besteuerung von Kryptowährungen, 15; *Ders.*, AD 2020, 194 (195); *Reiter/Nolte*, BB 2018, 1179 (1183).

684 Ähnlich *Hötzel*, Virtuelle Währungen, 179.

ist grundsätzlich als private Betätigung innerhalb der Vermögenssphäre anzusehen.[685]

Es erscheint sachgerecht, die Kriterien des Wertpapier- bzw. Goldhandels zunächst isoliert auf eine Vergleichbarkeit mit dem Token-Handel zu untersuchen. Anschließend können diese zu einem Gesamtbild zusammengefügt werden, welches den Besonderheiten der blockchain-basierten Vermögenswerte und dessen Handel Rechnung trägt.

(b) Keine Übertragbarkeit der Kriterien zum Goldhandel

Im Rahmen der zuvor erfolgten Darstellung hat sich gezeigt, dass die Rechtsprechungskriterien zum Goldhandel Vorgänge in die Bewertung einbeziehen, die dem Handel mit blockchain-basierten Vermögenswerten fremd sind: Die Umschlagshäufigkeit und -periodizität kann gerade kein Kriterium sein, da die Verwaltung des Token-Bestands der eines Wertpapier-Depots stark ähnelt.[686] Durch die hohe Volatilität der Kurse ist es nur wirtschaftlich, wenn Bestände häufig und nachhaltig umgeschichtet werden. Wie *Hötzel*[687] zutreffend anmerkt, ist das Kriterium überdies nicht aussagekräftig, da sich die Token – anders als Goldbarren – in kleinere Mengen aufteilen lassen und so eine höhere Anzahl von Transaktionen ermöglichen.[688] Auch das Kriterium des Maßes der Marktteilnahme erscheint ungeeignet, da der Handel mit Token unreguliert über das Internet stattfindet. Der Grad der Verbreitung bzw. Medienwirksamkeit ist daher schon gar nicht quantifizierbar.[689] Eine Parallelität bzw. Analogie zu den Kriterien der Rechtsprechung bezüglich des Goldhandels scheidet damit gänzlich aus.[690] Gerade mit Blick auf die Abwicklung der Transaktionen erschiene es sachfremd, die Kriterien zum Goldhandel entsprechend anzuwenden.

---

685 *Reiter/Nolte*, BB 2018, 1179 (1183); im Ergebnis auch *Hötzel*, Virtuelle Währungen, 180 f.; *Albrecht/John*, FR 2019, 393 (403).

686 *Kanders/Thonemann-Micker/Gräfe*, ErbStB 2018, 145 (147 f.). a.A. *Krauß/Blöchle*, DStR 2018, 1210 (1211): „dieses Kriterium sollte auch bei Krypto-Investments entscheidend sein".

687 *Hötzel*, Virtuelle Währungen, 180.

688 Bei Bitcoin entspricht etwa 1 voller Token genau 100.000.000 Satoshi. Auch andere Blockchains erlauben die Aufteilung in Kleinstsummen, bei unterschiedlichen Unterteilungsgrößen, s.o. B. I. 3. a), S. 39 FN 79.

689 Vgl. *Hötzel*, Virtuelle Währungen, 180.

690 *Albrecht/John*, FR 2019, 393 (399); *Liegmann/Farruggia-Weber*, BB 2019, 2524 (2526). Im Ergebnis auch *Krüger*, BB 2018, 1887 (1889); *Kanders/Thonemann-Micker/Gräfe*, ErbStB 2018, 145 (147 ff.).

(c) Handel als berufliche Haupttätigkeit

Ein wesentliches Kriterium des gewerblichen Wertpapierhandels ist sein Betreiben als berufliche Haupttätigkeit. Erscheint die Betätigung nur als Nebenaktivität, ist dies spiegelbildlich Indiz für eine privat betriebene Tätigkeit.

Im Vergleich zu den blockchain-basierten Vermögenswerten ergeben sich insoweit kaum Unterschiede. Auch die Echtzeit-Verfolgung der entsprechenden Kurse der Netzwerke ist möglich und Teil einer professionellen Handelstätigkeit. Es liegt daher nahe, das Merkmal aus der Rechtsprechung zum Wertpapierhandel unter einem ähnlichen Verständnis zu übertragen.[691] Gerade bei blockchain-basierten Vermögenswerten werden Transaktionen überwiegend per App abgewickelt, deren Einrichtung und Bereitstellung einfach und an kaum Voraussetzungen gekoppelt ist. Dadurch kann praktisch jede Person nebenberuflich eine Handelstätigkeit von einigem Umfang betreiben.[692] Zur Abgrenzung ist daher festzustellen, in welchem Umfang an Handelsaktivitäten partizipiert wird. Erscheint das Handeln danach als hauptsächliche Berufstätigkeit, liegt auch bei blockchain-basierten Vermögenswerten ein gewichtiges Indiz für eine Gewerblichkeit vor.

(d) Direkter Marktzugang und Marktöffentlichkeit

Für den Handel mit Wertpapieren wird vielfach angeführt, dass ein direkter Marktzugang, das heißt ohne Rückgriff auf Depotbanken, eine gewerbliche Tätigkeit nahelegt. Es ist gerade Konsequenz des ideologischen Ansatzes blockchain-basierter Netzwerke, dass eine vergleichbare Struktur bei diesen nicht existiert.[693] Zwar gibt es eine Vielzahl von Handelsbörsen, die auf den ersten Blick als Banksurrogate agieren. Ein Handeln an den Börsen „vorbei" wäre aber nur vorstellbar, wenn die steuerpflichtige Person eine eigene Börse gründen würde. Ohne eine solche Plattform erscheint es schwerlich möglich, die notwendige Vernetzung und Flexibilität zu erreichen, die für einen derartigen Handelsbetrieb notwendig ist. Zudem erfordern die Börsen überwiegend nicht die Einrichtung einer eigenen Wallet, in welche die Token eingelegt werden müssten. Dem Kriterium des direkten Marktzugangs kommt daher beim Token-Handel keine Bedeutung zu.[694] Ein offener und unregulierter Markt ist vielmehr der Standard beim Handel mit blockchain-basierten Vermögenswerten.

---

691 *Kanders/Thonemann-Micker/Gräfe*, ErbStB 2018, 145 (149).

692 Vgl. *Albrecht/John*, FR 2019, 393 (403).

693 *Hötzel*, Virtuelle Währungen, 181; *Albrecht/John*, FR 2019, 393 (402).

694 Anders, aber nicht näher begründet, bei *Liegmann/Farruggia-Weber*, BB 2019, 2524 (2526), nach denen es „keinen Unterschied [macht], ob dies im Falle der Wertpapiere

Allerdings ist es auch beim Token-Handel möglich, eine Vielzahl von Börsen gleichzeitig zu beobachten und so besonders günstige Gelegenheiten zur Investition wahrzunehmen. Hierzu können sich Interessierte schlicht einen Account bei beliebig vielen Börsen einrichten und so über zahllose Wege am Handel teilnehmen.[695] Die Verfügbarkeit einer Vielzahl von Handelsplattformen trägt zu einer breiteren Marktöffentlichkeit bei und kann Indiz für eine gewerbliche Tätigkeit sein. Allerdings wird diesbezüglich zu fordern sein, dass der Handelnde sich auch tatsächlich auf den verschiedenen Plattformen betätigt. Es fällt dabei gleichwohl nicht so stark ins Gewicht wie etwa das Kriterium der beruflichen Haupttätigkeit, da der Zugang zu den Börsen leicht ist und kaum Aufwand erfordert.

(e) Handeln (auch) auf fremde Rechnung

Ein wesentliches Indiz für eine gewerbliche Tätigkeit als Wertpapierhändler ist das Handeln (auch) auf fremde Rechnung. Verwaltet eine steuerpflichtige Person nicht (nur) ihr eigenes, sondern auch fremdes Vermögen, liegt nahe, dass eine Vermögensverwaltung nicht länger gegeben ist. Vielmehr liegt dann eine der Vermögensverwaltung wesensfremde Tätigkeit vor, die in die gewerbliche Sphäre einzuordnen ist. Denn die Verwaltung fremden Vermögens findet bereits begriffslogisch außerhalb der privaten Verwaltung eigenen Vermögens statt.

Auch in diesem Fall ergibt sich für den Handel mit blockchain-basierten Vermögenswerten keine abweichende Beurteilung. Einer privaten Vermögensverwaltung erscheint es fremd, entgeltlich Geschäfte für andere Netzwerkbeteiligte neben der eigenen Vermögensverwaltung zu besorgen. Liegen solche Geschäfte vor, ist dies ein gewichtiges Indiz für eine gewerbliche Tätigkeit.[696]

(f) Einsatz von Fremdkapital

Der Einsatz von Fremdmitteln wird im Wertpapierhandel als nahezu bedeutungslos behandelt. Allerdings kommt ihm im Goldhandel eine gewisse Indizwirkung zu, da einzelfallabhängig ein Hebeleffekt (sog. Leverage-Effekt) bewirkt werden kann. Dieser Unterschied ist insbesondere wirtschaftsgutsbedingt, da die Fremdkapitalkosten im Falle der Wertpapiere über die laufenden

---

über ein Depotkonto bei einer Bank oder im Falle von Kryptowährungen über einen Exchange-Anbieter geschieht".

695 Vgl. *Albrecht/John*, FR 2019, 393 (402 f.).

696 *Krauß/Blöchle*, DStR 2018, 1210 (1212); *Kanders/Thonemann-Micker/Gräfe*, ErbStB 2018, 145 (148); *Albrecht/John*, FR 2019, 393 (403).

Erträge gedeckt werden können, was beim Goldhandel nicht möglich ist, da solche nicht existieren (Gold ist ein „fruchtloses“ Wirtschaftsgut[697]).[698] Die Kosten lassen sich daher nur mit der Gewinnmarge decken, das heißt diese muss größer sein als die Finanzierungskosten. Eine Nutzung dieses Leverage-Effekts wird von der Rechtsprechung als gewerbstypisch angesehen.[699] Aufgrund der Art und Weise des Einsatzes steht dabei die Substanzausnutzung derart im Vordergrund, dass der Rahmen einer typischerweise privaten Vermögensverwaltung verlassen wird.[700]

Bei blockchain-basierten Vermögenswerten besteht eine ähnliche Ausgangslage: Auch hier werfen die Token, außerhalb des Stakings, keine laufenden Erträge ab. Gewinne sind nur durch Veräußerung zu realisieren. Eine direkte Übertragung der Grundsätze zum Wertpapierhandel scheidet daher bereits aus, da keine Vergleichbarkeit zu einem „klassischen“ Wertpapier besteht. Vielmehr kann in einer Nutzung von Fremdkapital, unter zuvor genannten Umständen, ein Indiz für eine gewerbliche Tätigkeit vorliegen. Es ist daher zu kritisieren, dass das Merkmal bisweilen reflexhaft aus dem Kanon der Abgrenzungskriterien ausgeschlossen wird.[701] Nach *Kanders/Thonemann-Micker/Gräfe*[702] liegt der Grund für die Nichtberücksichtigung des Fremdkapitaleinsatzes in der gleichzeitigen und vermeintlich folgerichtigen Nichtberücksichtigung der Umschlagshäufigkeit. Eine direkte Korrelation zwischen beiden Faktoren erschließt sich jedoch nicht, zumal die Verfassenden verkennen, dass die vermeintlich nur auf den Goldhandel bezogene Argumentation auch in anderen Bereichen Anwendung findet.[703] Zudem lassen sich die Kosten auch durch einmalige Veräußerungen ausgleichen, was ja gerade durch die beabsichtigte Hebelwirkung sogar regelmäßig geplant sein wird. Dies zeigt die Unabhängigkeit vom Merkmal der Umschlagshäufigkeit.

Folglich kann dem Merkmal des Einsatzes von Fremdkapital eine große Bedeutung zukommen, wenn es für einen Hebeleffekt eingesetzt wird.

---

697 S. in diesem Abschnitt IV. 2. e) dd) (1) (a), S. 176.

698 Vgl. BFH v. 19.01.2017 – IV R 50/14, BStBl. II 2017, 456 (460).

699 BFH v. 19.01.2017 – IV R 50/14, BStBl. II 2017, 456 (460); v. 24.8.2011 – I R 46/10, BStBl. II 2014, 764 (768).

700 *Lang*, Bemessungsgrundlage, 479; *Rodin/Veith/Bärenz*, DB 2004, 103 (105).

701 So *Heuel/Matthey*, NWB 2018, 1037 (1052); *Dies.*, EStB 2018, 300 (304).

702 *Kanders/Thonemann-Micker/Gräfe*, ErbStB 2018, 145 (148).

703 Vgl. etwa BFH v. 24.8.2011 – I R 46/10, BStBl. II 2014, 764 (768) bzgl. eines Private Equity Fonds.

(g) Professionalität und büromäßige Organisation

Der Grad der Professionalität, insbesondere das Vorliegen einer büromäßigen Organisation, hat als Abgrenzungskriterium in den letzten Jahren an Relevanz verloren. Viele Handelsformen, insbesondere auch der Wertpapierhandel, wurden zunehmend digitalisiert und lassen den Bedarf an einem Büro und/oder Hilfskräften entfallen.[704] Gerade der Handel mit blockchain-basierten Vermögenswerten fand von vornherein über Apps und dezentrale Plattformen statt, sodass alle wesentlichen Vorgänge vom Handelnden selbst zu steuern sind. Es ist daher bereits mit einfachsten Mitteln ein (branchenüblicher) hoher Professionalisierungsgrad zu erreichen. Dem Kriterium kommt folglich nur noch ausnahmsweise Bedeutung zu.[705]

(h) Zusammenfassung und Kriterienkatalog

Insgesamt haben sich bei vielen Kriterien eine Übereinstimmung von Wertpapier- und Token-Handel ergeben. Bei genauerer Betrachtung ergeben sich jedoch Unterschiede, die bisweilen über Nuancen hinausgehen; trotz der strukturellen Vergleichbarkeit dürfen die Besonderheiten der blockchain-basierten Vermögenswerte nicht außer Acht gelassen werden, wozu insbesondere die „Fruchtlosigkeit" des Wirtschaftsgutes zählt. Daher sind die Gemeinsamkeiten mit der Fallgruppe des Devisenhandels am stärksten ausgeprägt, da auch diese „fruchtlose" Wirtschaftsgüter sind.[706] In der Konsequenz lassen sich einige Merkmale aus der Kasuistik zum Wertpapierhandel sinngemäß oder nur leicht abgewandelt übertragen, andere sind gänzlich abzulehnen. Die vielfach eingeforderte analoge[707] oder sinngemäße[708] Anwendung ist daher stets mit Vorsicht zu betreiben. Sachgerechter ist es, die Kriterien unter den Einzelfall zu subsumieren und so die individuellen Charakteristiken der Netzwerke und Token einfließen zu lassen. Im Grundsatz lassen sich trotzdem die folgenden Kriterien formulieren, welche nach ihrer jeweiligen Indizwirkung absteigend sortiert sind:

---

704 So bereits BFH v. 20.12.2000 – X R 1/97, BStBl. II 2001, 706 (708 f.); *Ritzrow*, EStB 2011, 187 (188 f.).

705 *Heuel/Matthey*, NWB 2018, 1037 (1052); *Albrecht/John*, FR 2019, 393 (403); *Krauß/Blöchle*, DStR 2018, 1210 (1211).

706 So auch *Liegmann/Farruggia-Weber*, BB 2019, 2524 (2526).

707 *Reiter/Nolte*, BB 2018, 1179 (1183); *Heuel/Matthey*, NWB 2018, 1037 (1051); *Dies.*, EStB 2018, 300 (304); *Hufeld* in: BeckOK EStG, § 15 Tz. 1100.

708 *Kanders/Thonemann-Micker/Gräfe*, ErbStB 2018, 145 (148); *Liegmann/Farruggia-Weber*, BB 2019, 2524 (2526).

1. Wird der Handel als berufliche Haupttätigkeit betrieben, liegt ein gewichtiges Indiz für eine gewerbliche Tätigkeit vor;
2. Nimmt die steuerpflichtige Person auch Transaktionen für fremde Rechnung gegen Entgelt vor, liegt ein gewichtiges Indiz für eine gewerbliche Tätigkeit vor;
3. Nutzt die steuerpflichtige Person Fremdkapital, um damit einen sogenannten Leverage-Effekt zu bewirken, liegt ein gewichtiges Indiz für eine gewerbliche Tätigkeit vor;
4. Ist die steuerpflichtige Person auf einer Vielzahl von Börsen angemeldet und führt dort auch Transaktionen aus, kann ein ergänzendes Indiz für eine gewerbliche Tätigkeit vorliegen.
5. Hat die steuerpflichtige Person zum Zwecke des Handels ein eigenes Büro und/oder Hilfskräfte, kann ein ergänzendes Indiz für eine gewerbliche Tätigkeit vorliegen;
6. Die Umschlagshäufigkeit und -größe sowie ein direkter Marktzugang sind keine entscheidungserheblichen Kriterien.

Noch mehr als beim Wertpapier- und Devisenhandel können die Umstände des Einzelfalls an Geltung gewinnen. Hat die handelnde Person etwa eigens angeschafftes Mining-Equipment und kombiniert so eine produzierende mit einer Handelstätigkeit, ist dies ein kaum zu widerlegendes Indiz für eine Gewerblichkeit. Gleichwohl läge in diesem Fall ein Aliud zum hier betrachteten reinen Handelsbetrieb vor; vielmehr wäre dies eine Mischform aus Mining und Trading, die bereits oben beleuchtet wurde.[709] Gleiches gilt für eine komplementierende Nutzung von Cloud-Mining.

Die Parallelen zu den Devisen bedingen auch beim Handel mit blockchain-basierten Vermögenswerten, dass die Sphäre der privaten Vermögensverwaltung weit ausgedehnt wird. Eine Gewerblichkeit wird nur bei größeren Handelsunternehmungen anzunehmen sein, bei privaten Tradern nur ausnahmsweise vorliegen. Insofern gleicht die Schwelle der Gewerblichkeit doch stark den Verhältnissen beim Wertpapierhandel.

ee) Ergebnis

Die bekannten Rechtsprechungskriterien zum Wertpapier- bzw. Devisen- und Goldhandel sind nicht ohne weiteres auf den Handel mit blockchain-basierten Vermögenswerten zu übertragen, auch wenn es einige Parallelen gibt. Letzterer

---

709 S. Abschnitt D. II. 2. b), S. 106 ff.

stellt eine Zwischenkategorie zwischen Wertpapieren und Edelmetallen dar. Folgerichtig finden Kriterien aus beiden Fallgruppen Anwendung, ergänzt um die Besonderheiten des Wirtschaftsgutes und des Handels. Final wird dem Einzelfall große Bedeutung zukommen, da die Grenzen des Handelsbegriffes noch nicht vollständig konturiert sind. Auch beim Token-Handel wird eine Gewerblichkeit nur bei umfangreichen Tätigkeiten anzunehmen sein, die insgesamt als Haupttätigkeit der Steuerpflichtigen erscheinen. Typischerweise wird es sich – wie auch beim Wertpapierhandel – um eine private Vermögensverwaltung handeln.

f) Ergebnis: Einkünfte aus Gewerbebetrieb, § 15 EStG

Das Schicksal der Einkünftequalifikation eines Handelsbetriebes wird sich insbesondere anhand der Abgrenzung zur privaten Vermögensverwaltung entscheiden. Demnach sind Einkünfte aus Gewerbebetrieb durchaus möglich. In der Mehrzahl der Fälle wird die Handelstätigkeit jedoch nicht über eine private Vermögensverwaltung hinausgehen.

3. Einkünfte aus Kapitalvermögen, § 20 EStG

Liegen keine Einkünfte aus Gewerbebetrieb vor, könnten Kapitaleinkünfte i.S.d. § 20 EStG vorliegen. Insbesondere könnte eine Veräußerung i.S.d. § 20 Abs. 2 EStG vorliegen. Hierfür müsste eine im Abs. 2 genannte Rechtsposition auf einen anderen Rechtsträger übertragen werden, worunter vor allem Beteiligungen an Kapitalgesellschaften fallen.[710] Der Tatbestand soll jede Realisierung von Kapitalvermögen durch Veräußerungen, aber auch Rückzahlungen, Abtretungen oder verdeckte Einlagen erfassen.[711] Die Veräußerung ist dabei an das Vorliegen von laufenden Erträgen i.S.d. Abs. 1 gekoppelt.[712]

Wie im Laufe der Arbeit gezeigt wurde, lassen sich mit bzw. durch Token keine Einkünfte i.S.d. § 20 Abs. 1 EStG erzielen.[713] Folgerichtig ist auch der Veräußerungstatbestand des § 20 Abs. 2 S. 1 Nr. 7 EStG nicht einschlägig, da keine Kapitalforderungen vorliegen.[714] Token erscheinen außerdem nicht als Anteile an einer Kapitalgesellschaft. Die Blockchain ist schon keine juristische Person,

710 *Ratschow* in: Blümich, § 20 EStG Tz. 351.
711 *Bleschick* in: Kirchhof/Seer, § 20 Tz. 117; *Buge* in: H/H/R, § 20 EStG Tz. 420 ff.
712 Vgl. *Buge* in: H/H/R, § 20 EStG Tz. 423.
713 Vgl. für Token aus dem Mining Abschnitt D. II. 3., S. 108; für Token aus dem Staking Abschnitt D. III. 3., S. 122; für Token aus dem Cloud-Mining Abschnitt D. VI. 3., S. 150; für Token aus dem Lending in diesem Abschnitt II. 3. a), S. 156 ff.
714 *Hötzel*, Virtuelle Währungen, 205.

sondern ein digitales Konstrukt ohne Qualität eines Rechtssubjektes. Auch ähnliche Beteiligungsformen sind nicht ersichtlich, sodass auch die übrigen Veräußerungstatbestände ausscheiden.[715]

Somit liegen jedenfalls keine Einkünfte aus § 20 Abs. 2 EStG vor.

4. Einkünfte aus privaten Veräußerungsgeschäften, §§ 22 Nr. 2, 23 Abs. 1 S. 1 Nr. 2 EStG

a) *Ausgangspunkt und systematische Einordnung der Norm*

Liegen keine gewerblichen Einkünfte vor, kommt gleichwohl eine Besteuerung als privates Veräußerungsgeschäft nach §§ 22 Nr. 2, 23 Abs. 1 S. 1 Nr. 2 EStG in Betracht. Bis zur Einführung der Abgeltungsteuer[716] kam der Frage nach der Abgrenzung zwischen Quellenerträgen, welche unter § 20 EStG subsumiert wurden, und Stammvermögenserträgen, welche nach § 23 EStG besteuert wurden, eine größere Bedeutung zu.[717] Während laufende Kapitalerträge i.S.d. Quellentheorie der Besteuerung unterworfen waren, blieb die Veräußerung von (privatem) Kapitalvermögen überwiegend steuerfrei.[718] Der Gesetzgeber hat schließlich alle privaten Kapitalveräußerungseinkünfte einer abgeltenden Besteuerung nach § 20 Abs. 2 EStG unterworfen, während sonstige private Veräußerungsgeschäfte von §§ 22 Nr. 2, 23 Abs. 1 S. 1 Nr. 2 EStG erfasst werden.[719] Durch diese Änderungen wollte der Gesetzgeber der Kritik[720] am Einkünftedualismus begegnen und die Steuererhebung vereinfachen.[721] Die Neuregelung hat die Probleme des Einkünftedualismus jedoch nicht behoben, sondern stellenweise sogar vertieft.[722] De lege lata wird etwa noch immer der „Gewinn" (§ 20 Abs. 2 S. 1 EStG) besteuert, obwohl die Einkünfte aus Kapitalvermögen nach § 2 Abs. 2 S. 1 Nr. 2 EStG zu den Überschusseinkunftsarten gehören.[723] Bei den privaten Veräußerungsgeschäften erfolgt weiterhin keine Besteuerung sämtlicher

715 *Hötzel*, Virtuelle Währungen, 205; *Pinkernell*, Ubg 2015, 19 (22).
716 Durch das Unternehmensteuerreformgesetz v. 14.8.2007, BGBl. I 2007, 1912.
717 *Hey* in: T/L, Tz. 8.493.
718 *Schmidt* in: BeckOK EStG, § 20 Tz. 1142.
719 *Bleschick* in: Kirchhof/Seer, § 20 Tz. 4; *Hey* in: T/L, Tz. 8.546, 8.493.
720 S. etwa *Tipke*, StRO II, 716 ff.; *Lang*, Bemessungsgrundlage, 514 ff.; *Hey* in: T/L, Tz. 8.185, 8.546.
721 BT-Drs. 16/4841, 33. S. auch *Bleschick* in: Kirchhof/Seer, § 20 Tz. 4.
722 S. etwa *Hey* in: T/L, Tz. 8.185, 8.546; *Buge* in: H/H/R, § 20 EStG Tz. 420; *Musil* in: H/H/R, § 23 EStG Tz. 8.
723 *Buge* in: H/H/R, § 20 EStG Tz. 420; *Ratschow* in: Blümich, § 20 EStG Tz. 350.

„capital gains", da die Besteuerung insbesondere an Haltefristen geknüpft ist.[724] Seit Jahren besteht aber die Tendenz, den sachlichen und zeitlichen Rahmen der Besteuerung privater Vermögenszuwächse zu erweitern.[725] Aus der ursprünglichen Besteuerung von Spekulationsgeschäften ist daher über die Jahre eine Besteuerung realisierter Werterhöhungen im Privatbereich geworden.[726]

Tatbestandlich erfordert ein privates Veräußerungsgeschäft zunächst ein Wirtschaftsgut, das von Steuerpflichtigen angeschafft worden sein müsste. Nachfolgend müsste das entsprechende Wirtschaftsgut innerhalb der sogenannten Haltefrist von einem Jahr (§ 23 Abs. 1 S. 1 Nr. 2 S. 1 EStG) wieder veräußert werden. Die Voraussetzung, dass das Wirtschaftsgut sowohl angeschafft als auch veräußert werden muss, schließt selbst hergestellte Wirtschaftsgüter vom Tatbestand aus.[727]

b) Anschaffung

aa) Wirtschaftsgut

Eine Anschaffung ist der entgeltliche Erwerb eines Wirtschaftsgutes von einem anderen.[728] Der Begriff stimmt mit den gleichlautenden aus § 6 Abs. 1 Nr. 5 EStG und §§ 253 Abs. 1, 255 Abs. 1 HGB überein.[729] Zur Erfüllung des Besteuerungstatbestandes bedarf es, unabhängig vom Zeitpunkt des Zuflusses, eines dinglichen Vollzugsaktes.[730]

In blockchain-basierten Vermögenswerten müsste zunächst ein Wirtschaftsgut vorliegen. Ein solches wird, entsprechend zur Behandlung bei §§ 4 ff. EStG, allgemein als ein vermögenswerter Vorteil definiert, welcher selbständig bewertbar und längerfristig nutzbar ist.[731] In

---

724 *Wernsmann* in: K/S/M, § 23 Tz. B 1, 3.

725 *Trossen* in: BeckOK EStG, § 23 Tz. 7 ff.; *Ratschow* in: Blümich, § 23 EStG Tz. 11.

726 Vgl. *Musil* in: H/H/R, § 23 Tz. 8. Bis zum Steuerentlastungsgesetz 1999/2000/2002 v. 24.03.1999, BGBl. I 1999, 402 (410) trug die Überschrift des § 23 EStG den Titel „Spekulationsgeschäfte"; nunmehr trägt sie den Titel „Private Veräußerungsgeschäfte", s. auch *Reinhart*, Private Veräußerungsgewinne, 3.

727 *Reinhart*, Private Veräußerungsgewinne, 72; *Ratschow* in: Blümich, § 23 EStG Tz. 93.

728 Ständige Rspr., vgl. nur BFH v. 16.6.2015 – IX R 21/14, juris, Tz. 18; *Kube* in: Kirchhof/Seer, § 23 Tz. 11; *Ratschow* in: Blümich, § 23 EStG Tz. 91.

729 *Trossen* in: BeckOK EStG, § 23 Tz. 209; *Wernsmann* in: K/S/M, § 23 Tz. B 64.

730 BFH v. 8.12.1981 – VIII R 125/79, BStBl. II 1982, 618 (619); *Musil* in: H/H/R, § 23 Tz. 54.

731 Vgl. BFH v. 12.6.2019 – X R 20/17, BStBl. II 2020, 3 (7) m.w.N.; *Wernsmann* in: K/S/M, § 23 Tz. B 6; *Loschelder* in: Schmidt, § 4 Tz. 25.

Literatur[732] und mittlerweile auch Rechtsprechung[733] herrscht Einigkeit darüber, dass Token aus Blockchains als Wirtschaftsgüter zu qualifizieren sind.[734] Ungeklärt ist noch, ob es sich um ein finanzielles[735] oder immaterielles[736] Wirtschaftsgut handelt; da beide Formen von § 23 Abs. 1 S. 1 Nr. 2 EStG erfasst sind[737], kommt diesem Streit aber nur akademische Bedeutung zu. Da den Token stets ein immanenter, realisierbarer und bewertbarer Wert innewohnt, ist die Einordnung als Wirtschaftsgut korrekt und zustimmungswürdig. Ein Wirtschaftsgut liegt daher in Form der Token vor.

bb) Auslegung des Erfordernisses einer Übertragung des Wirtschaftsgutes

(1) Darstellung des Problems

Eine weitere, aus dem Wortlaut nicht abzuleitende Anforderung an Anschaffung wie Veräußerung ist, dass die Übertragung eines Wirtschaftsgutes erfolgt.

---

732 Eingehend *Hötzel*, Virtuelle Währungen, 128 ff.; *Wernsmann* in: K/S/M, § 23 Tz. 200 „Kryptowerte"; *Richter/Augel*, FR 2017, 937 (940); *Weber-Grellet* in: Schmidt, § 23 Tz. 27, jeweils m.w.N.

733 FG Berlin-Brandenburg v. 20.6.2019 – 13 V 13100/19, juris, Tz. 22.

734 a.A. nur *Schroen*, DStR 2019, 1369 (1371 ff.), welcher bei seiner Betrachtung jedoch von einer eindimensionalen Verwendungsmöglichkeit von Werteinheiten ausgeht – der als Ersatzzahlungsmittel. Ob ein Wirtschaftsgut durch das Abstellen auf die Wertaufbewahrungsfunktion vorliegt prüft er gleichwohl nicht. Auch sein Argument, es handele sich bei blockchain-basierten Vermögenswerten um den „(…) Erwerb einer Signaturmöglichkeit (…)", was als „(…) reiner Hoffnungserwerb (emptio spei) zu klassifizieren (…)" sei, überzeugt nicht. Es handelt sich vielmehr um einen selbständigen, objektiv greifbaren und vermögenswerten Vorteil, auch wenn dieser unter dem Vorbehalt steht, dass er – aufgrund marktwirtschaftlicher Umstände – nicht mehr zu veräußern ist. Dieser besteht gerade in der Verfügungsmöglichkeit über die nächste Transaktion – was *Schroen* auch selbst konstatiert. Dies ist objektiv greifbar und selbständig bewertbar. Immaterielle Wirtschaftsgüter sind zudem stets mit Unsicherheiten behaftet; dies ist ihnen inhärent – selbst Gewinnchancen können immaterielle Wirtschaftsgüter sein, vgl. *Krumm* in: Blümich, § 5 EStG Tz. 531 ff. Indem *Schroen* weiterhin die regelmäßige Nutzung für mehrere Wirtschaftsjahre für maßgeblich erklärt, steht er – trotz des Aufsatztitels – im Widerspruch mit der aktuellen Rechtsprechung des BFH und der herrschenden Literaturmeinung, s. *Tiedchen* in: H/H/R, § 5 EStG Tz. 563 m.w.N.

735 So *Hötzel*, Virtuelle Währungen, 134.

736 FG Berlin-Brandenburg v. 20.6.2019 – 13 V 13100/19, juris, Tz. 22; *Richter/Augel*, FR 2017, 937 (940 f.); *Pinkernell*, Ubg 2015, 19 (22).

737 *Kube* in: Kirchhof/Seer, § 23 Tz. 7.

Die Besteuerungsfolge wird zumeist an die Übertragung des wirtschaftlichen Eigentums geknüpft[738], wobei ein dinglicher Vollzug stets erfolgen muss, auch wenn dieser zeitlich nach Übertragung des wirtschaftlichen Eigentums erfolgen kann.[739]

Dies wirft folgendes Problem auf: Token müssten durch eine Transaktion ebenfalls dinglich übertragen werden. Aufgrund ihrer fehlenden Körperlichkeit erscheint es fraglich, ob diese nach den Vorschriften der §§ 929 ff. BGB übereignet werden können. Auch eine Übertragbarkeit nach §§ 398, 413 BGB ist nicht ohne weiteres anzunehmen, da die Token selbst keine Forderung „gegen" die Blockchain verkörpern – diese ist kein Rechtssubjekt. Diese Überlegung führt – sollte sie zutreffen – zu einer fehlenden sachenrechtlichen Ebene bei blockchain-basierten Vermögenswerten.[740] Dies hätte eine generelle Nichtbesteuerung bei Veräußerungen blockchain-basierter Vermögenswerte im Privatbereich zur Folge, da der dingliche Vollzugsakt, mangels Möglichkeit, stets ausbliebe.[741]

Prüfungsgegenstand ist damit zunächst, ob ein dinglicher Vollzugsakt tatsächlich ausscheidet. Ist dies der Fall bedarf es der Untersuchung, ob das Merkmal des dinglichen Vollzugs im Rahmen des § 23 EStG weiterhin aufrecht zu erhalten ist oder ob eine andere Auslegung herangezogen werden muss.

(2) Möglichkeit der dinglichen Übertragung von blockchain-basierten Vermögenswerten

(a) Sacheigenschaft und Übertragbarkeit nach §§ 929 ff. BGB

Zuvor angesprochenes Problem entfällt, wenn die Übertragung von blockchain-basierten Vermögenswerten dem bekannten sachenrechtlichen Normregime

738 BFH v. 14.11.1974 – IV R 3/70, BStBl. II 1975, 281 (283); *Wernsmann* in: K/S/M, § 23 Tz. B 110.

739 BFH v. 8.12.1981 – VIII R 125/79, BStBl. II 1982, 618 (619); *Musil* in: H/H/R, § 23 Tz. 54.

740 Dies entspricht der h.M. im Zivilrecht: Eingehend *Kütük-Markendorf*, Internetwährungen, 79 f., 95 ff., nach welchem auch eine analoge Anwendung der sachenrechtlichen Vorschriften (§ 90 bzw. §§ 929 ff. BGB) aus systematischen wie teleologischen Gründen abzulehnen ist; S. außerdem *Pesch*, Cryptocoin-Schulden, 100 ff.; *Klinck* in: BeckOGK BGB, § 929 Tz. 19; *Möllenkamp/Shmatenko* in: Hoeren/Sieber/Holznagel, § 13.6 Tz. 68 ff.; *Boehm/Bruns* in: Bräutigam/Rücker, § 13 E. Tz. 14; *Kuhlmann*, CR 2014, 691 (696); *Engelhardt/Klein*, MMR 2014, 355 (357); *Kaulartz*, CR 2016, 474 (478); *Beck/König*, JZ 2015, 130 (132).

741 Vgl. *Hötzel*, Virtuelle Währungen, 207 ff.

folgt. Nachfolgend ist die Transaktion daher zunächst sachenrechtlich einzuordnen. Eine dingliche Übertragung beweglicher Gegenstände erfolgt nach den Voraussetzungen der §§ 929 ff. BGB. Die Übertragung von Forderungen und Rechten ist nach Maßgabe der §§ 398 ff. BGB möglich. Entscheidend für eine Übertragbarkeit im sachenrechtlichen Sinne ist bei Token, ob diese als Sachen i.S.d. § 90 BGB anzusehen sind. Nur (bewegliche) Sachen können nach den §§ 929 ff. BGB übereignet werden.[742]

Sachen i.S.d. BGB sind körperliche Gegenstände, § 90 BGB. Die Körperlichkeit ist nach rechtlichen, nicht naturwissenschaftlichen Wertungen zu bestimmen und beschreibt das räumliche Zutagetreten von Materie in beherrschungsfähiger Einheit, die den sachenrechtlichen Rechtsinstituten zugänglich ist.[743] Das Gut muss abgrenzbar i.S.e. körperlichen Trennbarkeit sein.[744] Dies ist bei Token problematisch: Sie existieren rein virtuell als Daten, womit fraglich ist, ob Daten Sachen i.S.d. BGB sein können. Dies ist, mit der herrschenden Meinung[745], zu verneinen sein, da sie nicht körperlich zugänglich gemacht werden können. Hieran ändert auch die virtuelle Zuordnung in der Blockchain oder die Zugriffsmöglichkeit durch den privaten Schlüssel nichts. Denn diese Instrumente können die Daten zwar digital ordnen und abgrenzen, nicht aber derart korporieren, dass sie räumlich abgrenzbar wären.[746] Dies lässt sich auch nicht durch Speicherung der Wallet auf einem Datenträger bzw. einer Paper Wallet umgehen.[747] Eine Übereignung eines Datenträgers beinhaltet die Übertragung des Eigentums an dem Datenträger an sich, aber nicht an den Daten. Den Erfordernissen des Sachbegriffes ist daher nicht genügt, womit Token keine Sachen i.S.d. § 90 BGB sind. Eine Übereignung i.S.d. §§ 929 ff. BGB scheidet damit aus. Durch die Blockchain sind die Token aber dennoch individualisierbar, zudem hat die innehabende Person durch die Funktion des privaten Schlüssels eine gewisse Herrschaftsposition inne. Da die Token auch einen eigenen

742 *Klinck* in: BeckOGK BGB, § 929 Tz. 15.

743 *J. Schmidt* in: Erman, § 90 Tz. 1.

744 *Kütük-Markendorf*, Internetwährungen, 79 f.; *Fritzsche* in: BeckOK BGB, § 90 Tz. 7; *Stresemann* in: MüKo BGB[1], § 90 Tz. 8.

745 Statt aller s. *Fritzsche* in: BeckOK BGB, § 90 Tz. 25 m.w.N.

746 *Kütük-Markendorf*, Internetwährungen, 79 f.; *Fritzsche* in: BeckOK BGB, § 90 Tz. 27; *Djazayeri*, jurisPR-BKR 6/2014, Anm, 1; *Schlund/Pongratz*, DStR 2018, 598 (600).

747 *Kütük-Markendorf*, Internetwährungen, 79 f.; *Pesch*, Cryptocoin-Schulden, 100 ff.; *Stresemann* in: MüKo BGB[1], § 90 Tz. 25.

Vermögenswert haben, erfüllen sie zumindest den Oberbegriff des sonstigen Gegenstandes i.S.d. BGB – jedoch nicht mehr.[748]

(b) Übertragung durch Abtretung, §§ 398, 413 BGB

Andere Publizierende denken an eine dingliche Verfügungsmöglichkeit mittels Abtretung nach §§ 398, 413 BGB.[749] Auch die Abtretung einer Forderung bzw. eines Rechts hat dinglichen Charakter.[750]

Hierbei ist problematisch, ob ein Recht i.S.d. § 413 BGB überhaupt besteht. Token stellen zunächst keine Immaterialgüter- oder Urheberrechte dar.[751] Ein solches müsste zwischen den Wallet-Inhabenden und dem „Betreibenden" des Blockchain-Netzwerks konstruiert werden. Die Stelle des „Betreibenden" wird jedoch nicht von einer natürlichen bzw. juristischen Person ausgefüllt, sondern von einer rein technischen Entität besetzt. Mangels eines rechtsfähigen Gegenübers kann in Token folglich auch keine Rechtsposition i.S.d. § 413 BGB gesehen werden.[752] Weiterhin erfolgt bei blockchain-basierten Vermögenswerten kein Übergang der Token durch die bloße Einigung zwischen den Parteien, wie es bei einer Abtretung aber zu erwarten wäre.[753] Vielmehr ist durch den „Zedenten" ein weiterer Akt, nämlich die Transaktion über das Blockchain-Netzwerk, zu effektuieren. Die Finalität der Übertragung durch diesen Realakt ist einer Abtretung fremd.[754] Es besteht daher kein Recht und keine Forderung. Auch eine sachenrechtliche Übertragung nach §§ 398, 413 BGB kommt daher nicht in Betracht.

---

748 *Kaulartz*, CR 2016, 474 (478); *Kütük-Markendorf*, Internetwährungen, 81 f.; zum Begriff *Mansel* in: Jauernig, Vor § 90 Tz. 1. Weitere sonstige Gegenstände sind etwa Betriebsgeheimnisse, Rezepturen oder „Know-How".

749 Ohne nähere Begründung *Mössner* in: BeckOGK BGB, § 90 Tz. 104.4; *Spindler/Bille*, WM 2014, 1357 (1362 f.).

750 *Rohe* in: BeckOK BGB, § 398 Tz. 26.

751 *Pesch*, Cryptocoin-Schulden, 97 ff.; *Paulus/Matzke*, ZfPW 2018, 431 (451 f.).

752 *Kütük-Markendorf*, Internetwährungen, 99; *Omlor/Spiegel* in: FinTech-Handbuch, § 19 Tz. 43. a.A. *Spindler/Bille*, WM 2014, 1357 (1362 f.) ohne jedoch das Recht i.S.d. §§ 398, 413 BGB benennen zu können („[...] ein wie immer geartetes ‚Recht' in Bezug auf den ‚Gegenstand' Bitcoin").

753 *Roth/Kieninger* in: MüKo BGB^3, § 398 Tz. 3.

754 *Omlor/Spiegel* in: FinTech-Handbuch, § 19 Tz. 44; *Paulus/Matzke*, ZfPW 2018, 431 (451).

(c) Möglichkeit einer analogen Anwendung sachenrechtlicher Vorschriften

Die Nichtübertragbarkeit blockchain-basierter Vermögenswerte nach den Rechtsnormen de lege lata wird bisweilen als unbefriedigend empfunden, weswegen die Möglichkeit einer analogen Anwendung sachenrechtlicher Vorschriften in der Literatur diskutiert.[755] Dem steht das sachenrechtliche Traditionsprinzip[756] und der sogenannte Numerus Clausus des Sachenrechts[757] entgegen. Für eine Analogie bedarf es stets einer planwidrigen Regelungslücke bei vergleichbarer Interessenlage.[758]

Eine analoge Anwendung der Übertragungsvorschriften aus §§ 929 ff. BGB scheitert bereits an einer fehlenden vergleichbaren Interessenlage. Den blockchain-basierten Vermögenswerten fehlt jede Vergleichbarkeit mit einer beweglichen Sache, sodass es kaum überzeugen kann, diese in das starre sachenrechtliche Normkorsett zu pressen. Vorbehaltlich technischer Innovationen ist es nicht möglich, blockchain-basierte Vermögenswerte irgendwie körperlich zugänglich zu machen. Auch im Vergleich zur gängigen Analogie bezüglich eines Anwartschaftsrechts besteht keine vergleichbare rechtliche Lage, da die Zuordnung eines Tokens an dessen Inhabenden nicht als rechtliches Minus zum Eigentum erscheint.[759] Es stellt vielmehr bereits die umfassendste Zugriffsform dar, die bei blockchain-basierten Vermögenswerten möglich ist. Dementsprechend lässt sich eine Analogie der §§ 929 ff. BGB, insbesondere unter den strengen Anforderungen des Sachenrechts, nicht vertreten.[760] Gegen eine analoge Anwendung der §§ 398 ff. BGB spricht, dass der Vollzugsakt stets an die Transaktion gekoppelt bleibt. Es bedarf mithin eines zusätzlichen faktischen Aktes, welcher dem Abtretungsrecht fremd ist; es kann daher nicht von einer vergleichbaren Interessenlage die Rede sein.[761] Auch eine Analogie des § 90 BGB

---

755 *Walter*, NJW 2019, 3609 (3611 ff.) plädiert für eine analoge Anwendung von § 90 BGB; *Spindler/Bille*, WM 2014, 1357 (1362 f.) möchten §§ 398, 413 BGB und ggf. §§ 929 ff. BGB analog anwenden; *Ammann*, CR 2018, 379 (382 f.) für §§ 873, 925 BGB analog; *Schlund/Pongratz*, DStR 2018, 598 (600) für §§ 929 ff. BGB analog.

756 *Klinck* in: BeckOGK BGB, § 929 Tz. 7 ff., 19.

757 *Kütük-Markendorf*, Internetwährungen, 96.

758 *Bydlinski*, Methodenlehre, 477; *Wank*, Methodenlehre, § 15 Tz. 110, 121.

759 *Kütük-Markendorf*, Internetwährungen, 96.

760 Ebenso *Kütük-Markendorf*, Internetwährungen, 96 f.; *Klinck* in: BeckOGK BGB, § 929 Tz. 19; *Möllenkamp/Shmatenko* in: Hoeren/Sieber/Holznagel, § 13.6 Tz. 22; *Kuhlmann*, CR 2014, 691 (696).

761 *Omlor/Spiegel*, FinTech-Handbuch, § 19 Tz. 44.

mit dem Ziel, die §§ 929 ff. BGB für eine dingliche Übertragung zugänglich zu machen, ist abzulehnen. Dem steht der Wille des historischen Gesetzgebers entgegen, welcher die Sachbegriffe bewusst abgrenzend formuliert und sonstige Gegenstände aus dem Anwendungsbereich ausgeschlossen hat.[762] Folgerichtig sprechen auch der eindeutige Wortlaut und die Gesetzessystematik, welche klar zwischen Sachen und sonstigen Gegenständen trennt[763], gegen eine Analogie.

Eine Analogie sachenrechtlicher Vorschriften ist damit insgesamt abzulehnen. Vielmehr wäre es Aufgabe des Gesetzgebers, das Regelungsregime anzupassen bzw. zu erweitern.[764]

(d) Ergebnis: Übertragbarkeit nach sachenrechtlichen Vorschriften

Die Untersuchung hat gezeigt, dass blockchain-basierte Vermögenswerte de lege lata weder nach §§ 929 ff. noch §§ 398, 413 BGB übertragbar sind. Vielmehr liegt in der Transaktion von Token ein reiner Realakt, der ohne eine sachenrechtliche Ebene auskommt.[765] Der berechtigten Person bleibt nur die übergeordnete Inhaberschaft, mit welcher jedoch keine Rechtspositionen einhergehen. Es ist somit auch festzuhalten, dass bei einem streng zivilrechtlichen Verständnis der Tatbestand des § 23 Abs. 1 S. 1 Nr. 2 EStG nie erfüllt wäre, da ein dinglicher Vollzug einer Transaktion von vornherein ausgeschlossen wäre.[766]

(3) Maßgeblichkeit eines dinglichen Vollzugsakts

(a) Sinn und Zweck

In der Folge ist zu überprüfen, ob das bisherige Ergebnis – die Nichtbesteuerung von Veräußerungen blockchain-basierter Vermögenswerte – systemgerecht und folgerichtig ist. Hierfür ist zu eruieren, welchem Stellenwert dem Merkmal beizumessen und ob dieses für den Besteuerungstatbestand maßgeblich ist.

---

762 S. *Kütük-Markendorf*, Internetwährungen, 80 f.

763 S. nur § 453 Abs. 1 BGB: „Die Vorschriften über den Kauf von Sachen finden auf den Kauf von Rechten und sonstigen Gegenständen entsprechende Anwendung". Durch die Formulierung wird klar, dass sonstige Gegenstände keine Sachen sind. Ansonsten wäre die in der Norm verankerte entsprechende Anwendung hinfällig.

764 *Omlor/Spiegel*, FinTech-Handbuch, § 19 Tz. 42. Ausführlich diskutiert wird zudem die Möglichkeit einer Novellierung des Dateneigentums, womit auch eine Anpassung der Verfügungsebene einhergehen würde. Näheres s. *Czychowski/Siesmayer* in: Kilian/Heussen, § 20.5 Tz. 51 ff. mit Darstellung des Diskussionsstandes.

765 *Kütük-Markendorf*, Internetwährungen, 99; *Paulus/Matzke*, ZfPW 2018, 431 (450).

766 *Hötzel*, Virtuelle Währungen, 208.

Gerade vor dem Hintergrund, dass das Merkmal der „Übereignung“ nicht im Wortlaut des Gesetzes wiederzufinden ist, stellt sich die Frage nach dem Sinn und Zweck seiner Existenz, welche über den Wortlaut hinausgeht.

Sinn und Zweck des § 23 EStG ist die Besteuerung von Werterhöhungen eines Wirtschaftsgutes innerhalb einer Spekulationsfrist, welche durch Veräußerung realisiert werden.[767] Daher bedarf es eines Instruments, um etwa Herstellungsvorgänge (also Formen des originären Erwerbs eines Wirtschaftsgutes) von der Besteuerung auszuschließen; nur derivativ erworbene Wirtschaftsgüter sollen von § 23 EStG erfasst sein.[768] Dieses Instrumentarium soll in Form von Anschaffung und Veräußerung vorliegen. Ziel ist es dabei, die Finalität einer wertmäßigen Zuordnung zu fixieren, was üblicherweise durch einen Rechtsträgerwechsel an einem Wirtschaftsgut Ausdruck findet.[769]

(b) Auslegung des Begriffs in der Literatur

Die exakten Anforderungen an eine solche Übertragung werden in der Literatur uneinheitlich beurteilt, ohne dass sich dabei ein erkennbares Meinungsspektrum gebildet hätte.[770] Insbesondere sind die Anforderungen, welche in der Literatur an den dinglichen Vollzugsakt geknüpft werden, mitunter diffus: Dieser wird teilweise als zwingend notwendig[771], teilweise als Option neben bzw. anstelle der Erlangung des wirtschaftlichen Eigentums[772], aber auch teilweise

---

767 BFH v. 25.8.1987 – IX R 65/86, BStBl. II 1988, 248 (249); s. auch BVerfG v. 9.3.2004 – 2 BvL 17/02, BStBl. II 2005, 56 (57); *Reinhart*, Private Veräußerungsgewinne, 71.

768 Vgl. eingehend BFH v. 30.11.1976 – VIII R 202/72, BStBl. II 1977, 384 (386 f.); *Ratschow* in: Blümich, § 23 EStG Tz. 91; *Wichmann*, DStR 1984, 547 (554).

769 *Hötzel*, Virtuelle Währungen, 209.

770 Anders wohl *Hötzel*, Virtuelle Währungen, 207 f., welcher eine streng zivilrechtliche und eine wirtschaftlich geprägte Sichtweise erkennt. Ob nun ein Streitstand vorliegt oder nicht ist für die folgende Beurteilung freilich nicht weiter von Bedeutung.

771 So explizit *Ratschow* in: Blümich, § 23 EStG Tz. 91: „Eine stl. beachtl. Anschaffung setzt den dinglichen Vollzug voraus“. *Wernsmann* in: K/S/M, § 23 Tz. B. 110: „Eine Veräußerung liegt daher nur vor, wenn es auch zu einem dinglichen Vollzugsakt kommt“; *Musil* in: H/H/R, § 23 EStG Tz. 54: „Die Vornahme eines schuldrechtl. Veräußerungsgeschäfts kann also so lange nicht zur StPflicht führen, wie die dingliche Übertragung noch aussteht (…)“; *Fuhrmann/Rosner,* DStZ 2006, 152 (155); *Trossen* in: BeckOK EStG, § 23 Tz. 214: „Die dingliche Übereignung muss nachfolgen (…)“, s. aber auch sogleich.

772 *Weber-Grellet* in: Schmidt, § 23 Tz. 31: „Entgelt Erwerb eines WG als (rechtl oder wirtschaftl) Eigentümer von einem Dritten, (…)“. So auch *Trossen* in: BeckOK EStG,

als entbehrlich[773] beurteilt. Es erscheint dabei so, als würden in der Literatur unterschiedliche Begrifflichkeiten und Vorgänge vermengt, was zu teils widersprüchlichen Aussagen führt.[774] Insbesondere wird oftmals nicht zwischen den rechtlichen Anforderungen an den Übertragungsakt einerseits und dem für die Erfüllung des Besteuerungstatbestandes konstitutivem Rechtsakt andererseits unterschieden. Hierdurch werden aber gänzlich verschiedene Fragen beantwortet. Deutlich wird zumindest, dass einige Publizierende strikt die Vollziehung des dinglichen Geschäfts verlangen und ohne eine solche eine Übertragung i.S.d. § 23 Abs. 1 S. 1 Nr. 2 EStG ablehnen.[775]

(c) Stellungnahme

Die streng zivilrechtliche Auslegung der Norm würde bedingen, dass ein privates Veräußerungsgeschäft durch Transaktion von Token nie vorliegen könnte, da eine sachenrechtliche Übertragung mangels Möglichkeit nicht erfolgen kann. Indes ist fraglich, ob diese strenge Auslegung wirklich absolutistisch zu verstehen ist, oder ob Abweichungen möglich erscheinen. Immerhin sind blockchain-basierte Vermögenswerte bzw. sonstige Gegenstände, soweit ersichtlich, die einzigen Wirtschaftsgüter, bei denen eine dingliche Übertragung schlechthin ausgeschlossen ist. Möglicherweise wird die Forderung nach einer dinglichen Übertragung in solcher Absolution postuliert, da abweichende rechtliche Phänomene bisher nicht in Erscheinung getreten sind. Hierfür spricht auch, dass

---

§ 23 Tz. 209: „Erforderlich für die Anschaffung ist jedenfalls der Erwerb des rechtlichen oder wirtschaftlichen Eigentums von einem Dritten".

773 *Hey* in: T/L, Tz. 8.555: „Abw. vom Zivilrecht sind für die Begriffe ‚Anschaffung' und ‚Veräußerung' maßgeblich die wirtschaftlich den Anschaffungs-/Veräußerungsakt konstituierenden Verpflichtungsgeschäfte und nicht die dinglichen Erfüllungsgeschäfte (…)".

774 Beispielhaft s. etwa *Trossen* in: BeckOK EStG, § 23 Tz. 209: „Erforderlich für die Anschaffung ist jedenfalls der Erwerb des rechtlichen oder wirtschaftlichen Eigentums von einem Dritten". Dem widerspricht scheinbar die folgende Tz. 214, in der es heißt: „Zeitpunkt der Anschaffung ist das schuldrechtliche Verpflichtungsgeschäft. Die dingliche Übereignung muss nachfolgen (…)". Aus Tz. 214 lässt sich ein Muss der dinglichen Übertragung ableiten, während Tz. 209 ein Oder vorgibt. Hier erscheint es im Kontext des Kommentars jedoch wahrscheinlich, dass Tz. 214 als Abgrenzung des Zeitpunktes zu interpretieren ist, während Tz. 209 die Ansicht des Autors bezüglich der Übertragung wiedergibt.

775 So positionieren sich jedenfalls FG Rheinland-Pfalz v. 2.9.2004 – 4 K 1144/03, juris, Tz. 21 f.; *Fuhrmann/Rosner*, DStZ 2006, 152 (155); *Ratschow* in: Blümich, § 23 EStG Tz. 91; *Wernsmann* in: K/S/M, § 23 Tz. B 110; *Musil* in: H/H/R, § 23 EStG Tz. 54.

die Forderung nach einer dinglichen Übertragung der Überlegung entspringt, dass jedes Veräußerungsgeschäft eine Lieferverpflichtung zur Verschaffung des Wirtschaftsgutes enthalten muss.[776] Diese Lieferverpflichtung wird sodann zu einer dinglichen Übertragung konkretisiert. Eine solche Verpflichtung liegt auch bei Kauf- bzw. Tauschverträgen über Token vor, doch beinhaltet diese nicht die Eigentumsübertragung oder Abtretung, sondern die Verschaffung der Inhaberschaft bzw. des wirtschaftlichen Eigentums im Wege der Transaktion. Der Rechtsträgerwechsel ist in diesen Fällen aber nicht weniger final; es fehlt ihm lediglich an der sachenrechtlichen Manifestation.

Es spricht demnach einiges dafür, die strenge Auslegung als eine Forderung nach einem (rechtlich oder wirtschaftlich manifestierten) Rechtsträgerwechsel zu verstehen, die sich zur Konkretisierung dieser Ansicht auf den dinglichen Vollzugsakt bezieht. So ließe sich für sonstige Gegenstände vertreten, dass ein dinglicher Übertragungsakt nicht erforderlich ist, sondern ein anders gearteter Rechtsträgerwechsel vorliegen muss, der objektspezifisch zu bestimmen ist.[777] Als ergänzendes Argument können § 6 EStG bzw. § 255 HGB herangezogen werden, dessen gemeinsamer Begriff „Anschaffungskosten" die Auslegung des Begriffs „Anschaffung" in § 23 EStG vorgibt.[778] Bei der Auslegung dieser Begriffe entscheidet ebenfalls das wirtschaftliche Eigentum und das Vorhandensein eines Rechtsträgerwechsels.[779] Daher erschiene es widersprüchlich und somit unwahrscheinlich, dass Publizierende aus der Kommentarliteratur eine unterschiedliche Auslegung des Begriffs „Anschaffung" propagieren, obwohl sie an anderer Stelle die Ähnlichkeit betonen.[780] Dieses Paradoxon lässt sich widerspruchsfrei auflösen, indem die fehlende Berücksichtigung der Veräußerung

---

776 Vgl. BFH v. 8.12.1981 – VIII R 125/79, BStBl. II 1982, 618 (619); *Musil* in: H/H/R, § 23 EStG Tz. 52; *Wernsmann* in: K/S/M, § 23 Tz. B 110.

777 In diese Richtung FG Rheinland-Pfalz v. 2.9.2004 – 4 K 1144/03, juris, Tz. 22: „Weil die Übertragung eines Wirtschaftsgutes einen Rechtsträgerwechsel voraussetzt, liegt eine Anschaffung in der Regel nur vor, wenn der schuldrechtliche Verpflichtungsvertrag auch dinglich vollzogen wird". Auch in der Folge ist stets vom „grundsätzlichen" oder „regelmäßigen" Erfordernis eines dinglichen Übertragungsaktes die Rede. Das Gericht hält Ausnahmen also wohl für möglich.

778 Vgl. nur BFH v. 20.4.2004 – IX R 5/02, BStBl. II 2004, 987 (988) m.w.N.; *Trossen* in: BeckOK EStG, § 23 Tz. 209, 212; *Wernsmann* in: K/S/M, § 23 Tz. B 64.

779 *Ehmcke* in: Blümich, § 6 EStG Tz. 94; *Werndl* in: K/S/M, § 6 Tz. B 28.

780 Diese Eintracht wird etwa von *Ratschow* in: Blümich, § 23 EStG Tz. 91 betont; ebenso bei *Wernsmann* in: K/S/M, § 23 Tz. B 64.

sonstiger Gegenstände als schlicht nicht berücksichtigt betrachtet wird und auf einen Rechtsträgerwechsel abzustellen ist.

Unter den zuvor genannten Überlegungen könnten Transaktionen von blockchain-basierten Vermögenswerten die strengen Anforderungen erfüllen, da ein Rechtsträgerwechsel in Form der Inhaberschaft erfolgt. Im Übrigen ergeben sich keine Unterschiede zwischen den angeführten Auslegungsvarianten. Ungeachtet dieser „Umdeutung" wäre eine strenge zivilrechtliche Sicht, die eine Anschaffung oder Veräußerung nur strikt unter dinglichem Vollzug annimmt, abzulehnen. Eine derartige Einengung des Normgehaltes, die sich zudem nicht aus dem Wortlaut ableiten lässt, wäre mit Sinn und Zweck der Norm nicht zu vereinbaren. Eine Realisation der Wertsteigerung liegt unschwer und unabhängig von der zivilrechtlichen Einordnung des Geschäftes vor.[781] Die Besteuerung derart von der zivilrechtlichen Beurteilung diktieren zu lassen wäre dem Steuerrecht fremd. Das Abstellen auf den Übergang des wirtschaftlichen Eigentums, wie auch bei der Beurteilung der Anschaffungskosten, führt hingegen auch im Fall der blockchain-basierten Vermögenswerte zu einem sachgerechten Ergebnis.[782] Denn im Falle der blockchain-basierten Vermögenswerte kann eine vergleichbare Zuordnung durch die Blockchain erreicht werden. Durch die Zuweisung von Token in die Wallet einer nutzenden Person kommen diesem Ausschluss- und Verfügungsmöglichkeiten zu, die dem Eigentum stark gleichen; insbesondere kann nur er Transaktionen autorisieren und so eine Änderung der Inhaberschaft bewirken. Eine solch starke Position sollte, selbst wenn sie nur faktisch angelegt ist, eine abschließende Zuordnung eines Wirtschaftsgutes ohne weiteres ermöglichen, sodass dem Normzweck genügt ist. Die Transaktion von Token stellt außerdem eine Form des derivativen Erwerbs von Wirtschaftsgütern dar, sodass sie auch nach dem Belastungsgrund des § 23 EStG vom Tatbestand erfasst sein sollte.[783]

(4) Ergebnis

Die angestellten Erwägungen haben gezeigt, dass eine Übertragung im Rahmen des § 23 EStG weiterhin gefordert werden kann und sollte. Gleichwohl ist an diese strengstens die Anforderung eines Rechtsträgerwechsels zu stellen. Bei Forderung einer stets auszuführenden dinglichen Übertragung des Wirtschaftsgutes würden Transaktionen mit Token andernfalls nie den Besteuerungstatbestand

---

781 *Hötzel*, Virtuelle Währungen, 209.

782 Im Ergebnis auch *Hötzel*, Virtuelle Währungen, 209 f.

783 S. das zuvor unter (a), S. 193 Besprochene.

erfüllen, da sie nicht sachenrechtlich übertragbar sind. Dies wäre mit dem Besteuerungsgegenstand und -zweck jedoch nicht zu vereinbaren und findet auch keinen Niederschlag im Wortlaut der Norm. Eine finale Zuordnung des Wirtschaftsgutes kann anhand der Blockchain erfolgen und im Wege des wirtschaftlichen Eigentums in die steuerrechtliche Betrachtung integriert werden. Das Merkmal der „Übertragung" steht einer Besteuerung daher insgesamt nicht im Wege.

cc) Entgeltlicher abgeleiteter Erwerb eines Wirtschaftsgutes

(1) Auslegung des Merkmals

Weitere Voraussetzung einer Anschaffung ist der entgeltliche abgeleitete Erwerb des Wirtschaftsgutes.[784] Dies grenzt den entgeltlichen Erwerb insbesondere von der nichtsteuerbaren Herstellung eines Wirtschaftsgutes ab.[785] Bei blockchain-basierten Vermögenswerten können die Token aus verschiedenen Erwerbsvorgängen stammen. Im Rahmen dieser Arbeit wurde der Erwerb durch Mining, Staking, eine Hard Fork, Faucets/Air Drops oder Vertrag erörtert. Innerhalb dieser Phänomene lässt sich eine Unterscheidung in originär erworbene, das heißt (im weitesten Sinne) hergestellte Token, und derivativ erworbene, das heißt gegen Entgelt erlangte Token vornehmen. Unter die originär erworbenen Token fallen alle Vermögenswerte, die durch einen Herstellungsprozess erzeugt werden. Hierunter sind sämtliche Token aus dem Mining, Staking und aus einer Hard Fork zu fassen. Selbst hergestellte Wirtschaftsgüter sind nach allgemeiner Auffassung nicht angeschafft i.S.d. § 23 EStG.[786] Die übrigen Erscheinungsformen blockchain-basierter Vermögenswerte behandeln Token, die derivativ erworben wurden. Aufgrund der in der Arbeit bereits hervorgetretenen Heterogenität der Phänomene sind diese isoliert zu untersuchen.

(2) Durch den Block Reward erhaltene Token

Wie zuvor[787] dargestellt ergibt sich der Zufluss der neu geschaffenen Token aus einer technischen Besonderheit der Blockchain-Technologie, welcher nur über die erfolgreiche Teilnahme am Proof-of-Work-Mechanismus erreicht werden kann. Dabei ist jedoch zu differenzieren: Nur die Token aus dem Block Reward

---

784 *Kube* in: Kirchhof/Seer, § 23 Tz. 11; *Ratschow* in: Blümich, § 23 EStG Tz. 91.

785 *Reinhart*, Private Veräußerungsgewinne, 71 f.; *Wernsmann* in: K/S/M, § 23 Tz. B 65; *Trossen* in: BeckOK EStG, § 23 Tz. 229, 231.

786 S. nur *Wernsmann* in: K/S/M, § 23 Tz. B 65 m.w.N.

787 Siehe oben Abschnitt C. II., S. 60 ff.

werden neu geschaffen, während die ebenfalls zugewiesenen Transaktionsgebühren bereits vorher bestanden haben, nämlich in der Wallet der Transferierenden.[788] Rein faktisch werden letztere auch von einem anderen erworben, da sie als Gegenleistung für die Verifizierung der eigenen Transaktion überwiesen werden. Sie sollen daher im Anschluss separat besprochen werden.

Hinsichtlich der Token aus dem Block Reward gibt es ein solches Gegenüber nicht. Die Token gelangen vielmehr durch den Zufall der Blockfindung in die Wallet des Miners. Sie entstehen erst nach Findung des Blocks und waren vorher keiner natürlichen oder juristischen Person zugeordnet, sodass weder ein Erwerb noch eine dritte Person vorliegen.[789] Überdies ist der Erwerb auch unentgeltlich, da kein Preis für die Erschaffung der Token gezahlt wird.[790] Anders beurteilt wird dies gleichwohl von *Hötzel*[791], welcher eine Anschaffung der Token aus dem Block Reward bejaht. Hierfür spreche, dass auch dem Mining ein entgeltlicher Anschaffungsvorgang innewohne, wenn der Prozess wirtschaftlich betrachtet werde. Für die wirtschaftliche Beurteilung und Vereinnahmung mache es keinen Unterschied, ob die Token erzeugt oder von einer dritten Person abgeleitet würden.

Dies kann jedoch nicht überzeugen. Es ist schon nicht ersichtlich, warum gerade im Falle der Herstellung blockchain-basierter Vermögenswerte der Sinn und Zweck des § 23 EStG gebietet, auch ein unentgeltlich erlangtes und selbst hergestelltes Wirtschaftsgut in die Besteuerung einzubeziehen. Die Herstellung von Token im Wege des Minings gleicht wirtschaftlich den bekannten Herstellungsprozessen: Ein Wirtschaftsgut wird von einer steuerpflichtigen Person selbst hergestellt und anschließend gewinnbringend veräußert. Eine Erklärung, warum gerade das Proof-of-Work sich dabei von den übrigen Herstellungsprozessen

788 Mitunter fehlt diese Differenzierung, s. etwa FBeh Hamburg v. 11.12.2017 – S 2256-2017/003-52, DStR 2018, 527; BT-Drs. 19/370, 21 f., s. hierzu auch sogleich.

789 *Dürr*, DStZ 2019, 562 (565); *Brinkmann/Meseck*, RdF 2018, 231 (234); *Behrendt/Janken*, DStZ 2018, 342 (345); *Albrecht/Sahrmann*, IWB 2018, 587 (590); *Kanders/Thonemann-Micker/Gräfe*, ErbStB 2018, 145 (149); *Reiter/Nolte*, BB 2018, 1179 (1181); *Krüger*, BB 2018, 1887 (1890); *Lohmar/Jeuckens*, FR 2019, 110 (111); *Heuel/Matthey*, NWB 2018, 1037 (1054); *Richter/Augel*, FR 2017, 937 (948); *Pielke*, AL 2020, 194 (195); *Heck*, DStZ 2019, 106 (109); *Ratschow* in: Blümich, § 23 EStG Tz. 96; *Trossen* in: BeckOK EStG, § 23 Tz. 199.7; *Wernsmann* in: K/S/M, § 23 Tz. B 67c.

790 Ebenso *Richter/Augel*, FR 2017, 1131 (1132); *Hakert/Kirschbaum*, DStR 2018, 881 (883).

791 *Hötzel*, Virtuelle Währungen, 240 f., auch zum Folgenden. Dem zustimmend wohl *Krumm* in: Blümich, § 5 EStG Tz. 740 „Bitcoins“.

abhebt, bleibt *Hötzel* schuldig. Sein Gedankengang, es mache wirtschaftlich keinen Unterschied, ob die Token von einer dritten Person erworben oder durch das System zugewiesen werden, lässt sich uferlos auf jedes andere herstellbare Wirtschaftsgut anwenden und verfängt daher nicht. Auch setzen Anschaffung wie Veräußerung jeweils einen Erwerb des Wirtschaftsgutes voraus. Notwendiger Teil eines Erwerbs sind bereits begriffslogisch zwei Rechtssubjekte und ein Rechtsträgerwechsel; deswegen werden als typische Erwerbsformen auch Kauf- und Tauschverträge genannt.[792] Hier liegt jedoch nur die steuerpflichtige Person, also ein einziges Rechtssubjekt vor. Die Blockchain ist, wie bereits dargestellt, kein Rechtssubjekt. Bereits dieser Befund schließt eine wirtschaftliche Vergleichbarkeit aus. Zuletzt mangelt es auch an einem marktoffenbaren Vorgang, da der Mining-Prozess und damit die Herstellung der Token nicht offen am Markt erfolgt.[793]

Es mangelt damit in mehrfacher Hinsicht an den rechtserheblichen Merkmalen einer Anschaffung. Im Mining liegt kein entgeltlicher Erwerb und kein marktoffenbarer Vorgang. Die Token aus dem Block Reward sind damit nicht angeschafft i.S.d. § 23 EStG und den Darstellungen bei *Hötzel* ist zu widersprechen. Ihre Veräußerung ist im Rahmen der Norm steuerfrei. Dies erscheint wertungskonsequent, berücksichtigt man die zuvor getroffenen Feststellungen zum Mining, wonach kein Leistungsaustausch und damit keine Steuerpflicht vorliegen.[794]

(3) Durch Transaktionsgebühren erhaltene Token

Anders als die Token aus Block Rewards werden solche aus Transaktionsgebühren nicht in den Wallets der Miner geschaffen, sondern fließen diesen von anderen Netzwerkbeteiligten zu. Es gibt folglich eine dritte Person, von welcher die Token erlangt werden. Gleichwohl könnte es an der erforderlichen Entgeltlichkeit des Erwerbs mangeln, denn der Miner gibt für die Token kein Entgelt hin.[795] Gegen diese Sichtweise wird mitunter eingewandt, die Verifikation des Blocks

---

792 BFH v. 10.9.2006 – IX R 47/04, BStBl. II 2007, 162: „Als Anschaffung und Veräußerung werden im Regelfall der entgeltliche Erwerb und die entgeltliche Übertragung eines Wirtschaftsgutes auf eine andere Person aufgefasst". S. auch *Schoor*, INF 1998, 174 (175); *Ratschow* in: Blümich, § 23 EStG Tz. 91.

793 Zu diesem Merkmal s. BFH v. 10.9.2006 – IX R 47/04, BStBl. II 2007, 162 m.w.N.

794 Hierzu s.o. Abschnitt D. II. 2. a) dd), S. 94 ff.

795 *Brinkmann/Meseck*, RdF 2018, 231 (234); *Heuel/Matthey*, NWB 2018, 1037 (1054); *Lohmar/Jeuckens*, FR 2019, 110 (111); *Pielke*, AD 2020, 194 (195); *Reiter/Nolte*, BB 2018, 1179 (1181). Wohl auch *Krüger*, BB 2018, 1887 (1890).

müsse als Entgelt für die Transaktionsgebühren angesehen[796] oder das Proof-of-Work selbst als Anschaffungsvorgang eingeordnet werden[797]. Letztgenannter Ansatz wurde bereits zuvor unter (1) abgelehnt, weswegen eine nochmalige Erörterung an dieser Stelle unterbleibt.

Kern des Diskurses ist dabei erneut, wie das Merkmal der Entgeltlichkeit des Erwerbs auszulegen ist. Wie bereits beschrieben sind typische Formen eines entgeltlichen Erwerbs Kauf- und Tauschverträge, wobei auch wirtschaftlich vergleichbare Konstellationen möglich sind.[798] Erbringt die steuerpflichtige Person eine Leistung, ist dies für den Tatbestand des privaten Veräußerungsgeschäfts mithin zu unspezifisch.[799] Die Bestätigung einer Transaktion steht in ihrem Charakter auch in keiner Nähe zu einem Kauf- oder Tauschvertrag, sondern erscheint als Dienstleistung gegenüber den anderen Netzwerkbeteiligten. Konsequenterweise sind die so erzielten Erträge als sonstige Leistungen gemäß § 22 Nr. 3 EStG zu versteuern, nicht aber als privates Veräußerungsgeschäft.[800]

Token aus Transaktionsgebühren sind daher mangels entgeltlichen Erwerbs nicht angeschafft.

(4) Durch Staking erhaltene Token

Bei Token, die der steuerpflichtigen Person durch die Teilnahme am Proof-of-Stake- bzw. Delegated-Proof-of-Stake erhält, stellt sich eine dem Mining ähnliche Situation dar. Auch in diesem Fall werden die Token neu hergestellt und in die Wallet der erfolgreichen Nutzenden überführt.

Unabhängig von der Teilnahme an Proof-of-Stake oder Delegated-Proof-of-Stake gibt es kein Rechtssubjekt, von welchem die Token aus der Teilnahme am Konsensmechanismus abgeleitet werden könnten. Dies führt zum bereits beim

---

796 *Heck*, DStZ 2019, 106 (109); *Behrendt/Janken*, DStZ 2018, 342 (345). Unklar FBeh Hamburg v. 11.12.2017 – S 2256-2017/003-52, DStR 2018, 527, nach welcher nur dann ein Erwerb vorliegt, wenn Token „nicht selbst generiert wurden". Allein die Token aus dem Block Reward werden vom Miner „selbst generiert", die Token aus Transaktionsgebühren bestanden schon vor Findung des Blocks; letztere werden aber nicht auch nicht ausdrücklich ausgenommen. Ähnlich unklar *Pinkernell*, Ubg 2015, 19 (22); *Richter/Augel*, FR 2017, 937 (948); *Wernsmann* in: K/S/M, § 23 Tz. B 67c; *Musil* in: H/H/R, § 23 EStG Tz. 142 „Kryptowährungen und Kryptotoken".

797 *Hötzel*, Virtuelle Währungen, 240 f., mit der bereits zuvor unter (1) beschriebenen Argumentation.

798 S. zuvor FN 792 und *Wernsmann* in: K/S/M, § 23 Tz. B 66.

799 So aber *Heck*, DStZ 2019, 106 (109)

800 *Reiter/Nolte*, BB 2018, 1179 (1181); *Brinkmann/Meseck*, RdF 2018, 231 (234).

Block Reward getroffenen Schluss, dass ein Erwerb im Normsinne nicht möglich ist. Gleiches gilt für die Entgeltlichkeit.[801] Die steuerpflichtige Person zahlt nichts, um die Token zu erhalten. Die Token, die sie in den Stake eingelegt hat, bekommt sie stets zurück, sodass auch diese nicht als Entgelt angesehen werden können. Ebenfalls liegt kein marktoffener Vorgang vor. Insgesamt ergeben sich damit für die Token aus dem Staking die gleichen Schlüsse wie für die Token aus dem Mining. Diese sind nicht angeschafft.[802]

Sofern die Einlage in den Stake mit zinsähnlichen Erträgen vergütet wird[803], werden diese ebenfalls vom System ausgekehrt. Ein entgeltlicher Erwerb scheidet damit ebenso aus, sodass keine Anschaffung vorliegt.[804] Erhält die steuerpflichtige Person neben einem Block Reward noch Transaktionsgebühren, teilen diese das zuvor unter (2) genannte Schicksal der Transaktionsgebühren beim Mining.

(5) Durch eine Hard Fork erhaltene Token

(a) Ausgangspunkt

Ebenfalls originär bei der innehabenden Person entstehen die Token aus einer Hard Fork. Diese werden auf der neuen Blockchain in gleicher Zahl erzeugt und spiegeln daher die Wallet auf der Ur-Blockchain. Im Zufluss selbst liegt zunächst, wie erörtert, kein steuerpflichtiger Vorgang.[805] Dem schließt sich allerdings die Frage an, ob eine Veräußerung der erlangten Token steuerpflichtig sein könnte.

Wie zuvor ausgeführt, ergibt sich der Zuwachs der neu geschaffenen Token aus einer technischen Besonderheit der Blockchain-Technologie, welche nur über einen umfassenden Konsens effektuiert werden kann. Dass dies gegen Entgelt geschieht, erscheint selbst theoretisch kaum vorstellbar.[806] Ein rein unentgeltlicher Erwerb entspricht keiner Anschaffung im Normsinne.[807] Die Existenz

---

801 *Brinkmann/Meseck*, RdF 2018, 231 (235).

802 *Lohmar/Jeuckens*, FR 2019, 110 (115); *Brinkmann/Meseck*, RdF 2018, 231 (235); a.A. *Wernsmann* in: K/S/M, § 23 Tz. B 67b, allerdings mit Bezug auf „Transaktionsgebühren". Ferner a.A. ohne Begründung *Pielke*, IWB 2018, 234 (239); *Ders.*, AL 2020, 194 (196), offenbar unter der technischen Fehlannahme, dass die Token aus dem Proof-of-Stake von den anderen Netzwerkbeteiligten „finanziert" werden. Dies entspricht jedoch keineswegs dem Leitbild des Mechanismus.

803 Vgl. Abschnitt D. III. 2. a) dd) (1) (a), S. 115.

804 a.A. *Wernsmann* in: K/S/M, § 23 Tz. B 67b.

805 S. Abschnitt D. IV., S. 125 ff.

806 Ebenso *Richter/Augel*, FR 2017, 1131 (1132); *Hakert/Kirschbaum*, DStR 2018, 881 (883).

807 *Weber-Grellet* in: Schmidt, § 23 Tz. 40.

der neu geschaffenen Token verdankt die innehabende Person darüber hinaus dem System und keinem Dritten, womit auch der Erwerb von einem anderen ausscheidet.[808] Ein abgeleiteter Erwerb ist daher in jedem Falle abzulehnen. In der Literatur werden aber auch andere Ansätze thematisiert, über die eine Anschaffung erreicht werden könnte: Die Nämlichkeit der vorhandenen und neu entstehenden Token sowie eine Übertragung der Rechtsprechungsgrundsätze zum Aktiensplit. Auf beide soll nachfolgend eingegangen werden.

(b) Nämlichkeit der neu entstandenen Token

(i) Grundsatz der Nämlichkeit

Bisweilen wird auf die Möglichkeit eingegangen, die neu entstandenen Token als „Rechtsnachfolger" zu bereits angeschafften Token auf der Ur-Blockchain zu betrachten. Diese wären dann nach dem Grundsatz der Nämlichkeit als identisch zu behandeln.[809] Sofern die steuerpflichtige Person ihre Token aus der ursprünglichen Blockchain angeschafft hat, könnte dies also auf die Token zu übertragen sein, die im Zuge einer Hard Fork entstehen; auch diese wären dann angeschafft. Es ist allerdings ausdrücklich hervorzuheben, dass dieser Gedankengang nur soweit reicht, wie das ursprüngliche Wirtschaftsgut auch wirklich im Normsinne angeschafft worden ist. Dies ist nach den zuvor gewonnenen Erkenntnissen bei Token aus dem Mining oder Staking nicht der Fall, sodass für diese Token von vornherein keine Anschaffung über die sogenannte Nämlichkeit in Betracht kommt. In der Literatur wird diesbezüglich teilweise unzureichend differenziert.[810]

Die Annahme einer solchen Nämlichkeit setzt allgemein voraus, dass ein angeschafftes mit dem später veräußerten Wirtschaftsgut identisch sein muss, wobei eine wirtschaftliche Identität genügt.[811] Diese ist anhand der Verkehrsanschauung und mit Bezug auf den Einzelfall zu bestimmen.[812] Die Rechtsprechung hat drei Merkmale für die Bestimmung der wirtschaftlichen Identität konturiert: Gleichartigkeit, Funktionsgleichheit und Gleichwertigkeit.[813] Liegen

---

808 *Richter/Augel,* FR 2017, 1131 (1132).

809 Zu diesem Grundsatz s. *Wernsmann* in: K/S/M, § 23 Tz. B 16 f. m.w.N.

810 *Kortendick/Rettenmaier*, FR 2019, 412 (414 f.); *Hakert/Kirschbaum*, DStR 2018, 881 (883 ff.).

811 Vgl. BFH v. 30.11.1999 – IX R 70/96, BStBl. II 2000, 262; *Wernsmann* in: K/S/M, § 23 Tz. B 16 f.

812 BFH v. 12.6.2013 – IX R 31/12, BStBl. II 2013, 1011 (1013).

813 S. nur BFH v. 12.6.2013 – IX R 31/12, BStBl. II 2013, 1011 (1013) m.w.N.

die Merkmale in Bezug auf beide Token-Gattungen vor, wären diese nämlich und damit ebenfalls als angeschafft zu behandeln. Die Begrifflichkeiten bleiben gleichwohl ohne feststehende Definition, sodass dem Einzelfall eine zentrale Relevanz zukommt.

(ii) Gleichartigkeit

Zwischen den Token aus der Ur-Blockchain und den durch die Fork entstandenen Token müsste zunächst Gleichartigkeit bestehen. Die bloße Tatsache, dass beide Token-Gruppen aus derselben Blockchain stammen, impliziert bereits eine Gleichartigkeit. Sie werden insbesondere hinsichtlich der technischen Spezifika weitgehend übereinstimmen. Auch auf abstrakter Ebene gehören sie stets zu den blockchain-basierten Vermögenswerten.[814] Die gleiche Überlegung spricht allerdings auch gegen eine Gleichartigkeit: Die Hard Fork wurde ja gerade herbeigeführt, um verschiedenen Communities eine Blockchain nach ihren „Vorstellungen" zu ermöglichen.[815] Die Token liegen in unterschiedlichen Wallets, die nutzenden Personen gebrauchen unterschiedliche Clients und die Blockchain entwickelt sich unabhängig von der anderen.[816]

Insgesamt ist zu resümieren, dass die unterschiedlichen Token zumindest nuancierte Unterschiede aufweisen. Im Falle der Hard Fork von Ethereum lagen aber beispielsweise gar keine Unterschiede vor, da es lediglich um die Löschung einer Transaktion ging. Die Tatsache, dass sich die Nutzenden unterschiedlicher Software bedienen müssen, vermag keine gravierende Andersartigkeit zu begründen. Insbesondere ist, wie *Hakert/Kirschbaum*[817] zutreffend bemerken, die Gleichartigkeit hinsichtlich des Wirtschaftsgutes zu beurteilen, nicht die Gleichartigkeit bezüglich der konkreten Blockchain. Die neue Software und

814 So auch *Hakert/Kirschbaum*, DStR 2018, 881 (885).

815 Im Falle von Bitcoin und Bitcoin Cash war dies etwa die Anhebung der Blockgröße seitens der Bitcoin Cash Community, vgl. https://www.forbes.com/sites/laurashin/2017/10/23/will-this-battle-for-the-soul-of-bitcoin-destroy-it/#62d19db23d3c; Bei Ethereum und Ethereum Classic ging es um die Frage, ob die Entwendung von Token im Wert von 50 Millionen US-Dollar rückgängig gemacht werden soll, indem die Transaktion manuell gelöscht wird, vgl. https://futurism.com/the-dao-heist-undone-97-of-eth-holders-vote-for-the-hard-fork; Auch bei Bitcoin Cash ereignete sich bereits eine Hard Fork, welche erneut auf Streitigkeiten bezüglich der Blockgröße zurückzuführen war, vgl. https://www.scmp.com/tech/blockchain/article/2173389/bitcoin-cash-hard-fork-everything-you-need-know-about-latest.

816 Vgl. *Richter/Augel*, FR 2017, 1131 (1132).

817 *Hakert/Kirschbaum*, DStR 2018, 881 (885).

Blockchain vermögen nichts daran zu ändern, dass die Token gleichartig sind. Die Gleichartigkeit ist daher zu bejahen und könnte höchstens entfallen, wenn durch die Hard Fork ein gänzlich anderes System implementiert wird (etwa Proof-of-Stake statt Proof-of-Work).

(iii) Funktionsgleichheit

Als weiteres Kriterium müssten die Token funktionsgleich sein. Ähnlich wie bei der Gleichartigkeit ist zunächst festzustellen, dass beide Gruppen der gleichen Blockchain entstammen und bereits deshalb sehr ähnliche Funktionen haben. Nicht relevant sein kann außerdem, welche Marktakzeptanz die Token haben, da es sich hierbei um Faktoren handelt, die sich erst nach der Fork konkretisieren. Wenn *Richter/Augel*[818] argumentieren, dass der Bitcoin vielfach als Zahlungsmittel akzeptiert wird, Bitcoin Cash aber nicht, ist das für die Feststellung einer Funktionsgleichheit nicht aussagekräftig.[819] Vielmehr ist darauf abzustellen, ob mit den neuen Token potentiell die gleichen Funktionen verfügbar sind wie bei auf der Ur-Blockchain.[820]

Wie auch bei der Gleichartigkeit ist daher festzuhalten, dass die Funktionsgleichheit gegeben ist. Auch hier steht dies vorbehaltlich des jeweiligen Einzelfalles, da elementare Änderungen durch eine Hard Fork nicht auszuschließen sind.

(iv) Gleichwertigkeit

Die Token müssten auch gleichwertig sein. Hier ist zunächst festzuhalten, dass der Zählwert üblicherweise gleich ist; 100 Token auf der Ur-Blockchain entsprechen 100 Token auf der „neuen[821]“ Blockchain. Wesentliche Unterschiede bestehen allerdings beim Kurswert: Hier hat das neu entstehende Netzwerk

---

818 *Richter/Augel*, FR 2017, 1131 (1132).

819 Ebenso *Hakert/Kirschbaum*, DStR 2018, 881 (885).

820 So ist Bitcoin Cash etwa ersichtlich darauf ausgelegt, als Ersatzzahlungsmittel zu funktionieren, s. nur https://www.bitcoincash.org/: „Bitcoin Cash is a peer-to-peer electronic cash system“. Ebenso *Hakert/Kirschbaum*, DStR 2018, 881 (885).

821 Unter „neu“ ist hier diejenige Blockchain zu verstehen, welche die geringere Unterstützung in der Community hat. Beispielsweise ist die Blockchain von Ethereum Classic strenggenommen die ursprüngliche Blockchain der (weitaus größeren) Währung Ethereum, da aus ihr die oben angesprochene Transaktion aus einem Diebstahl nicht entfernt wurde. Gleichwohl unterstützten nur rund 13% der Community die Beibehaltung der Transaktion, woraus schlussendlich Ethereum Classic wurde, vgl. http://v1.carbonvote.com/.

einen sehr viel geringeren Wert als das Ur-Netzwerk.[822] Die Wertbildung, die im Falle der Kryptowährungen (außerhalb der sogenannten Stablecoins) allein durch Angebot und Nachfrage stattfindet, ist zudem strikt getrennt. Dies ist ein elementarer Unterschied zwischen den Token; jede Blockchain schreibt ihre „eigene Geschichte" und hat ihren völlig individuellen Wert, der nach einer Hard Fork nicht länger von der anderen Blockchain beeinflusst wird.[823] In Wertfindung und Preisbildung sind die Token daher ein Aliud zueinander. *Hakert/ Kirschbaum*[824] wenden diesbezüglich ein, der (Markt-)Wert sei – ähnlich wie bei der Funktionsgleichheit – nicht zu berücksichtigen, da er allein am Markt und damit extern begründet werde. Hierbei bleibt allerdings fraglich, welcher „Wert" stattdessen Berücksichtigung im Rahmen der „Gleichwertigkeit" finden soll. Schließlich ist einem Wirtschaftsgut inhärent, dass sein Preis durch den Markt bestimmt wird. Anders ist ein Vergleichsmaßstab zwischen den Token auch kaum herzustellen, da es an ähnlichen Indikatoren schlichtweg mangelt.

Folglich liegt zwischen den Token im Regelfall keine Gleichwertigkeit vor. Sie unterliegen ihren eigenen Systemen und haben ihre eigenen Preisbildungsmechanismen. Auch rein numerisch besteht keine Gleichwertigkeit, da die „neuen" Token stets einen geringeren Marktwert haben als die ursprünglichen.

(v) Stellungnahme

Im Wege der erforderlichen Gesamtbetrachtung ist festzustellen, dass eine wirtschaftliche Identität zwischen den Token üblicherweise nicht besteht.[825] Einzelfallbezogen erscheint eine solche Identität theoretisch möglich, wenngleich es bislang keinen realen Vergleichsfall gibt und ein solcher auch unwahrscheinlich erscheint. Neben den gravierenden Unterschieden in der Wertigkeit muss stets im Blick behalten werden, dass am Ende der Hard Fork zwei völlig autarke

---

822 Vgl. je eine Woche nach der Hard Fork: Bitcoin, https://coinmarketcap.com/currencies/bitcoin/ v. 8.8.2017, ~3.380 $; Bitcoin Cash, https://coinmarketcap.com/currencies/bitcoin-cash/ v. 8.8.2017, ~350 $. Ethereum, https://coinmarketcap.com/currencies/ethereum/ v. 27.7.2016, ~13 $; Ethereum Classic, https://coinmarketcap.com/currencies/ethereum-classic/ v. 27.7.2016, ~2 $.

823 So richtigerweise *Richter/Augel*, FR 2017, 1131 (1132); *Brinkmann/Meseck*, RdF 2018, 231 (236).

824 *Hakert/Kirschbaum*, DStR 2018, 881 (885).

825 Ebenso *Richter/Augel*, FR 2017, 1131 (1132); *Brinkmann/Meseck*, RdF 2018, 231 (236); *Heuel/Matthey*, EStB 2018, 300 (301). a.A. *Hakert/Kirschbaum*, DStR 2018, 881 (885); *Pielke*, AL 2020, 194 (196), wenngleich ohne Begründung. Zumindest i.E. auch a.A. *Lohmar/Jeuckens*, FR 2019, 110 (113 f.).

Blockchains stehen, die eine eigene Community, eigene Regeln und einen eigenen Wert haben. Bereits dieser Befund lässt eine Identität von Token auf diesen Blockchains – und sei sie nur wirtschaftlich – unwahrscheinlich erscheinen. Jede nutzende Person erkennt die Token als eigenständige Werte der jeweiligen Blockchain an und leitet sie nicht voneinander ab. Es entstehen unterschiedliche Communities und unterschiedliche Wirtschaftssysteme. Die Token auf der neuen und alten Blockchain sind nicht nämlich.

(c) Anwendung der Rechtsprechung zur Substanzabspaltung von Gratisaktien

(i) Darstellung der Rechtsprechung und Voraussetzungen einer Übertragbarkeit

In der Literatur wird überdies ein weiterer Ansatz diskutiert, um zu einer Anschaffung der Token aus einer Hard Fork zu gelangen. Dieser geht auf *Siegel*[826] zurück, welcher eine Anschaffung schlussendlich annimmt. Nach seinen Ausführungen ergibt sich die Anschaffung der neu entstandenen Token unmittelbar aus der Anschaffung der bestehenden Token auf der Ur-Blockchain. Die Entstehung und Zuweisung der neu geschaffenen Token sei „Konsequenz" aus der zeitlich vorgelagerten Anschaffung der Ur-Token; zwischen der Anschaffung der Ur-Token und der Entstehung der neuen Token bestehe daher eine Kausalität.[827] Dies führe zur steuerrechtlichen Konsequenz, dass die neugeschaffenen Token unter den Fristen der Ur-Token ebenfalls als angeschafft gelten. Diese Sichtweise wird mit Parallelen zur Rechtsprechung bezüglich Substanzaufspaltung bei Gratisaktien unterstrichen.[828] Bei einer solchen Substanzaufspaltung werden im Zuge einer Kapitalerhöhung bestehende Aktien in mehrere aufgeteilt, ohne dass ein Wertzuwachs bei Anlegenden erfolgt. Die so neu entstehenden Aktien werden wie die Altsubstanz behandelt, teilen also insbesondere die Haltefrist

---

826 *Siegel*, FR 2018, 306 f., auch zum Folgenden.

827 *Ratschow* in: Blümich, § 23 EStG Tz. 127; *Lohmar/Jeuckens*, FR 2019, 110 (113 f.); *Kortendick/Rettenmaier*, FR 2019, 412 (414 f.); *Hakert/Kirschbaum*, DStR 2018, 881 (884 f.). a.A., d.h. keine Analogie und keine Anschaffung *Richter/Augel*, FR 2017, 1131 (1132) und FR 2018, 308 f.; *Brinkmann/Meseck*, RdF 2018, 231 (236); *Kanders/Thonemann-Micker/Gräfe*, ErbStB 2018, 145 (149); *Heuel/Matthey*, EStB 2018, 300 (301); *Reiter/Nolte*, BB 2018, 1179 (1181).

828 Hierzu s. etwa BFH v. 21.1.1999 – IV R 27/97, BStBl. II 1999, 638; v. 19.12.2000 – IX R 100/97, BStBl. II 2001, 345; *Trossen* in: BeckOK EStG, § 23 Tz. 218; BMF v. 18.1.2016 – IV C 1-S 2252/08/10004:017, 2015/0468306, BStBl. I 2016, 85 (100).

i.S.d. § 23 Abs. 1 S. 1 Nr. 2 S. 1 EStG. Übertragen auf die Blockchain würde dies bedeuten, dass die neuen Token nach diesem Modell aus der Substanz der alten Token entstehen und so ihr rechtliches Schicksal teilen.

Bei der Prüfung der Übertragbarkeit dieser Rechtsprechungsgrundsätze auf den vorliegenden Fall der Hard Fork sind zunächst die dargebrachten Kriterien darzustellen. Anschließend sind die Fälle zu vergleichen. Liegt eine hinreichende Vergleichbarkeit im tatsächlichen wie rechtlichen Sinne vor, könnte eine Übertragung der Rechtsprechungskriterien angedacht werden. Die Folge wäre eine Anschaffung der neuen Token unter den Fristen der alten Token.

(ii) Kriterien der Rechtsprechung

Die Urteile vom 21.1.1999[829] und 19.12.2000[830] ergingen zu Fällen, in denen eine Aktiengesellschaft durch eine Kapitalerhöhung neue Aktien ausgab. In den Urteilen wurde festgestellt, dass die neuentstehenden Aktien Teil der Substanz der „Altaktien" sind, da sie einen Teil der stillen Reserven und Stimmrechte enthielten, die bis dahin in den Altaktien bestanden.[831] Mithin entstünden die neuen Beteiligungsrechte auf Kosten der Substanz der Altaktien.[832] Hieraus sei die Konsequenz zu ziehen, dass die Anschaffungskosten für die Altaktien ebenfalls anteilig abzuspalten seien.[833] Gleichfalls soll gelten, dass angeschaffte Altaktien eine ebensolche Anschaffung der neuen Aktien bedingen.[834]

Zusammenfassend ergingen die Urteile also zu Fällen, in denen Beteiligungsrechte an einer Gesellschaft neu ausgegeben wurden, was zu einer „Verwässerung" der Substanz der bisher bestehenden Rechte führte. Um dem Rechnung zu tragen wird eine „Abspaltung" eines Teils des Wirtschaftsgutes „Beteiligungsrecht" angenommen, wodurch z.B. Anschaffungskosten anteilig verteilt werden. Eine Anschaffung der neu entstehenden Wirtschaftsgüter wird, unter den Fristen des bisher bestehenden Gutes, angenommen. Für die Anlegenden ergibt sich also keine verlängerte Haltefrist.

---

829 BFH v. 21.1.1999 – IV R 27/97, BStBl. II 1999, 638.

830 BFH v. 19.12.2000 – IX R 100/97, BStBl. II 2001, 345.

831 Vgl. BFH v. 21.1.1999 – IV R 27/97, BStBl. II 1999, 638 (641).

832 BFH v. 21.1.1999 – IV R 27/97, BStBl. II 1999, 638 (641); v. 19.12.2000 – IX R 100/97, BStBl. II 2001, 345 (346).

833 BFH v. 21.1.1999 – IV R 27/97, BStBl. II 1999, 638 (642 f.); v. 19.12.2000 – IX R 100/97, BStBl. II 2001, 345 (346); BMF v. 18.1.2016 – IV C 1-S 2252/08/10004:017, 2015/0468306, BStBl. I 2016, 85 (100).

834 *Trossen* in: BeckOK EStG, § 23 Tz. 218; BMF v. 18.1.2016 – IV C 1-S 2252/08/10004:017, 2015/0468306, BStBl. I 2016, 85 (100).

(iii) Übertragbarkeit auf die Token aus einer Hard Fork

Im nächsten Schritt ist zu eruieren, ob sich die zuvor besprochenen Folgen auf die Token aus einer Hard Fork übertragen lassen. In diesem Fall wären die Token auf der Ur-Blockchain die „Altaktien", während die neu entstehenden Token neue Wirtschaftsgüter wären. Letztgenannte müssten zudem als „Abspaltung" des ursprünglichen Wirtschaftsgutes erscheinen.

Eine derartige Abspaltung wird mit dem Argument angenommen, dass nach der Hard Fork auch eine Aufspaltung der Kursgewinne zu beobachten sei, die Token-Gruppen also einer Wertteilung unterlägen; eine Abspaltung der Substanz liege demnach vor und sei messbar.[835] Zudem wird darauf verwiesen, dass die ursprüngliche Anschaffung der Token den späteren Erwerb durch die Hard Fork voraussetze und bedinge.[836]

Dem Argument, die Anschaffung der Ur-Token bedinge die spätere Entstehung der Fork-Token, ist zunächst beizupflichten. Diese Argumentation geht aber über die Feststellung einer reinen Kausalität nicht hinaus und vermag, für sich genommen, keine steuerlichen Konsequenzen zu bewirken. Essenz der Rechtsprechung des BFH ist es, dass ein Teil der Substanz eines Wirtschaftsgutes (der Altaktien) in ein Neugeschaffenes (die neuen Aktien) übergeht. Eine solche Substanzabspaltung müsste folglich bei der Hard Fork eines Blockchain-Netzwerkes ebenfalls zu beobachten sein. Das erste hierfür angeführte Argument, eine Kursänderung infolge der Hard Fork, stellt sich bei Überprüfung der Kursentwicklung als bloße Behauptung dar: Tatsächlich ist eine Kursveränderung, die sich als „Abspaltung" interpretieren ließe, nicht zu erkennen.[837] Wie bereits im Rahmen der Gleichwertigkeit[838] der Token beschrieben gibt es keine merkliche Verschiebung aufgrund einer Hard Fork; vielmehr setzen beide hier untersuchten Netzwerke, Bitcoin und Ethereum, ihren Aufwärtstrend in der Zeit nach der Hard Fork fort.

---

835 *Siegel*, FR 2018, 306 (307); *Hakert/Kirschbaum*, DStR 2018, 881 (885).

836 *Siegel*, FR 2018, 306 (307); *Hakert/Kirschbaum*, DStR 2018, 881 (884 f.); *Kortendick/Rettenmaier*, FR 2019, 412 (414).

837 Vgl. *Heuel/Matthey*, EStB 2018, 300 (301); *Richter/Augel*, FR 2018, 308 (309).

838 S.o. (b) (iv), S. 205.

Abb. 12: Kurswerte der Währung Bitcoin vor und nach der Hard Fork zu Bitcoin Cash. Der Zeitpunkt der Hard Fork ist durch den roten Strich gekennzeichnet. Eine Werteinbuße ist nicht erkennbar, vielmehr setzt Bitcoin seinen bestehenden Trend fort. Grafik nach https://coinmarketcap.com/currencies/bitcoin/, 20.7.2017 - 14.8.2017.

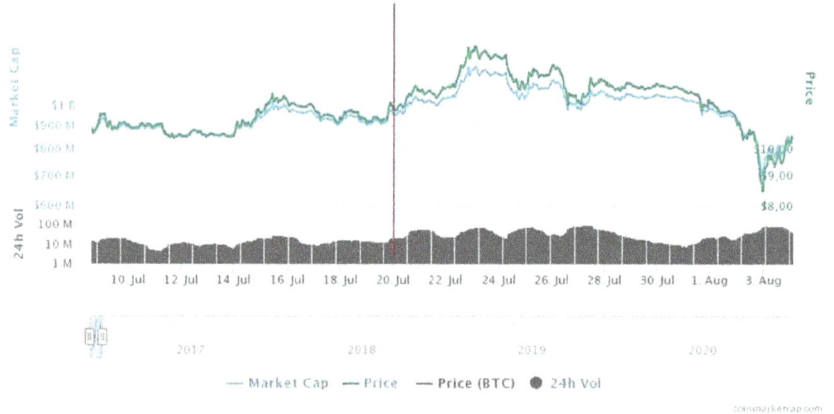

Abb. 13: Kurswerte der Währung Ethereum vor und nach der Hard Fork zu Ethereum Classic. Der Zeitpunkt der Hard Fork ist durch den roten Strich gekennzeichnet. Eine Werteinbuße ist auch hier nicht erkennbar. Die Kursverluste ab dem 30. Juli liegen bereits zehn Tage nach der Hard Fork und sind schwerlich auf diese zurückzuführen. Grafik nach https://coinmarketcap.com/currencies/ethereum/, 9.7.2016 - 4.8.2016.

Befremdlich an einer Übertragung der Rechtsprechungskriterien wäre zudem, dass die Token aus dem Mining bzw. Staking nicht umfasst wären, da keine Anschaffung vorliegt. Die Lösung würde daher zu einem fragmentarischen Ergebnis führen, obwohl eine etwaige Substanzaufspaltung den Wert aller Token auf der Ur-Blockchain umfasst. Dies erscheint willkürlich und nicht sachgerecht.

Es ist damit festzuhalten, dass sich eine Substanzabspaltung schon tatsächlich nicht feststellen lässt. Auch in wirtschaftlicher Hinsicht erscheinen die neuentstehenden Token nicht als Teil der Substanz der Ur-Token. Durch die neugeschaffenen Token verliert die innehabende Person keine Rechte oder Funktionen auf der Ur-Blockchain. Die entsprechenden Token sind nach der Fork kein „Minus" zum Zustand vor der Fork und auch kein abgespaltener Teil des Wirtschaftsgutes.[839] Mithin liegt allein ein Substanzgewinn in Form der neuen Token vor, aber keine Substanzabspaltung. In Ermangelung dieses Kriteriums ist eine Übertragung der zuvor genannten Rechtsprechungsgrundsätze abzulehnen.

Die Konstellation ähnelt vielmehr dem sogenannten Aktiensplit.[840] Bei einem Aktiensplit wird eine Aktie in mehrere Aktien aufgeteilt; Gesellschaftsanteil und Grundkapital bleiben nach dem Split aber unverändert.[841] Die Lösung betrifft im Ergebnis nur die Anschaffungskosten, welche anteilig auf die Aktien verteilt werden; ein weiterer Anschaffungsvorgang durch den Split liegt explizit nicht vor.[842] Übertragen auf die Hard Fork würde dies bedeuten, dass die Anschaffungskosten der Ur-Token anteilig auf die Fork-Token übertragen werden.[843]

(d) Ergebnis: Anschaffung der durch eine Hard Fork erhaltenen Token

Die Untersuchung hat gezeigt, dass neu entstehende Token aus einer Hard Fork nicht i.S.d. § 23 EStG angeschafft werden. Zunächst liegt kein abgeleiteter Erwerb von einem Dritten vor. In der Literatur werden außerdem zwei Ansätze diskutiert, um dennoch einen solchen annehmen zu können; beide können jedoch nicht überzeugen und sind abzulehnen, sodass schlussendlich eine Anschaffung nicht erfolgt. Von vielen Publizierenden wird außerdem übersehen, dass eine Anschaffung nach diesen Modellen nur für ohnehin angeschaffte Ur-Token in Betracht käme.

---

839 Ebenso *Richter/Augel*, FR 2018, 308 (309).

840 Ebenso *Heuel/Matthey*, EStB 2018, 300 (301); *Reiter/Nolte*, BB 2018, 1179 (1181); *Richter/Augel*, FR 2017, 1131 (1133); *Wernsmann* in: K/S/M, § 23 Tz. B 67b.

841 Vgl. BMF v. 18.1.2016 – C 1 – S 2252/08/10004, BStBl. I 2016, 85 (100).

842 BMF v. 18.1.2016 – C 1 – S 2252/08/10004, BStBl. I 2016, 85 (100).

843 *Reiter/Nolte*, BB 2018, 1179 (1181); *Heuel/Matthey*, EStB 2018, 300 (301).

(6) Durch Mining-Pools erhaltene Token

Ebenfalls können Token aus Mining-Pools generiert werden. Hierbei ist zu beachten, dass die Token nicht originär aus dem Block Reward stammen, sondern erst durch den Pool-Administrator übertragen werden.[844] Typischerweise erhält also eine teilnehmende Person des Pools den Block Reward und weist durch nachfolgende Transaktionen den übrigen Teilnehmenden ihren vereinbarten Anteil zu. Es handelt sich damit streng genommen nicht um einen Originärerwerb wie etwa beim Mining oder Staking, sondern um einen derivativen Erwerb.

Der erfolgreiche Miner, welcher den Block findet, schafft die so erhaltenen Token nicht an.[845] Die Übertragung an die übrigen Teilnehmenden erfolgt sodann unentgeltlich; es liegt dem kein Kauf- oder Tauschgeschäft zugrunde, sondern die Vereinbarung des Mining-Pools. Dementsprechend ist für die Beurteilung dieses Vorgangs auf § 23 Abs. 1 S. 3 EStG zu rekurrieren, wonach auf die Anschaffung des Rechtsvorgängers abzustellen ist. Dies ist Ausdruck der im Steuerrecht bekannten sog. „Fußstapfentheorie", wonach der Rechtsnachfolger grundsätzlich in die Rechtsposition des Rechtsvorgängers eintreten soll.[846] Da dieser, wie zuvor erörtert, die Token nicht angeschafft hat, liegt auch für die Teilnehmenden des Mining-Pools keine Anschaffung vor. Darüber hinaus zahlen sie weder dem erfolgreichen Miner noch dem Pool-Betreibenden ein Entgelt. Folglich ist mangels Anschaffung des Rechtsvorgängers den Teilnehmenden des Mining-Pools eine solche nicht anzurechnen.

Damit sind die Erträge aus Mining-Pools, wie auch die Token aus „gewöhnlichem" Mining, nicht i.S.d. § 23 EStG angeschafft und können steuerfrei veräußert werden.[847]

(7) Durch Cloud-Mining erhaltene Token

Auch beim Cloud-Mining liegt ein Vergütungsmodell vor, welches dem „gewöhnlichen" Mining fremd ist: Die steuerpflichtige Person zahlt für Rechenleistung, um diese sodann zum Mining einzusetzen.

Wichtig ist dabei, die Parteibeziehungen exakt zu definieren: Die steuerpflichtige Person und die anbietende Person des Cloud-Minings schließen einen

844 S. hierzu bereits Abschnitt D. V. 3. c), S. 141.

845 Dies gilt für Block Reward wie Transaktionsgebühren, s. zuvor unter (1), S. 198, und (2), S. 200.

846 Hierzu s. z.B. *Trossen* in: BeckOK EStG, § 23 Tz. 231 f.

847 Ebenso *Ratschow* in: Blümich, § 23 EStG Tz. 96; *Wernsmann* in: K/S/M, § 23 Tz. B 67c.

Vertrag über die gebuchte Rechenleistung. Dieser Vertrag beinhaltet gleichwohl keine vertraglichen Zusicherungen o.ä. bzgl. Eines Erfolgs beim Proof-of-Work. Somit liegt zwar eine dienstleistungsähnliche und entgeltliche Leistung der Anbietenden an die steuerpflichtige Person vor. Hiervon zu separieren ist aber die Erlangung der Token aus dem Proof-of-Work: Diese erlangt die steuerpflichtige Person nicht von den Anbietenden des Cloud-Minings, sondern unentgeltlich durch den Verifikationsmechanismus. Es liegt damit exakt die Konstellation vor, die zuvor bereits für das Mining bzw. Pool-Mining besprochen wurde. Dementsprechend gelten für das Cloud-Mining die dort getroffenen Erörterungen entsprechend. Die Token sind nicht angeschafft.[848]

(8) Durch Airdrops/Faucets erhaltene Token

(a) Token, die ohne bzw. mit minimalem Zutun der Empfangenden zufließen

Bei den durch Airdrops/Faucets erhaltenen Token ist, in Folge der bereits oben[849] getroffenen Differenzierung, keine einheitliche Beantwortung der Frage nach der Anschaffung möglich. Der Grad des Zutuns seitens der Token-Empfangenden variiert zu stark, als dass eine pauschale Einordnung aller Airdrops/Faucets möglich wäre.

Verhältnismäßig einfach erscheint die Behandlung von Token, die den Steuerpflichtigen ohne bzw. unter minimalem Zutun zufließen. Beispielhaft lässt sich das unaufgeforderte und unentgeltliche Zuschicken von Token oder die Erlangung mittels eines Klicks nennen. In diesen Fällen wird ein unentgeltlicher Erwerb anzunehmen sein, da eine Schenkung vorliegt.[850] Dementsprechend bestimmt sich eine Anschaffung nach Maßgabe des § 23 Abs. 1 S. 3 EStG, das heißt bei einer Anschaffung des Rechtsvorgängers ist diese den Empfangenden zuzurechnen. Ohne dies nachvollziehbar zu substantiieren geht ein großer Teil der Literatur davon aus, dass die Token aus Airdrops/Faucets stets bzw. ganz überwiegend aus Originärerwerb stammen.[851] Dies hätte zur Folge, dass eine

---

848 Wohl auch *Ratschow* in: Blümich, § 23 EStG Tz. 96; *Wernsmann* in: K/S/M, § 23 Tz. B 67c.

849 Abschnitt E. III., S. 166.

850 *Brinkmann/Meseck*, RdF 2018, 231 (236); *Heuel/Matthey*, EStB 2018, 300 (302 f.); *Kortendick/Rettenmaier*, FR 2019, 412 (415); *Krüger*, BB 2018, 1887 (1890); *Lohmar/Jeuckens*, FR 2019, 110 (117); *Reiter/Massoner*, ISR 2018, 424 (427).

851 So *Kortendick/Rettenmaier*, FR 2019, 412 (415); *Brinkmann/Meseck*, RdF 2018, 231 (236); *Heuel/Matthey*, NWB 2018, 1037 (1050); *Lohmar/Jeuckens*, FR 2019, 110 (117); *Wernsmann* in: K/S/M, § 23 Tz. B 67b.

Anschaffung nicht vorliegt, da der Rechtsvorgänger die Token nicht selbst angeschafft hat. In dieser Pauschalität lässt sich diese Annahme jedoch nicht stützen. Bewerben Betreibende ihre neue Blockchain mit Gratis-Token ist durchaus einleuchtend, dass diese aus Originärerwerb, nämlich aus der Herstellung durch die Betreibenden stammen. Dies ist aber nicht für jeden Airdrop/Faucet gleichermaßen schlüssig. Insbesondere bei der Ausgabe von Token größerer Netzwerke ist es wahrscheinlicher, dass es sich dabei um derivativ erworbene Token handelt.[852] Denn es erscheint unwahrscheinlich, dass jede anbietende Person eines derartigen Mechanismus zumindest einmal den Block Reward erzielt hat und auch genau diese Token im Programm hinterlegt.[853] Die Erhebung über die Herkunft der Token ist dabei, bedingt durch die Blockchain-Technologie, ohne weiteres möglich. Gerade deshalb bleibt die Beantwortung der Anschaffungs-Frage einzelfallabhängig.

Für die Token dieser Gruppierung wird daher eine Anschaffung von der Beurteilung nach § 23 Abs. 1 S. 3 EStG abhängen.

(b) Token, die unter Hingabe von Daten, Informationen o.ä. zufließen

Wie bereits oben[854] erörtert, kann in der Hingabe von (persönlichen) Daten oder Informationen im Einzelfall eine Leistung gesehen werden. Möglicherweise können diese Vorgänge auch als Entgelt für den Erwerb von Token verstanden werden.

Ein Äquivalent zu einem Kauf- oder Tauschvertrag nimmt die Rechtsprechung an, wenn eine Vereinbarung einem Kaufvertrag wirtschaftlich gleichzustellen ist.[855] Die Erfordernis eines Erwerbs durch Geld i.e.S. ist dem nicht zu entnehmen, sodass diese Tatsache nicht gegen die Annahme einer Anschaffung spricht. Gleichwohl ist die Tätigkeit der steuerpflichtigen Person, ob sie in der Hingabe von Daten oder dem Download einer App besteht, kaum wertmäßig quantifizierbar, sodass sich Bewertungsprobleme ergeben.[856] Auch liegt kein Kauf der Daten vor, sondern vielmehr eine Nutzungserlaubnis. Die Rechte an

---

852 Dies führt zu einer Anschaffung im Normsinne, s. sogleich unter (9) und (10).

853 Der bereits oben, unter Abschnitt C. III. 1. b), S. 79, angesprochene und seit Jahren betriebene Faucet unter https://faucet.rinkeby.io gibt Token der Währung Ethereum aus, um das Netzwerk unter rinkeby.io bekannter zu machen. Diese werden mit größter Wahrscheinlichkeit nicht (nur) aus Token aus Block Rewards bestehen.

854 Abschnitt E. III. 3., S. 167.

855 Vgl. BFH v. 15.1.1974 – VIII R 63/68, BStBl. II 1974, 606 (608); *Musil* in: H/H/R, § 23 EStG Tz. 64. S. auch bereits oben unter (3), S. 200.

856 Ähnliche Erwägungen für die Umsatzbesteuerung bei *Englisch*, DB 2017, M4-M5.

den Daten gehen nicht an die Anbietenden über, sondern verbleiben bei der nutzenden Person. Eine kaufvertragsähnliche Konstellation ist daher schlussendlich – rechtlich wie wirtschaftlich – abzulehnen. Wie stets bei blockchainbasierten Vermögenswerten ist aber auch in diesem Falle der Einzelfall zu beachten. Die Token aus Airdrops/Faucets sind aber überwiegend nach § 23 Abs. 1 S. 3 EStG zu beurteilen – unabhängig von dem Grad der Mitwirkung seitens der steuerpflichtigen Person.

(9) Durch Lending erhaltene Token

Als weiteres Phänomen der Blockchain-Technologie wurde das Lending besprochen.[857] Die tokeninnehabende Person überweist der empfangenen Person einen bestimmten Betrag an Token und erhält diese nach Ablauf der vereinbarten Frist zurück. Zusätzlich erhält sie Erträge für die vorübergehende Überlassung der Token.

Aus Sicht der Empfangenden, das heißt der Darlehensnehmer, liegt in der vorübergehenden Überlassung der Token keine Anschaffung i.S.d. § 23 EStG.[858] Es liegt kein Veräußerungsgeschäft vor, da die Vereinbarung der Parteien keinen dauerhaften Rechtsträgerwechsel vorsieht. Nach Ablauf der vereinbarten Zeit sind die Token zurückzugewähren, sodass keine finale Zuordnung zum Vermögen des Entleihers und auch keine Wertrealisation stattfindet. Eine solche bloße Nutzungsüberlassung statuiert kein privates Veräußerungsgeschäft.[859]

Aus Sicht der tokeninnehabenden Person, das heißt des Darlehensgebers, ist die Hingabe der Darlehensvaluta, spiegelbildlich zum zuvor Gesagten, keine Veräußerung i.S.d. § 23 EStG. Auch die Token, die als Zinserträge aus dem Lending herrühren, können nicht als angeschafft betrachtet werden. Diese fließen zu und sind so nach § 22 Nr. 3 EStG zu besteuern. Mit Blick auf § 23 Abs. 1 S. 1 Nr. 2 EStG liegt bereits kein entgeltlicher Erwerb vor, da seitens des Darlehensgebers kein Entgelt für die Erlangung der Token gezahlt wird. Einzig die Darlehensvaluta steht im Raum, welche aber nicht als gesondertes Entgelt angesehen werden kann, da die Überlassung Teil des Darlehensvertrages ist. Die Besteuerung erfolgt daher nicht nach § 23 EStG und auch die Token aus den Erträgen sind nicht angeschafft.[860]

---

857 S.o. II. in diesem Abschnitt, S. 155 ff.

858 *Brinkmann/Meseck*, RdF 2018, 231 (235).

859 Vgl. *Wernsmann* in: K/S/M, § 23 Tz. B. 114.

860 *Brinkmann/Meseck*, RdF 2018, 231 (235 f.) mit Verweis auf die Behandlung von Zinsen auf Fremdwährungsguthaben; *Heuel/Matthey*, EStB 2018, 263 (266); *Dies.*, NWB 2018, 1037 (1041 f.). a.A. wohl *Lohmar/Jeuckens*, FR 2019, 110 (117).

(10) Durch Kauf erhaltene Token

Eine weitere und praktisch sehr relevante Gruppe sind die Token, die durch Kauf zufließen. Hierunter fallen insbesondere die Vermögenswerte, die an bzw. von Online-Börsen unter Hingabe von Fiat-Geld bezogen werden.

Bei diesen Vorgängen werden die Wirtschaftsgüter auf eine Weise erworben, die (zumindest) wirtschaftlich mit Kaufverträgen vergleichbar ist; die genaue zivilrechtliche Einordnung ist dabei entbehrlich, da die wirtschaftliche Betrachtung entscheidet.[861] Bei einem Kauf von Token liegt ein entgeltlicher Erwerb von einem Dritten jedenfalls vor. Daher ist, übereinstimmend mit der allgemeinen Auffassung, eine Anschaffung insgesamt anzunehmen.[862] Die Token sind damit angeschafft; eine Weiterveräußerung kann zu steuerpflichtigen Einkünften nach §§ 22 Nr. 2, 23 Abs. 1 S. 1 Nr. 2 EStG führen.

(11) Durch Tausch bzw. als Ersatzzahlungsmittel erhaltene Token

Zuletzt sind die blockchain-basierten Vermögenswerte zu besprechen, welche die steuerpflichtige Person durch Tauschgeschäfte, insbesondere unter Einsatz als Ersatzzahlungsmittel, erhält.

Grundsätzlich sind auch Tauschgeschäfte vom Tatbestand des § 23 Abs. 1 S. 1 Nr. 2 EStG umfasst, da ein Rechtsträgerwechsel vorliegt und eine dem Kaufvertrag ähnliche Situation besteht.[863] Die Hingabe von Fiat-Geld, das heißt gesetzlichen Zahlungsmitteln, ist gleichwohl nicht umfasst; die Nutzung von Fremdwährungen, welche möglicherweise als Vergleichsmaßstab herangezogen werden können, wird hingegen als privates Veräußerungsgeschäft eingeordnet, soweit sie in nationale Währungen ein- bzw. zurückgetauscht werden.[864] Tauscht eine steuerpflichtige Person Wirtschaftsgüter gegen blockchain-basierte Vermögenswerte, liegt darin grundsätzlich ein entgeltlicher Erwerb von Wirtschaftsgütern von einem Dritten, also ein Tauschgeschäft zweier Wirtschaftsgüter. Daher

---

861 S. zuvor unter bb), S. 188, 197.

862 *Hötzel*, Virtuelle Währungen, 217; *Trossen* in: BeckOK EStG, § 23 Tz. 199.6; *Bal*, Taxation, Virtual Currency and Blockchain, 121 f.; *Krüger*, BB 2018, 1887 (1889 f.); *Reiter/Nolte*, BB 2018, 1179 (1181); *Kanders/Thonemann-Micker/Gräfe*, ErbStB 2018, 145 (149 f.); *Behrendt/Janken*, DStZ 2018, 342 (345); FG Berlin-Brandenburg v. 20.6.2019 – 13 V 13100/19, juris, Tz. 21 f.

863 S. bereits oben unter (3), S. 200.

864 S. BFH v. 21.1.2014 – IX R 11/13, BStBl. II 2014, 385 (387); *Musil* in: H/H/R, § 23 EStG Tz. 142; *Kube* in: Kirchhof/Seer, § 23 Tz. 7.

sind auch die Voraussetzungen einer Anschaffung im Grundsatz gegeben.[865] Die Abgrenzung zwischen Kauf und Tausch ist dabei nicht immer trennscharf zu treffen. Dies ist aber auch nicht notwendig, da – wie zuvor unter (9) gezeigt – auch der Kauf von Token als Anschaffung gilt und die wirtschaftliche Betrachtung des Geschäfts entscheidend ist. Nach dieser liegt sowohl im Kauf als auch im Tausch ein Anschaffungsvorgang.

Werden Fremdwährungen als Zahlungsmittel eingesetzt ist die steuerliche Konsequenz umstritten bzw. unklar: Während einige Publizierende[866] mitunter einen Veräußerungsvorgang ablehnen, tendiert der BFH[867] wohl dazu, Kursrealisationen grundsätzlich zu erfassen. Ebenso ist es bei blockchain-basierten Vermögenswerten insgesamt ungeklärt, welche Konsequenz die Nutzung von Token als Ersatzzahlungsmittel hat. Dabei ist zunächst festzuhalten, dass Token kein gesetzliches Zahlungsmittel sind, sodass eine Gleichbehandlung zum Fiat-Geld fernliegt. Ähnliches gilt für den Vergleich mit Fremdwährungen, da Token, auch im Ausland, bisher nur ganz vereinzelt als Ersatzzahlungsmittel genutzt werden können. Die Funktion als Wertanlage steht (noch) im Vordergrund. Auch beim Einsatz als Ersatzzahlungsmittel realisieren sich die Wertzuwächse (oder -verluste), sodass Sinn und Zweck des Besteuerungstatbestandes auch in diesem Fall erfüllt sind.[868] Für die Realisation des Kursgewinns macht es im Ergebnis keinen Unterschied, ob blockchain-basierte Vermögenswerte gegen Fiat-Geld veräußert oder gegen andere Güter eingetauscht werden; jedenfalls wird der aktuelle Kursstand durch das Geschäft abgebildet, womit Gewinne wie Verluste realisiert werden. Die Voraussetzungen einer tatbestandlichen Anschaffung liegen damit vor. Werden Token tauschweise angenommen bzw. hingegeben, liegt damit grundsätzlich eine Anschaffung vor – selbst bei einem Einsatz als

865 *Richter/Augel*, FR 2017, 937 (948); *Hornung/Westermann*, DStZ 2018, 301 (305); *Moritz/Strohm*, DB 2018, 3012 (3016).

866 S. nur *Ratschow* in: Blümich, § 23 EStG Tz. 133 m.w.N. und ausführlicher Darstellung der Problematik, die sich auf die Nutzung von Fremdwährungen im entsprechenden Ausland erstreckt.

867 BFH v. 21.1.2014 – IX R 11/13, BStBl. II 2014, 385 (387): „Mit der Hingabe des Fremdwährungsguthabens (…) zum Kauf (…) hat die Klägerin beide Wirtschaftsgüter getauscht, d.h. (…) erworben und (…) veräußert".

868 *Hötzel*, Virtuelle Währungen, 211 ff.; *Dürr*, DStZ 2019, 562 (567); *Heck*, DStZ 2018, 106 (109) mahnt in einer Nichtbesteuerung sogar eine „nicht unerhebliche Besteuerungslücke" an.

Ersatzzahlungsmittel.[869] Hiervon zu unterscheiden ist die Frage, ob eine nachfolgende Veräußerung gegeben ist; dem wird im Folgenden noch nachgegangen.[870]

dd) Zusammenfassung

Die stark phänomenologisch orientierte Untersuchung hat ergeben, dass eine pauschale Einordnung hinsichtlich der Anschaffung von Token nicht möglich ist. Vielmehr ergibt sich das zu erwartende inhomogene Bild der Anschaffungsvorgänge. Dabei lässt sich zumindest grob festhalten, dass die eigene Herstellung von Token (Mining, Staking, Hard Fork, Mining-Pools, Cloud-Mining) zu keiner Anschaffung i.S.d. § 23 EStG führt. Die Veräußerung dieser Token ist damit steuerfrei. Zu einer Anschaffung führt sicher nur der „klassische" Erwerb durch Handeln bzw. Tauschen von Token; diese Erwerbsform tritt in der Praxis am häufigsten auf, zumal die Menge der originär erworbenen Token typischerweise mit der Zeit abnimmt. Im Übrigen hängt die Beurteilung des Vorgangs stark vom Einzelfall ab, insbesondere von einer Anschaffung des Rechtsvorgängers (§ 23 Abs. 1 S. 3 EStG).

c) Veräußerung

aa) Grundsatz

Für ein privates Veräußerungsgeschäft müsste das zuvor angeschaffte Wirtschaftsgut wieder veräußert werden. Dabei gelten die zuvor zur Anschaffung getätigten Aussagen grundsätzlich sinngemäß; die Veräußerung ist das Spiegelbild der Anschaffung.[871] Es müsste also ein entgeltlicher Veräußerungsvorgang über ein zuvor angeschafftes Wirtschaftsgut an eine dritte Person vorliegen.[872]

Im Grundsatz können jedwede Token entgeltlich an dritte Personen übertragen und so Gegenstand einer Veräußerung im Normsinne werden. Da einmal originär erworbene Token nur noch durch derivativen Erwerb transferiert werden können, kann auf die zuvor erfolgten Ausführungen zur Anschaffung bei Kauf bzw. Tausch von Token rekurriert werden. Demnach stellt der Transfer

---

869 *Trossen* in: BeckOK EStG, § 23 Tz. 199.7; *Terlau* in: FinTech-Handbuch, § 20 Tz. 196; *Hornung/Westermann*, DStZ 2018, 301 (305); *Dürr*, DStZ 2019, 562 (565 ff.); *Moritz/Strohm*, DB 2018, 3012 (3016); *Richter/Augel*, FR 2017, 937 (948); *Pinkernell*, Ubg 2015, 19 (26); *Ratschow* in: Blümich, § 23 EStG Tz. 133. a.A. wohl *Heck*, DStZ 2019, 106 (109).

870 S. sogleich c) bb), S. 219 ff.

871 *Ratschow* in Blümich, § 23 EStG Tz. 121; *Weber-Grellet* in: Schmidt, § 23 Tz. 50.

872 BFH v. 18.10.2006 – IX R 7/04, BStBl. II 2007, 258 m.w.N.

im Wege eines Handels, Tausches oder des Einsatzes als Ersatzzahlungsmittel grundsätzlich einen Veräußerungsvorgang dar.[873] Dieser erfolgt entgeltlich an eine dritte Person. Beim Erwerbenden führt dies spiegelbildlich zu einer Anschaffung des Wirtschaftsgutes Token.

bb) Ausnahme: Gegenstände des täglichen Gebrauchs,§ 23 Abs. 1 S. 1 Nr. 2 S. 2 EStG

(1) Ausnahmeregelung und Darstellung des Problems

Möglicherweise ist eine Veräußerung jedoch durch Rückgriff auf § 23 Abs. 1 S. 1 Nr. 2 S. 2 EStG ausgeschlossen. Gegenstände des täglichen Gebrauchs können nach dem Wortlaut nicht im Normsinne veräußert werden. Der Passus wurde durch das Jahressteuergesetz 2010[874] eingeführt und bezweckt, solche Gegenstände von der Besteuerung auszunehmen, die als Gebrauchsgegenstände mit dem Ziel der Nutzung und nicht mit dem Ziel der zeitnahen gewinnbringenden Veräußerung angeschafft werden.[875] Dem vorausgegangen war ein Streit zwischen Rechtsprechung und Finanzverwaltung über eine teleologische Reduktion des Besteuerungstatbestandes, um entsprechende Gegenstände von der Besteuerung auszunehmen.[876] Auch nach der Novellierung des neuen Satzes 2 stellen sich jedoch ungeklärte Rechtsfragen, insbesondere bezüglich des Begriffs des Gegenstandes des täglichen Gebrauchs, da dieser nicht legaldefiniert ist.[877] Auch im Falle der Veräußerung blockchain-basierter Vermögenswerte wird die Ausnahme diskutiert, namentlich (und ausschließlich) bezüglich der Einordnung von Token, die als Ersatzzahlungsmittel verwendet werden.

---

873 *Bal*, Taxation, Virtual Currency and Blockchain, 121 f.; *Trossen* in: BeckOK EStG, § 23 Tz. 199.6 f.; *Terlau* in: FinTech-Handbuch, § 20 Tz. 196; *Hornung/Westermann*, DStZ 2018, 301 (305); *Dürr*, DStZ 2019, 562 (565 ff.); *Moritz/Strohm*, DB 2018, 3012 (3015 f.); *Richter/Augel*, FR 2017, 937 (948).

874 Gesetz v. 8.12.2010, BGBl. I 2010, 1768 (1771).

875 BT-Drs. 17/2239, 54.

876 Der von der Finanzverwaltung vertretenen teleologischen Reduktion widersprach der BFH durch sein Urteil v. 22.4.2008 – IX R 29/06, BStBl. II 2009, 296 (297 f.). Für eine detaillierte Darstellung der Streitfrage s. *Wernsmann* in: K/S/M, § 23 Tz. B 10 mit Nachweisen über die Auffassung der Finanzverwaltung.

877 Hierzu s. *Wernsmann* in: K/S/M, § 23 Tz. B 59.

(2) Ansicht von Hötzel

Der Einsatz von blockchain-basierten Vermögenswerten als Ersatzzahlungsmittel wird von *Hötzel*[878] unter die Tatbestandsausnahme subsumiert, sodass für diesen Fall eine Veräußerung nicht gegeben sein soll. Dabei bedient er sich einer objektiv-funktionalen Auslegung des Begriffs „Gegenstände[n] des täglichen Gebrauchs" und unterscheidet so nach der konkreten Verwendung des Wirtschaftsgutes im zu isolierenden Falle.[879] Insbesondere erlaube ein Abstellen auf abstrakte Wertsteigerungspotentiale keine trennscharfe Abgrenzung bei Gütern, die sowohl eine Nutzungs- als auch eine Wertsteigerungsfunktion hätten.[880] Hinsichtlich der Hingabe von Token als Ersatzzahlungsmittel führe dies zu einer Anwendung der Ausnahmeregelung und so zu einer Steuerfreiheit.[881] Abweichend vom zuvor Beschriebenen wären die Token, die als Ersatzzahlungsmittel verwendet werden, somit nicht veräußert.[882]

(3) Überwiegende Ansicht in der Literatur

Damit wendet sich *Hötzel* gegen die vorherrschende Sichtweise bzgl. der Auslegung des Begriffs „Gegenstände[n] des täglichen Gebrauchs". Diese präferiert einen objektiv-typisierenden Ansatz und stellt darauf ab, ob dem Wirtschaftsgut Wertsteigerungspotential zukommt, ob es üblicherweise schwerpunktmäßig zur Nutzung angeschafft wird und ob es abnutzungsbedingten Wertbeeinträchtigungen unterliegt.[883] Diese Auslegung wird wirtschaftsgutübergreifend vertreten und gilt nicht nur für blockchain-basierte Vermögenswerte. Folglich wird eine typisierende Betrachtung des jeweiligen Wirtschaftsgutes vorgenommen und so bewertet, ob die Art des Wirtschaftsgutes typischerweise als Gegenstand des täglichen Gebrauchs Nutzen findet.[884] Blockchain-basierte Vermögenswerte sind, wenn auch nicht ausnahmslos, als Ersatzzahlungsmittel geeignet. Die wirtschaftliche Realität konzentriert sich aber fast ausschließlich auf das Wertsteigerungspotential. Es gibt riesige Tauschbörsen und Mining-Plattformen, aber

---

878 *Hötzel*, Virtuelle Währungen, 213 ff.

879 *Hötzel*, Virtuelle Währungen, 214 ff.

880 *Hötzel*, Virtuelle Währungen, 214 f.

881 *Hötzel*, Virtuelle Währungen, 217.

882 Zumindest i.E. auch *Brinkmann/Meseck*, RdF 2018, 231 (236); *Schlund/Pongratz*, DStR 2018, 598 (604); *Liegmann/Farruggia-Weber*, BB 2019, 2455 (2460).

883 *Wernsmann* in: K/S/M, § 23 Tz. B 59; *Ratschow* in: Blümich, § 23 EStG Tz. 67; *Musil* in: H/H/R, § 23 EStG Tz. 159; *Trossen* in: BeckOK EStG, § 23 Tz. 203 f.

884 *Weber-Grellet* in: Schmidt, § 23 Tz. 27 aE; *Musil* in: H/H/R, § 23 EStG Tz. 159.

weiterhin kaum Unternehmen, insbesondere im Bereich des Einzelhandels, die Token als Bezahlmöglichkeit akzeptieren. In typisierender Betrachtung wäre daher festzustellen, dass die Art des Wirtschaftsgutes (blockchain-basierter Vermögenswert) ganz überwiegend als Spekulationsobjekt genutzt wird. Die Funktion als Ersatzzahlungsmittel tritt demgegenüber deutlich in den Hintergrund. Damit wäre § 23 Abs. 1 S. 1 Nr. 2 S. 2 EStG nach dieser Konzeption nicht erfüllt – unabhängig von der tatsächlichen Art und Weise der Benutzung der Token im konkreten Fall.[885]

(4) Stellungnahme

(a) Subjektive Elemente und Verbreitungsgrad als Abgrenzungskriterien

Die beiden Ansichten kommen für den vorliegenden Fall zu unterschiedlichen Ergebnissen. Es ist daher zwischen dem objektiv-funktionalen Ansatz *Hötzels* und dem objektiv-typisierenden Ansatz der Mehrheitsmeinung Stellung zu beziehen. Dabei können vorab einige Kriterien als Abgrenzungsmerkmale ausgeschlossen werden.

Einigkeit besteht innerhalb des Diskurses darüber, subjektive Kriterien auszuschließen; bereits aufgrund der für § 23 EStG nicht erforderlichen Spekulations- und Einkünfteerzielungsabsicht[886] erscheint es fernliegend, solche Merkmale doch in den Tatbestand einzuschließen.[887] Dies ist auch zustimmungswürdig, zumal subjektive Kriterien zu Erhebungszwecken schlussendlich stets objektiviert werden müssen, was zu enormen Beweisproblemen führen würde.

In diversen Veröffentlichungen zu blockchain-basierten Vermögenswerten wurde zudem ein Abstellen auf den Verbreitungsgrad als taugliches

---

885 Dies entspricht zugleich der h.M. bei der steuerrechtlichen Einordnung blockchain-basierter Vermögenswerte, s. etwa *Dürr*, DStZ 2019, 562 (568); *Heck*, DStZ 2018, 106 (109); *Heuel/Matthey*, NWB 1037 (1040); *Dies.*, EStB 2018, 263 (265); *Hornung/Westermann*, DStZ 2018, 301 (305 f.); *Eckert*, DB 2013, 2108 (2111); *Pinkernell*, Ubg 2015, 19 (25); *Pielke*, Besteuerung von Kryptowährungen, 13; *Bal*, Taxation, Virtual Currency and Blockchain, 121; *Terlau* in: FinTech-Handbuch, § 20 Tz. 195.

886 Die Einkünfteerzielungsabsicht ist im Rahmen des § 23 EStG durch die Haltefristen in typisierender Weise objektivierter, näher s.u. d) aa), S. 226.

887 *Hötzel*, Virtuelle Währungen, 213 f.; *Wernsmann* in: K/S/M, § 23 Tz. B 59; *Ratschow* in: Blümich, § 23 EStG Tz. 67. In diese Richtung aber *Trossen* in: BeckOK EStG, § 23 Tz. 203: „Es handelt sich um Gebrauchsgegenstände, die (…) zu persönlichen und privaten Zwecken genutzt werden und nicht mit dem Ziel der Einkünfteerzielung gehalten werden".

Abgrenzungskriterium postuliert.[888] Dies ist ebenfalls abzulehnen. Zum einen finden sich weder im Gesetzeswortlaut noch in den Erwägungen des Gesetzgebers Anhaltspunkte dafür, dass der Verbreitungsgrad eines Wirtschaftsgutes ausschlaggebend sein soll. Zum anderen ist der Verbreitungsgrad eines Gutes kaum verlässlich zu ermitteln. Müsste das Finanzamt in jeder Region über die Verbreitung gewisser Güter haushalten, würde dies zu einem unverhältnismäßigen Aufwand führen. Der Verbreitungsgrad kann deswegen kein taugliches Abgrenzungskriterium sein[889] – auch nicht im speziellen Fall der blockchain-basierten Vermögenswerte.[890] Die meistgenutzte Funktion eines Objekts ist hingegen für eine typisierende Betrachtung von Interesse; es ist gerade Kern dieser Auffassung, die prominenteste Funktion zu typisieren und so für steuerliche Zwecke einzuordnen.

(b) Auslegung des Wortlautes

Hötzel[891] leitet aus der Verwendung des Begriffs „Gebrauchs" eine Betonung der Funktionalität ab. Dies scheint jedoch kein notwendiger Schluss zu sein; die Redewendung „Gegenstand des täglichen Gebrauchs" ist eine geläufige Phrase, weswegen eine Ableitung hieraus überinterpretiert erscheint. Der Wortlaut ist vielmehr für die Auslegung unergiebig. Eine solche Interpretation führt außerdem zu neuerlichen Auslegungsfragen: Wann liegt ein „Gebrauch" vor? Geht es um eine physische Nutzbarmachung? Können blockchain-basierte Vermögenswerte überhaupt „gebraucht" werden? Genügt es, wenn das Wirtschaftsgut nur einmalig „genutzt" werden kann und anschließend nicht mehr verfügbar ist (Transaktion)?[892] All diese Fragen müssten im Nachgang erörtert werden und schichten weitere Probleme auf.[893] Der Art und Weise wie auch der Häufigkeit des Gebrauchs kann daher kein Gewicht zukommen; der Wortlaut ist schlicht nicht eindeutig.

---

888 So *Hornung/Westermann*, DStZ 2018, 301 (303); *Heck*, DStZ 2019, 106 (109); *Eckert*, DB 2013, 2108 (2111).

889 *Trossen* in: BeckOK EStG, § 23 Tz. 203.

890 *Dürr*, DStZ 2019, 563 (568); *Hötzel*, Virtuelle Währungen, 215 f.

891 *Hötzel*, Virtuelle Währungen, 214.

892 BFH v. 29.10.2019 – IX R 10/18, BStBl. II 2020, 258 (261) interpretiert den Normtext sehr wörtlich und setzt sinngemäß eine zumindest potentielle „Täglichkeit" der Nutzung voraus. Das Wirtschaftsgut muss nach seiner Ansicht mehrfach nutzbar sein, nicht nur einmalig (im Urteilsfall ging es um die Veräußerung von Eintrittskarten zum Finale der UEFA Champions League).

893 Ähnlich *Herkens*, EStB 2018, 34 (35).

Auch *Dürr*[894] nimmt den Wortlaut zum Anlass, den blockchain-basierten Vermögenswerten aufgrund ihrer „Einmaligkeit" die Einordnung als Gebrauchsgegenstand zu versagen. Diese seien nur einmal nutzbar, das heißt zu transferieren, wonach ein Zugriff nicht mehr möglich sei. Auch diesem Argument von *Dürr* ist jedoch zu widersprechen. Eine pedantische wörtliche Auslegung scheint, angesichts des kaum aussagekräftigen Wortlauts, überzogen. Diese Einordnung wird durch die Überlegung gestützt, dass Gegenstände wie etwa Lebensmittel eindeutig dem täglichen Gebrauch dienen, aber nur einmalig genutzt (nämlich verzehrt) werden können.[895] Weder die „Täglichkeit" noch der „Gebrauch" sind eindeutig auszulegen. Der Wortlaut ist unergiebig und deutet weder eindeutig auf einen funktionalen noch einen typisierenden Ansatz.

(c) Auslegung nach Historie, Sinn und Zweck

Für die Bestimmung des unbestimmten Rechtsbegriffs könnten vielmehr Historie und Sinn und Zweck der Einführung von Interesse sein. Die Novellierung ist faktisch Nichtanwendungsgesetz zur o.g. Rechtsprechung des BFH.[896] Es ist daher naheliegend, dass der Gesetzgeber die, nach Auffassung der Finanzverwaltung vorherrschende, Rechtslage vor dem Urteil v. 22.4.2008 durch die Gesetzesänderung wiederherstellen wollte – aber auch nicht mehr.[897] Sinn und Zweck der ursprünglichen Auffassung der Finanzverwaltung war es, solche Güter aus dem Steuertatbestand heraus zu halten, die kein Wertsteigerungspotential haben.[898] Dem lag die (fiskalische) Erwägung zugrunde, eine Verlustverrechnung bzw. einen Gewinnausgleich durch diese Gegenstände zu verhindern.[899] Daher

---

894 *Dürr*, DStZ 2019, 562 (568 f.)

895 *Wernsmann* in: K/S/M, § 23 Tz. B 200 „Wirtschaftsgüter des täglichen Gebrauchs", m.w.N. bezüglich anderer typischerweise umfasster Wirtschaftsgüter.

896 *Trossen* in: BeckOK EStG, § 23 Tz. 203; s. auch FN 876.

897 BFH v. 29.10.2019 – IX R 10/18, BStBl. II 2020, 258 (261); *Wernsmann* in: K/S/M, § 23 Tz. B 59.

898 So explizit OFD Hannover v. 12.3.2001 – S 2256 - 57 - StO 223, S 2256 - 79 - StH 215, FR 2001, 556 (557): „Da bei der Veräußerung von Wirtschaftsgütern des „täglichen Gebrauchs" potentielle Wertsteigerungen ausgeschlossen sind, (…)"; OFD Chemnitz v. 18.12.2001 – S 2256 - 38/5 - St 22, FR 2002, 180.

899 OFD Münster v. 9.1.2002 – S 2256 - 43 - St 22 - 31: „Verluste aus der Veräußerung von Gebrauchtgegenständen können steuerlich grundsätzlich nicht anerkannt werden, da § 23 Abs. 1 S. 2 EStG keine Wirtschaftsgüter erfasst, deren Wertverzehr typischerweise der privaten Lebensführung zuzurechnen ist"; OFD Hannover v. 12.3.2001 – S 2256 - 57 - StO 223, S 2256 - 79 - StH 215, FR 2001, 556; OFD Chemnitz v. 18.12.2001 – S

nennen die Materialien zur Gesetzesbegründung auch explizit als Ausnahmen die „Veräußerung von Antiquitäten, Kunstgegenständen und Oldtimern[900]“, das heißt Wirtschaftsgüter, die typischerweise gerade nicht zur Nutzung, sondern zur Wertanlage angeschafft werden. Dementsprechend zeichnet die Gesetzgebung ebenfalls ein objektiv-typisierendes Bild der umfassten Wirtschaftsgüter. Nur solche Güter, die typischerweise keiner Wertsteigerung unterliegen und typischerweise nur zum alltäglichen Gebrauch angeschafft werden, sollen von der Besteuerung ausgenommen werden. Die Entstehungsgeschichte der Tatbestandsausnahme spricht daher für ein objektiv-typisierendes Verständnis des Begriffs.[901]

Ein weiteres Argument *Hötzels*[902] ist der Vergleich mit der Behandlung von Fremdwährungen: Wären Fremdwährungen nicht vom Tatbestand ausgeschlossen, würde jedes Zahlungsgeschäft einen Veräußerungsvorgang darstellen und so zu einer Vielzahl von steuerpflichtigen Vorgängen führen. Dies lasse sich sinngemäß auf blockchain-basierte Vermögenswerte übertragen. Es ist allerdings fraglich, ob diese Konsequenz einen Wertungswiderspruch darstellen würde. Denn der steuerpflichtigen Person steht mit dem gesetzlichen Fiat-Geld stets eine Möglichkeit offen, jedwede Geschäfte zu tätigen und dabei auf einen wertstabilen Tauschintermediär zurückzugreifen. Die Nutzung von Fremdwährungen bietet darüber hinaus keinen Vorteil, außer vielleicht der Verwirklichung privater Vorzüge oder der Ersparnis eines Umtausches. Vielmehr würde die Nichtbesteuerung dieser Vorgänge zu einer Ungleichbehandlung führen, da dies zwangsläufig Wertrealisationen durch Devisenkurse steuerlich unberücksichtigt ließe. Der Belastungsgrund des § 23 EStG – die Abschöpfung von Realisationsgewinnen durch Spekulation – ist nicht weniger erfüllt, nur weil die steuerpflichtige Person eine Fremdwährung oder einen blockchain-basierten Vermögenswert als Zahlungsmittel einsetzt. Zudem ergeben sich kaum aufzulösende Abgrenzungsprobleme, denn im Einzelfall kann kaum zwischen einem Tausch- oder Kaufgeschäft und der Hingabe als Ersatzzahlungsmittel unterschieden werden. Es ist, insbesondere von der Finanzverwaltung, so kaum zu erheben, ob wirklich eine Verwendung als Zahlungsmittel oder doch eine Wertrealisation als

---

2256 - 38/5 - St 22, FR 2002, 180; *Musil* in: H/H/R, § 23 EStG Tz. 159; *Reinhart*, Private Veräußerungsgewinne, 114.

900 BT-Drs. 17/2249, 54; wortgleich BR-Drs. 318/10, 81.

901 So auch *Wernsmann* in: K/S/M, § 23 Tz. B 59.

902 *Hötzel*, Virtuelle Währungen, 215 f.; in diesem Sinne auch *Brinkmann/Meseck*, RdF 2018, 231 (236 f.).

Spekulationsobjekt vorliegt. Dies wird oftmals gar nicht objektiv manifest, sondern beruht vielmehr auf subjektiven Vorstellungen der steuerpflichtigen Person oder (mündlichen) Vereinbarungen. Die praktische Tauglichkeit einer objektiv-funktionalen Betrachtungsweise als Abgrenzungsmaßstab ist daher ernstlich zu bezweifeln. Davon abgesehen bleibt der Belastungsgrund der Norm erfüllt. Es spricht daher einiges gegen eine Gleichstellung mit dem gesetzlichen Zahlungsmittel, zumal blockchain-basierte Vermögenswerte nicht annähernd den Status eines solchen Zahlungsmittels genießen.

(d) Ergebnis

Eine Abgrenzung anhand von subjektiven Kriterien oder des Verbreitungsgrades kann nicht überzeugen. Die von *Hötzel* vorgeschlagene objektiv-funktionale Betrachtungsweise vermag zwar im Einzelfall eine gerechtere Besteuerung zu berwirken, denn sie kann grundsätzlich auch die vom Typus abweichende Nutzung eines Wirtschaftsgutes entsprechend taxieren.[903] Ihre Umsetzung lässt sich aber praktisch nicht realisieren, da sie zu nicht aufzulösenden Abgrenzungsschwierigkeiten und erhöhtem Ermittlungsaufwand der Finanzverwaltung führen würde. Insbesondere besteht auch kein sachlicher Grund, die blockchain-basierten Vermögenswerte (oder auch Fremdwährungen) tatbestandlich auszuschließen, da mit der gesetzlichen Währung stets ein wertbeständiger Tauschintermediär vorhanden ist. Eine Ausnahme würde es „geschickten" Steuerpflichtigen ermöglichen, Wertrealisationen als Zahlungsvorgänge zu tarnen und so unversteuert zu lassen. Auch die Interpretation des Wortlautes ist nicht schlüssig, zumal der Gesetzgeber keinerlei Erwägungen hierzu erkennen ließ. Vielmehr lässt sich aus der Gesetzesbegründung und der vorher bestehenden Rechtslage deduzieren, dass der Gesetzgeber einen, leider nicht offengelegten, objektiv-typisierenden Ansatz normieren wollte.

Die objektiv-typisierende Betrachtung der herrschenden Meinung führt insgesamt zu klaren Ergebnissen und wird dem Sinn und Zweck der Ausnahmeregelung gerecht. Zudem ist sie praktisch leicht handzuhaben. Sie ist daher zu unterstützen. Blockchain-basierte Vermögenswerte sind status quo keine Gegenstände des täglichen Gebrauchs i.S.d. § 23 Abs. 1 S. 1 Nr. 2 S. 2 EStG.

---

903 Etwa die Nutzung eines Oldtimers als tägliches Kraftfahrzeug. Objektiv-typisierend wäre der Oldtimer kein Gegenstand des täglichen Gebrauchs.

cc) Ergebnis

Im Ergebnis liegt eine Veräußerung i.S.d. § 23 EStG vor, wenn blockchain-basierte Vermögenswerte verkauft, getauscht oder als Ersatzzahlungsmittel hingegeben werden. Die tatbestandliche Ausnahme aus § 23 Abs. 1 S. 1 Nr. 2 S. 2 EStG greift nicht, da blockchain-basierte Vermögenswerte nicht zu den Gegenständen des täglichen Gebrauchs zählen.

d) Haltefrist

aa) Grundsätzliche Ermittlungmethode

Die Steuerbarkeit privater Veräußerungsgeschäfte wird tatbestandlich an die Einhaltung der jeweiligen, Wirtschaftsgutespezifischen Haltefrist geknüpft. Für sonstige Wirtschaftsgüter beträgt die Frist nach § 23 Abs. 1 S. 1 Nr. 2 S. 1 EStG grundsätzlich ein Jahr, ausnahmsweise zehn Jahre (§ 23 Abs. 1 S. 1 Nr. 2 S. 4 EStG), wenn die Nutzung des Wirtschaftsgutes wiederum Früchte erzeugt. Die Einkünfteerzielungsabsicht ist durch die Haltefrist in typisierender Weise objektiviert.[904] Die Berechnung der Frist erfolgt nach § 108 AO i.V.m. §§ 187 Abs. 1, 188 Abs. 2, 3 BGB.[905] Beginn der Frist ist dabei der Tag, der auf das Ereignis (§ 187 Abs. 1 BGB) der Anschaffung folgt. Die Frist endet nach § 188 Abs. 2 BGB mit dem Tag, welcher dem der Anschaffung entspricht.

Problematisch erweist sich zunächst die exakte Ermittlungsmethode. Hier könnte auf die sogenannte FiFo-Methode aus § 23 Abs. 1 S. 1 Nr. 2 S. 3 EStG zurückgegriffen werden. Auch ist eine Verlängerung der Spekulationsfrist auf zehn Jahre (§ 23 Abs. 1 S. 1 Nr. 2 S. 4 EStG) durch das Lending oder das Staking zu diskutieren.

bb) Anwendung der FiFo-Methode als Verbrauchsfolgefiktion

(1) Darstellung des Problems

Die Nutzung blockchain-basierter Vermögenswerte wirft das praktische Problem der Dokumentation der Verbrauchsfolge auf. Grundsätzlich müsste die steuerpflichtige Person die Prinzipien der Nämlichkeit und der Einzelbewertung beachten: Das Prinzip der Nämlichkeit besagt, dass angeschafftes und veräußertes Wirtschaftsgut zumindest wirtschaftlich identisch sein müssen.[906]

---

904 BFH v. 25.8.2009 – IX R 60/07, BStBl. II 2009, 999 (1000) m.w.N.; *Ratschow* in: Blümich, § 23 EStG Tz. 13.

905 *Musil* in: H/H/R, § 23 EStG Tz. 115, 157; *Wernsmann* in: K/S/M, § 23 Tz. 151 f.

906 BFH v. 24.11.1993 – X R 49/90, BStBl. II 1994, 591 (592) m.w.N.

Aus §§ 252 Abs. 1 Nr. 3 HGB, 6 Abs. 1 Nr. 2 EStG folgt das Prinzip der Einzelbewertung. Dies hätte zur Folge, dass jedes einzelne Wirtschaftsgut (in diesem Fall jede erworbene Werteinheit) genau zu dokumentieren wäre, um eine Berechnung der Haltefrist überhaupt zu ermöglichen. Die grundsätzliche Möglichkeit besteht durch die Wallet-Software, mit welcher alle vorgenommenen Transaktionen einer Adresse eingesehen werden können. Dies stellt die steuerpflichtige Person aber vor einen enormen Dokumentationsaufwand, der noch ansteigt, wenn kleinere Tranchen veräußert werden.[907] Möchte sie sich also konform verhalten, muss sie jedem Wirtschaftsgut eine eigene Frist beimessen.

§ 23 Abs. 1 S. 1 Nr. 2 S. 3 EStG ordnet für die Veräußerung von Fremdwährungsbeträgen die sogenannte „First in – First out"-Methode verbindlich an. Dabei wird unterstellt, dass die zuerst angeschafften Beträge auch zuerst wieder veräußert werden.[908] Diese Pauschalisierung führt zu größerer Praktikabilität, da ansonsten über sprichwörtlich jeden Cent genau Buch geführt werden müsste, um eine Vermischung der Haltefristen zu vermeiden. Eine entsprechende Anwendung auf blockchain-basierte Vermögenswerte wird unter dem gleichen Aspekt diskutiert.

(2) Analoge Anwendung der FiFo-Methode

Die Anwendung der FiFo-Methode auch auf private Veräußerungsgeschäfte über Token wird von einer Mehrheit der Literatur befürwortet.[909] Hierfür wird insbesondere die strukturelle Vergleichbarkeit bei der Haltung von Fremdwährungsbeträgen und blockchain-basierten Vermögenswerten angeführt.[910] Die

---

907 Vgl. *Hötzel*, Virtuelle Währungen, 218 f.

908 *Trossen* in: BeckOK EStG, § 23 Tz. 204.

909 *Hötzel*, Virtuelle Währungen, 219 ff.; *Bal*, Taxation, Virtual Currency and Blockchain, 121 f.; *Eckert*, DB 2013, 2108 (2110); *Heck*, DStZ 2019, 106 (109); *Hornung/Westermann*, DStZ 2018, 301 (303 f.); *Hötzel/Schober/Wicher*, IWB 2018, 392 (396 f.); *Reiter/Nolte*, BB 2018, 1179 (1182); *Terlau* in: FinTech-Handbuch, §20 Tz. 194; *Trossen* in: BeckOK EStG, § 23 Tz. 204; *Arendt* in: Steuer- und Bilanzrechtslexikon, „Kryptotoken" Tz. 114. Von einer Anwendung geht auch die Finanzverwaltung aus, s. FBeh Hamburg v. 11.12.2017 – S 2256-2017/003-52, DStR 2018, 527; OFD NRW v. 20.4.2018, DB 2018, 1185. i.E. ebenso, aber unter Einräumung einer Wahlmöglichkeit *Heuel/Matthey*, NWB 2018, 1037 (1044 f.); *Dies.*, EStB 2018, 263 (267 f.); *Krüger*, BB 2018, 1887 (1890); *Pielke*, AL 2020, 194 (195). Für die Anwendung der FiFo-Methode nur, soweit keine Einzelbetrachtung durchgeführt werden kann *Krauß/Blöchle*, DStR 2018, 1210 (1212); *Kortendick/Rettenmaier*, FR 2019, 412 (417); wohl auch *Trinks/Trinks*, NWB-Beilage 1/2018, 21 (24).

910 *Heck*, DStZ 2019, 106 (109); *Krüger*, BB 2018, 1887 (1890).

Vereinfachungsfunktion der FiFo-Methode führe bei Token zu einer gleichsam größeren Praktikabilität.[911] Es liege somit eine vergleichbare Interessenlage vor. Außerdem liege eine planwidrige Regelungslücke vor, da der Gesetzgeber bei der Regelung des § 23 Abs. 1 S. 1 Nr. 2 S. 3 EStG die blockchain-basierten Vermögenswerte bei der Entscheidung nicht berücksichtigt habe.[912] Eine Analogie sei daher möglich und die FiFo-Methode damit anzuwenden.

(3) Befürwortung anderer Methoden oder Modelle

Eine Minderheit in der Literatur lehnt eine Anwendung der FiFo-Methode – unter Heranziehung anderer Ermittlungsansätze – ab.[913] Dabei werden verschiedene Methoden bzw. Modelle anstelle der FiFo-Methode vorgeschlagen.

Gegen eine Anwendung der FiFo-Methode wird angeführt, der Gesetzgeber habe bei der Neuregelung[914] des § 23 Abs. 1 S. 1 Nr. 2 S. 3 EStG im Jahre 2014 nicht auf die Behandlung von blockchain-basierten Vermögenswerten rekurriert, diese also explizit nicht in den Anwendungsbereich aufnehmen wollen.[915] Auch sei der Wortlaut eindeutig, da er ausschließlich auf „Fremdwährungsbeträge" Bezug nehme.[916] Zudem wird argumentiert, die FiFo-Methode könne zu unsachgemäßen Ergebnissen führen. [917] Dies sei etwa der Fall, wenn Veräußerungsgeschäfte i.S.e. Durchgangserwerbs abgewickelt werden, das heißt mehrere Veräußerungen in kurzer Reihenfolge ablaufen; die Anwendung der FiFo-Methode bedinge aber, dass andere – nämlich die zuerst angeschafften – Token als Veräußerungsgegenstand betrachtet werden. Vorgeschlagen wird stattdessen eine strikte Einzelbetrachtung[918] oder die Anwendung der Durchschnittsmethode[919].

---

911 *Hötzel*, Virtuelle Währungen, 220; *Krüger*, BB 2018, 1887 (1890).

912 *Hötzel*, Virtuelle Währungen, 219 f.; *Hornung/Westermann*, DStZ 2018, 301 (303 f.).

913 *Pinkernell*, Ubg 2015, 19 (25); *Lohmar/Jeuckens*, FR 2019, 110 (118 f.); *Brinkmann/Meseck*, RdF 2018, 231 (237); *Dürr*, DStZ 2019, 562 (570 ff.); *Richter/Augel*, FR 2017, 937 (948); *Wernsmann* in: K/S/M, § 23 Tz. B 154a.

914 Gesetz v. 25.7.2014, BGBl. I 2014, 1266 (1269).

915 *Pinkernell*, Ubg 2015, 19 (25) unter Bezugnahme auf BT-Drs. 18/1529, 54; so auch *Dürr*, DStZ 2019, 562 (571).

916 *Pinkernell*, Ubg 2015, 19 (25); *Lohmar/Jeuckens*, FR 2019, 110 (119); *Richter/Augel*, FR 2017, 937 (948).

917 *Lohmar/Jeuckens*, FR 2019, 110 (118 f.); *Brinkmann/Meseck*, RdF 2018, 231 (237), auch zum Folgenden.

918 *Lohmar/Jeuckens*, FR 2019, 110 (119); *Brinkmann/Meseck*, RdF 2018, 231 (237); *Dürr*, DStZ 2019, 562 (571); *Wernsmann* in: K/S/M, § 23 Tz. B 154a.

919 *Pinkernell*, Ubg 2015, 19 (25); *Richter/Augel*, FR 2017, 937 (948).

Auch wird eine Wahlmöglichkeit zwischen Einzelbetrachtung und Vereinfachungsmethode[920] bzw. ein abgestuftes Modell[921] erwogen. Im ersten Fall soll die steuerpflichtige Person wählen können, ob sie eine Einzelbetrachtung durchführt oder die FiFo-Methode nutzt. Beim zweiten Modell ist die FiFo-Methode nur soweit anwendbar, wie eine belastbare Nachverfolgung aller Transaktionen nicht möglich ist.

(4) *Stellungnahme*

(a) *Vereinfachungsbedarf bei der Erfassung blockchain-basierter Vermögenswerte*

Die FiFo-Methode ist für die Steuerpflichtigen eine Vereinfachung, führt aber gleichzeitig zu einer Pauschalisierung der Steuervorfälle – und damit zu einer gewissen Ungleichheit in der Besteuerung.[922] Es ist der Vereinfachung immanent, dass sie nur soweit angemessen ist, wie sie auch erforderlich ist und vereinfacht. Mit anderen Worten: Es muss ein Bedürfnis nach Vereinfachung bestehen.[923] Unabhängig von der Möglichkeit einer Analogie stellt sich daher die vorgelagerte Frage, ob Sinn und Zweck der Vereinfachung überhaupt erreicht werden.

Blockchain und Wallet sind konzeptionell gerade darauf ausgelegt, jede Transaktion und jeden Token bis auf ihren Ursprung zurückverfolgen zu können. Dies unterscheidet die blockchain-basierten Vermögenswerte substantiell von den Fremdwährungsguthaben oder Wertpapieren in Sammeldepots, bei denen eine Rückverfolgbarkeit des einzelnen Wirtschaftsgutes nicht immer möglich ist, sondern eine Vermischung im Depot stattfindet.[924] Dies schließt eine Vereinfachung freilich nicht aus, solange ihre Vorteile die Ungleichheit in der steuerlichen Belastung aufwiegen und der Gesetzgeber den typischen Fall

---

920 *Heuel/Matthey*, NWB 2018, 1037 (1044 f.); *Dies.*, EStB 2018, 263 (267 f.); *Krüger*, BB 2018, 1887 (1890); *Pielke*, AL 2020, 194 (195).

921 So differenzierend *Kortendick/Rettenmaier*, FR 2019, 412 (417), nach denen grundsätzlich eine Einzelbewertung möglich ist und es daher weder der FiFo- noch der Durchschnittsmethode bedürfe. Sofern eine präzise Zuordnung nicht möglich sei, könne aber auf die Hilfsmethoden zurückgegriffen werden, wobei nach Wallets zu separieren sei. In diese Richtung auch *Krauß/Blöchle*, DStR 2018, 1210 (1212).

922 Generell zu Vereinfachungen im Steuerrecht s. *Tipke*, StRO I, 349.

923 BVerfG v. 6.11.1985 – 1 BvL 47/83, BVerfGE 71, 146 (157); *Tipke*, StRO I, 350.

924 Dies war auch der ursprüngliche Impetus bei der Schaffung der FiFo-Methode, vgl. *Wernsmann* in: K/S/M, § 23 Tz. B 154; *Trossen* in: BeckOK EStG, § 23 Tz. 204.

vor Augen hat.[925] Es ist jedoch nicht ersichtlich, dass die Vereinfachung auch im Falle blockchain-basierter Vermögenswerte erforderlich ist. Die normierte FiFo-Methode bezieht sich auf Steuerfälle, in denen eine Ermittlung des konkreten Wirtschaftsgutes nicht ohne weiteres möglich ist. Ein solches Problem besteht bei Token aber nicht, da die Blockchain und die Wallet-Software eine jederzeitige Zuordnung ermöglichen.[926] Dem kann auch nicht entgegengehalten werden, dass der Dokumentationsaufwand zu groß ist. Dass dieser mit der wachsenden Transaktionsmenge skaliert, ist keine Besonderheit des Token-Handels, sondern privater Veräußerungsgeschäfte allgemein.[927] Die steuerpflichtige Person ist dazu verpflichtet, dem Fiskus die Steuerfälle offenzulegen und am Vollzug mitzuwirken, § 90 Abs. 1 AO; darüber hinaus wird üblicherweise auch § 90 Abs. 2 AO eröffnet sein, was eine Beweisvorsorgepflicht mit sich bringt.[928] Es ist ihm daher zuzumuten, bei einem gewissen Umfang an Geschäften auf Software-Unterstützung zurückzugreifen, zumal diese teilweise kostenlos bzw. zu einem geringen Preis verfügbar ist.[929] Dies bedingt nicht nur die fehlende Erforderlichkeit einer Vereinfachungsnorm, sondern hätte auch eine Ungleichbehandlung von Steuerpflichtigen zur Folge, die durch die pauschalisierte Betrachtung verringerte Einkünfte erleiden. Es ist daher zu konstatieren, dass es keinen Bedarf zur Anwendung der FiFo-Methode gibt.

(b) Möglichkeit einer analogen Anwendung des § 23 Abs. 1 S. 1 Nr. 2 S. 3 EStG

Ungeachtet des mangelnden Vereinfachungsbedarfs ist weiterhin fraglich, ob die Voraussetzungen für eine analoge Anwendung der FiFo-Methode gegeben

---

925 BVerfG v. 5.11.2014 – 1 BvF 3/11, BVerfGE 137, 350 (375) m.w.N.; *Brandt* in: FS BFH I, 289 (294); *Eckhoff*, Rechtsanwendungsgleichheit, 90.

926 *Wernsmann* in: K/S/M, § 23 Tz. B 154a; *Dürr*, DStZ 2019, 562 (571).

927 Daher ist es nicht überzeugend, aus Praktikabilitätserwägungen rechtliche Schlüsse abzuleiten. So – im Kontext des § 23 Abs. 1 S. 1 Nr. 2 S. 4 EStG – aber *Liegmann/Farruggia-Weber* BB 2019, 2455 (2460).

928 *Seer* in: T/K, § 90 AO Tz. 26.

929 Die Kosten wären zudem als Werbungskosten abzugsfähig. Als Software findet sich etwa https://www.coin.ink. Die dort vertriebene Software bietet eine automatisierte Berechnung der Haltefristen. Ähnliche Softwares sind unter https://cointracking.info/ oder https://www.cointracker.io/ erhältlich. Die Programme bieten eine direkte Interaktion mit der API der Börsen bzw. der Blockchain, sodass die Fristen genau berechnet werden können. Diese Aufzählung ist nicht abschließend, es gibt die Programme in verschiedener Breite und Professionalität.

wären. Für eine Gesetzesanalogie ist, neben einer planwidrigen Regelungslücke, eine vergleichbare Interessenlage zwischen den in Rede stehenden Sachverhalten notwenig.[930]

Da die Anwendung der FiFo-Methode vorwiegend die bloße Ermittlungsproblematik beheben soll, ist nicht ersichtlich, warum eine vergleichbare Interessenlage bei der Verwaltung von Token bestehen soll. Die der Norm zugrundeliegende Konstellation, die Vermischung von Wirtschaftsgütern in einem gemeinsamen Lager, stellt die Steuerpflichtigen vor die Unmöglichkeit der Ermittlung von Haltefrist und Anschaffungskosten. Im Falle der Fremdwährungen werden gleichartige Beträge in das Fremdwährungskonto eingezahlt. Nach diesem Vorgang sind die einzelnen Güter nicht mehr trennbar, da diese summiert und so in einem Betrag zusammengefasst werden.[931] Bei Wertpapieren, die sich nach §§ 5 ff. DepotG in Girosammelverwahrung befinden, erwirbt die steuerpflichtige Person nur das Bruchteilseigentum an den Wertpapieren einer bestimmten Art, sodass bei einer Veräußerung eine Einzelbewertung unmöglich erscheint.[932] Eine solche Unmöglichkeit wird sich bei Token nie einstellen; die Ermittlung kann lediglich schwierig und aufwändig sein.[933] Schließlich liegt es im Naturell der Blockchain, „nichts zu vergessen" und die Herkunft eines jeden Token genau bestimmen zu können. Selbst wenn eine Ermittlung, etwa aufgrund netzwerkspezifischer Modifikationen, im Einzelfall nicht möglich sein sollte, kann hieraus nicht auf eine Anwendbarkeit der FiFo-Methode geschlossen werden. Denn eine Typisierung muss stets den typischen Fall als Vorbild haben, nicht den atypischen.[934] Und typischerweise besteht kein Bedarf an Vereinfachung im hier besprochenen Fall. Für eine Ermöglichung der Ermittlung der Haltefristen, wie sie § 23 Abs. 1 S. 1 Nr. 2 S. 3 EStG eröffnet, gibt es bei blockchain-basierten Vermögenswerten keinen Bedarf.[935] Der Vereinfachungsgedanke hinter der Norm ist, wie zuvor unter (a) gezeigt, auf Token nicht zu übertragen. Es kann somit

930 *Bydlinski*, Methodenlehre, 477; *Wank*, Methodenlehre, § 15 Tz. 110, 121; *Englisch* in: T/L, Tz. 5.83.

931 *Trossen* in: BeckOK EStG, § 23 Tz. 204.

932 S. zur, hinsichtlich des Vereinfachungsgedankens deckungsgleichen, Parallelvorschrift in § 20 Abs. 4 S. 7 EStG *Buge* in: H/H/R, § 20 EStG Tz. 575.

933 *Dürr*, DStZ 2019, 562 (571); *Schlund/Pongratz*, DStR 2018, 598 (604); *Wernsmann* in: K/S/M, § 23 Tz. 154a.

934 BVerfG v. 4.7.2012 – 2 BvR 1/11 & 2/11, BVerfGE 132, 39 (49) m.w.N.; *Eckhoff*, Rechtsanwendungsgleichheit, 91 ff.; *Brandt* in: FS BFH I, 289 (294 f.).

935 *Wernsmann* in: K/S/M, § 23 Tz. 154a; *Pielke*, Besteuerung von Kryptowährungen, 14. Ähnlich *Albrecht/Sahrmann*, IWB 2018, 587 (590 f.).

nicht von einer vergleichbaren Interessenlage die Rede sein. Die Voraussetzungen einer analogen Anwendung liegen nicht vor.

(c) Ergebnis

Eine Anwendung der FiFo-Methode auch auf blockchain-basierte Vermögenswerte ist abzulehnen. Der Vereinfachungsgedanke hinter der Norm ist auf Token nicht zu übertragen, da diese durch die Blockchain jederzeit nachverfolgt werden können. Ein Vereinfachungsbedarf ist nicht gegeben. Auch die Voraussetzungen einer analogen Anwendung liegen nicht vor, da eine vergleichbare Interessenlage nicht besteht. Die Haltefrist ist durch eine Einzelbewertung zu bestimmen. Die steuerpflichtige Person hat zu diesem Zweck die Geschäftsvorfälle zu dokumentieren; regelmäßig wird sie die Beweisvorsorgepflicht aus § 90 Abs. 2 AO treffen.

cc) Verlängerung der Jahresfrist auf eine Zehnjahresfrist, § 23 Abs. 1 S. 1 Nr. 2 S. 4 EStG

(1) Voraussetzungen und Sinn und Zweck

Werden Wirtschaftsgüter zwischengenutzt und so mit ihnen Einkünfte erzielt, erhöht sich die gewöhnliche Jahresfrist nach § 23 Abs. 1 S. 1 Nr. 2 S. 4 EStG auf eine Zehnjahresfrist. Auch bei zwei Phänomenen der blockchain-basierten Vermögenswerte werden Token faktisch als Einkunftsquelle genutzt: Beim Lending und beim Staking. Das Lending zeichnet sich durch die Hingabe von Token aus, was dem Gebenden durch Zinsen entlohnt wird.[936] Beim Staking werden Token deponiert, wodurch die steuerpflichtige Person je nach Netzwerk Chancen auf den Block Reward oder periodische Erträge erhält (ggf. auch beides).[937]

Die Norm hat, da lediglich eine wirtschaftliche Zwischennutzung erforderlich ist, einen großen Anwendungsbereich. Praktisch jedwede Nutzung eines Wirtschaftsgutes zur Einkünfteerzielung führt zur Anwendung der Zehnjahresfrist.[938] Dies steht vermeintlich im Widerspruch zum Sinn und Zweck der Zehnjahresfrist, welcher in der Missbrauchsverhütung durch spezifische Steuersparmodelle besteht.[939] Der Norm wird daher seitens der Literatur teilweise

---

936 Zur Phänomenologie s.o. C. III. 2., S. 81. Zur steuerlichen Einordnung des Zuflusses von Token s. in diesem Abschnitt II., S. 155 ff.

937 Zur Phänomenologie s.o. C. II. 3., S. 71 ff. Zur steuerlichen Einordnung des Zuflusses von Token s.o. D. III., S. 112 ff.

938 *Trossen* in: BeckOK EStG, § 23 Tz. 206.

939 So ausdrücklich BT-Drs. 16/4841, 58 f.

eine überschießende Tendenz attestiert.[940] Diskutiert wird in der Folge, ob der Wortlaut teleologisch zu reduzieren ist, sodass die Fristverlängerung nur noch in Fällen der Missbrauchsverhütung greift. Andere Stimmen[941] entgegen hierauf, dass aus der Formulierung „Nutzung als Einkunftsquelle" das Erfordernis abzuleiten sei, dass das Wirtschaftsgut eine eigenständige Erwerbsgrundlage bilden müsse. Daher fielen die meisten Wirtschaftsgüter von vornherein aus dem Anwendungsbereich heraus, sodass schlussendlich keine überschießende Tendenz anzunehmen sei.

In einem ersten Schritt ist zu eruieren, ob Lending oder Staking überhaupt unter die Norm subsumiert werden können. Ist dies gegeben, muss anschließend der Frage nachgegangen werden, ob eine teleologische Reduktion der Norm vorzunehmen ist.

(2) Einkünfteerzielung durch Nutzung als Einkunftsquelle

Staking und Lending müssten als Nutzung einer Einkunftsquelle erscheinen, um eine Auslösung der Zehnjahresfrist zu effektuieren. Bei beiden werden Token transferiert, um diese entweder in einen Stake einzulegen oder temporär als Darlehen herzugeben.

Der Begriff der „Einkunftsquelle" ist gesetzlich nicht näher definiert. Er entstammt der steuerlichen Quellentheorie und ist einer allgemeinen, feststehenden Definition nicht zugänglich, sodass eine Auslegung anhand des jeweiligen Besteuerungstatbestandes vorzunehmen ist.[942] Nach der Quellentheorie ist zwischen dem Ertrag, welcher aus den Ertragsquellen fließt, und den Quellen selbst zu unterscheiden.[943] Nach dieser Konzeption müsste es sich bei dem Wirtschaftsgut daher um eine eigenständige Erwerbsgrundlage handeln, die Erträge im zuvor genannten Sinne abzuwerfen vermag.[944] Hiernach fließen den Steuerpflichtigen aus der Hingabe der Token durchaus Erträge zu. Wie bereits gezeigt fließen beim Lending wie beim Staking Erträge an die Steuerpflichtigen, sodass die Token in diesen Fällen grundsätzlich als Erwerbsgrundlage genutzt werden.

---

940 *Ratschow* in: Blümich, § 23 EStG Tz. 68; *Musil* in: H/H/R, § 23 EStG Tz. 165.

941 Auch zum Folgenden s. *Wernsmann* in: K/S/M, § 23 Tz. B 61; *Trossen* in: BeckOK EStG, § 23 Tz. 206; *Ratschow* in: Blümich, § 23 EStG Tz. 68.

942 Vgl. zum wortgleichen Begriff „Einkunftsquelle" in § 15b EStG *Kaeser* in: K/S/M, § 15b Tz. C 12.

943 *P. Kirchhof* in: FS BFH II, 1197 (1207); *Hey* in: T/L, Tz. 8.50.

944 *Wernsmann* in: K/S/M, § 23 Tz. B 61; *Musil* in: H/H/R, § 23 EStG Tz. 165; *Ratschow* in: Blümich, § 23 EStG Tz. 68; *Trossen* in: BeckOK EStG, § 23 Tz. 206.

Dies wird bisweilen bestritten, etwa mit Verweis darauf, dass die Token selbst keine Früchte abwerfen würden.[945] Dies ist, insbesondere mit Blick auf § 99 Abs. 1 BGB, durchaus nachvollziehbar. Denn Früchte im bürgerlich-rechtlichen Sinne werden üblicherweise als Erzeugnisse aus der Sachsubstanz bzw. dem bestimmungsgemäßen Gebrauch gewonnen.[946] Allerdings behandelt § 99 Abs. 3 BGB die sogenannten mittelbaren Sachfrüchte und normiert, dass auch aus Rechtsverhältnissen Früchte gewonnen werden können – insbesondere auch Zinsen durch Nutzungsüberlassungen.[947] Das Steuerrecht folgt (auch) in diesem Fall nicht dem zivilrechtlichen Diktat, doch zeigt dies, dass das Verständnis von Früchten und Erträgen grundsätzlich weit zu fassen ist. Auch die Quellentheorie ist nicht nur auf die Erfassung unmittelbarer Erträge (etwa aus Grund und Boden) ausgelegt, sondern bezieht auch Erträge aus Kapital mit ein.[948] Hinzu kommt, dass auch das gesetzgeberische Leitbild – das Container-Leasing[949] – kein unmittelbares Sacherzeugnis beinhaltet, sondern eine Form mittelbarer Erträge.

Folglich können auch Erträge aus Geschäften mit blockchain-basierten Vermögenswerten § 23 Abs. 1 S. 1 Nr. 2 S. 4 EStG erfüllen; sie stellen eigenständige Erwerbsgrundlagen dar.[950] Grundsätzlich verlängert sich die Haltefrist durch das Lending und Staking damit auf zehn Jahre.

---

945 *Hötzel*, Virtuelle Währungen, 217; *Pinkernell*, Ubg 2015, 19 (25).

946 *Stresemann* in: MüKo BGB[1], § 99 Tz. 2 ff.

947 *Fritzsche* in: BeckOK BGB, § 99 Tz. 14 f.; *Stresemann* in: MüKo BGB[1], § 99 Tz. 6.

948 Vgl. die Nachweise bei *P. Kirchhof* in: FS BFH II, 1197 (1207).

949 BT-Drs. 16/4841, 58 f. Beim Container-Leasing handelte es sich um das in Rede stehende Steuersparmodell. In der Begründung erfolgt folgende Beschreibung: „Eine Gesellschaft erwirbt bewegliche Wirtschaftsgüter (z. B. Container) und vermietet diese für eine bestimmte Zeitspanne an verschiedene Nutzende. Zur Refinanzierung verkauft die Gesellschaft die Wirtschaftsgüter an Privatpersonen (Investoren). Die Investoren schließen gleichzeitig mit der Gesellschaft einen Verwaltungsvertrag ab, in dem die Gesellschaft eine bestimmte Miete für eine bestimmte Anzahl von Jahren garantiert, die Gefahr des zufälligen Untergangs trägt und den Rückkauf nach Ablauf der Mietzeit – zum Teil mit garantierten Rückkaufspreiswerten zum Vertragsende – anbietet."

950 *Dürr*, DStZ 2019, 562 (572); i.E. auch *Carlé/Winkler*, DStZ 2020, 882 (884).

(3) Teleologische Reduktion der Norm

(a) Voraussetzungen einer teleologischen Reduktion

Da § 23 Abs. 1 S. 1 Nr. 2 S. 4 EStG tatbestandlich erfüllt ist, stellt sich die Frage nach der Richtigkeit dieses Befundes. Bedingt durch den vom Gesetzgeber befolgten Zweck, Steuersparmodelle zu verhindern, ist zu untersuchen, ob Konstellationen, die keine Steuersparmodelle darstellen, im Wege teleologischer Reduktion aus dem Anwendungsbereich auszunehmen sind. Hierfür ist die betroffene Fallgruppe zu konturieren und darzulegen, warum ihre tatbestandliche Erfassung nicht Sinn und Zweck der Rechtsnorm entsprechen und daher sachlich unangemessen wäre.[951]

(b) Hinsichtlich einer Zweckgerichtetheit des Erwerbs

Von einer größeren Zahl an Publizierenden[952] wird gefordert, dass das Wirtschaftsgut zweckgerichtet auf die Generierung weiterer Erträge hin erworben werden müsse. So würden Token, allerdings abhängig vom Einzelfall, regelmäßig aus dem Anwendungsbereich der Zehnjahresfrist ausscheiden. Bei dieser Forderung handelt es sich um einen ergebnisorientierten Ansatz: Die Autorenschaft möchte Token von der Anwendung der Zehnjahresfrist ausnehmen. Es erscheint jedoch unsachgemäß und nicht zwingend, dieses Ergebnis durch Einfügung eines subjektiven Merkmals zu erreichen. Nicht nur sind subjektive Tatbestandsmerkmale § 23 EStG grundsätzlich fremd.[953] Es stellt die steuerpflichtige Person wie die Finanzbehörde vor Beweisprobleme, denn die innere Tatsache der Zweckgerichtetheit ist kaum zu beweisen.[954] Auch würde dies zu Wertungswidersprüchen führen. Es sei etwa daran zu denken, dass Steuerpflichtige erst nach dem Erwerb die Möglichkeiten des Lendings oder Stakings entdecken bzw. sich erst nachträglich zu einer derartigen Nutzung entschließen. Sie hätten die Token nicht zweckgerichtet erworben, könnten diese aber die längste Zeit der dann einjährigen Haltefrist als Einkunftsquelle nutzen. Dieses Beispiel zeigt auch, dass ein Abstellen auf die Zweckgerichtetheit des Erwerbs zu

---

951 *Bydlinski*, Methodenlehre, 480; *Wank*, Methodenlehre, § 15 Tz. 132 ff.

952 *Heuel/Matthey*, NWB 2018, 1037 (1042 f.); *Dies.*, EStB 2018, 263 (267); *Carlé/Winkler*, DStZ 2020, 882 (884); *Kanders/Thonemann-Micker/Gräfe*, ErbStB 2018, 145 (150); *Reiter/Nolte*, BB 2018, 1179 (1182).

953 *Wernsmann* in: K/S/M, § 23 Tz. B 62a. S. hierzu bereits in diesem Abschnitt c) bb) (4) (a), S. 221.

954 *Dürr*, DStZ 2019, 562 (573).

willkürlichen Ergebnissen führen kann. Diese Form der teleologischen Reduktion ist daher abzulehnen.[955]

(c) Hinsichtlich eines Wertungsvergleichs mit verzinsten Fremdwährungsdarlehen

Eine andere Sichtweise begründet eine teleologische Reduktion durch einen Vergleich mit der Behandlung verzinster Fremdwährungsdarlehen.[956] Die Publizierenden rekurrieren auf eine Verfügung des Bayerischen Landesamtes für Steuern[957], wonach im Falle verzinster Fremdwährungsbeträge von zwei Wirtschaftsgütern auszugehen sei. Diese bestünden in der Fremdwährungs-Valuta einerseits und der Darlehensforderung gegen den Darlehensnehmer andererseits. Bezüglich der Umsetzung beruft sich das Landesamt auf ein Urteil[958] des BFH. Dieses Vorgehen des Landesamtes sei auch auf die Behandlung der hier besprochenen Fälle zu übertragen. Dies erscheint jedoch aus zwei Gründen nicht sachgerecht.

Zunächst ist der Schluss des BayLfSt, Wirtschaftsgüter in Darlehenskonstellationen aufzuteilen, nicht überzeugend. Der Senat trifft im angeführten Urteil keine Wertung dieser Art, die über den entschiedenen Fall hinausgeht.[959] Die strikte Trennung, die von den Verfassenden propagiert wird, bezieht der BFH im Urteil allein auf die möglichen Veräußerungvorgänge der zwei Wirtschaftsgüter.[960] Der Gedanke, die Wirtschaftsgüter seien über den Urteilsfall hinaus

---

955 Ebenso *Wernsmann* in: K/S/M, § 23 Tz. B 62a; *Dürr*, DStZ 2019, 562 (572 f.).

956 *Krüger*, BB 2018, 1887 (1891); *Reiter/Nolte*, BB 2018, 1179 (1182); *Kanders/Thonemann-Micker/Gräfe*, ErbStB 2018, 145 (150); *Lohmar/Jeuckens*, FR 2019, 110 (115); *Heuel/Matthey*, NWB 2018, 1037 (1043); *Carlé/Winkler*, DStZ 2020, 882 (884 f.); *Liegmann/Farruggia-Weber*, BB 2019, 2455 (2460), überwiegend jedoch aus „Praktikabilitätserwägungen".

957 BayLfSt v. 10.3.2016 – S 2256.1.1-6/6 St 32, BeckVerw 332490.

958 BFH v. 2.5.2000 – IX R 73/98, BStBl. II 2000, 614.

959 Explizit schreibt er „Unterhält der Steuerpflichtige ein Fremdwährungskonto, so bildet das Fremdwährungsguthaben ein selbstständiges Wirtschaftsgut, das Gegenstand eines Spekulationsgeschäfts sein kann (…). Davon zu unterscheiden ist die Darlehensforderung, die entsteht, wenn der Steuerpflichtige das Fremdwährungsguthaben als Festgeld anlegt (…).", BFH v. 2.5.2000 – IX R 73/98, BStBl. II 2000, 614 (615).

960 Im Verlauf des Urteils wird deutlich, dass es dem Senat dabei darauf ankommt, die verschiedenen Veräußerungs- bzw. Anschaffungsvorgänge zu trennen. Die Parteien streiten über deren Vorliegen; entscheidend ist dabei, dass der Rückfluss eines Darlehens kein Veräußerungsvorgang ist, vgl. BFH v. 2.5.2000 – IX R 73/98, BStBl. II 2000, 614 (615 f.), insb. die Passagen unter II. 2. b) und II. 3. b).

getrennt zu betrachten, erscheint unsachgemäß und konstruiert. Die Darlehensforderung im Fall besteht allein aufgrund der Hingabe der Fremdwährungsvaluta und ist deswegen auch als Ertrag dieser zu betrachten. Rein rechtlich besteht die Zahlungsverpflichtung freilich durch den Darlehensvertrag, nicht durch das Fremdwährungsguthaben. Der wirtschaftliche Grund für den Zufluss der Erträge ist aber die Fremdwährungs-Valuta; die angeblich hiervon zu separierende Darlehensforderung ist Folge ihrer Hingabe. Bei einer Betrachtung des Vorgangs i.S.d. Quellentheorie erscheinen die Zuflüsse weiterhin als Erträge der Quelle „Fremdwährungsvaluta", nicht etwa der Darlehensforderung. Nach dem Wortlaut der Norm kommt es darüber hinaus darauf an, ob das Wirtschaftsgut als Einkunftsquelle genutzt wird. Es wäre abwegig, zu behaupten, die steuerpflichtige Person nutze die Darlehensforderung als Einkunftsquelle; sie nutzt die Fremdwährungsvaluta, um die Darlehensforderung samt Zinserträgen zu erhalten. Die Quelle für die Erträge ist und bleibt aber das Fremdwährungsguthaben, welches zur Erlangung einer Darlehensforderung eingesetzt wird.

Das größte Störmoment ist zweitens jedoch folgender Gedanke: Das § 23 Abs. 1 S. 1 Nr. 2 S. 4 EStG ursprünglich zugrundeliegende Modell des Container-Leasings würde nach dem „Trennungsgebot" der Verfassenden ebenfalls nicht mehr unter die Zehnjahresfrist fallen. Denn es müsste zwischen dem Wirtschaftsgut des Containers und dem entstehenden Miet-, Pacht- oder Leasingvertrag unterschieden werden. Nach Ansicht der Autorenschaft müssten die Zahlungen Ausfluss des jeweiligen Vertrages sein, nicht des Containers. Folgerichtig dürfte sich die Haltefrist nicht verlängern. Dieser Gedankengang zeigt, dass die Auslegung der Literatur und des BayLfSt nicht nur fragwürdig, sondern contra legem ist.

Folglich verfängt auch dieser Ansatz nicht. Eine teleologische Reduktion aufgrund einer Trennung in zwei Wirtschaftsgüter ist abzulehnen.

(d) Hinsichtlich des objektiven Vorliegens eines Steuersparmodells

Ein letzter Ansatz für eine teleologische Reduktion wäre ein Abstellen auf das objektive Vorliegen eines Steuersparmodells.[961] Ratio Legis ist gerade die Verhinderung solcher Modelle, welche durch die verlängerte Steuerpflicht bewirkt wird. Eine Ausweitung auf Vorgänge, die keine Steuersparmodelle betreffen, ist von dieser Ratio grundsätzlich nicht mehr gedeckt. Dies könnte insoweit

---

961 Ein solcher Ansatz wird, in zumindest ähnlicher Form, von *Kortendick/Rettenmaier*, FR 2019, 412 (416) und *Carlé/Winkler*, DStZ 2020, 882 (884) vertreten.

korrekturbedürftig sein, als zusätzlich ein objektiv erkennbares Steuersparmodell vorliegen muss, welches von Steuerpflichtigen genutzt wird.

Die gebotene Eingrenzung der Norm erfolgt durch die Wortlautauslegung (und die Gegenstände des täglichen Gebrauchs, § 23 Abs. 1 S. 1 Nr. 2 S. 2 EStG) in nicht hinreichender Art und Weise. Die Anwendung des Normtextes führt – wie gerade gezeigt – weiterhin zu Verlängerungen, obwohl keine Steuersparmodelle vorliegen.[962] Das für eine teleologische Reduktion erforderliche[963] Fehlen einer, nach der Ratio Legis notwendigen, Ausnahmeregel ist damit zu bejahen. Insbesondere ergeben sich bei Lending und Staking keine Form von AfA, welche zu Werbungskosten führen würden.[964] Diese Konstellation – die Geltendmachung von AfA ohne spätere Kompensation durch Veräußerung – wollte der Gesetzgeber ausdrücklich durchbrechen. [965] Der Drucksache ist dabei keine anderweitige Regelungsabsicht zu entnehmen. Vielmehr entsteht der Eindruck, dass der Gesetzgeber durch den detaillierten Beispielsfall und die ausdrückliche Vermeidungsabsicht einen auf Steuersparmodelle begrenzten Anwendungsbereich vorsah.[966] Die Einbeziehung von Wirtschaftsgütern, die nicht in Steuersparmodelle eingebunden sind, erscheint daher ungerechtfertigt, da diese eine deutlich längere Zeit der Steuerpflicht unterliegen würden.

Eine teleologische Reduktion der Norm ist damit geboten, soweit dadurch solche Wirtschaftsgüter aus dem Anwendungsbereich ausgenommen werden, die nicht für ein Steuersparmodell genutzt werden.[967] Dieses objektive Kriterium lässt sich, im Gegensatz zur subjektiven Zweckgerichtetheit des Erwerbs, deutlich leichter handhaben. Auch Beweisprobleme werden kaum auftreten, da die Nutzung einer Steuersparmodells auch noch ex post nachgewiesen und nachvollzogen werden kann. Der durch den Gesetzgeber klar definierte Anwendungsbereich der Norm rechtfertigt die Ausnahme der Wirtschaftsgüter; andernfalls läge eine unsachgemäße Gleichbehandlung vor. Auch die Token, die im Wege

962 a.A. insoweit *Wernsmann* in: K/S/M, § 23 Tz. B 60 f.

963 *Bydlinski*, Methodenlehre, 480; *Wank*, Methodenlehre, § 15 Tz. 133 f.

964 *Kortendick/Rettenmaier*, FR 2019, 412 (416).

965 Auch zum Folgenden vgl. BT-Drs. 16/4841, 59.

966 BT-Drs. 16/4841, 59 macht dies auch im Wortlaut deutlich: „Zur Vermeidung derartiger Steuersparmodelle wird für diese Wirtschaftsgüter die Veräußerungsfrist auf zehn Jahre angehoben". Insbesondere die Betonung auf „diese" Wirtschaftsgüter impliziert einen engen Rahmen.

967 Ähnlich *Kortendick/Rettenmaier*, FR 2019, 412 (416); i.E. auch *Carlé/Winkler*, DStZ 2020, 882 (884). Insgesamt a.A. *Wernsmann* in: K/S/M, § 23 Tz. B 62a; *Dürr*, DStZ 2019, 562 (572 f.); *Pielke*, Besteuerung von Kryptowährungen, 13.

des Lending und Staking als Einkunftsquelle genutzt werden, sind daher mittels teleologischer Reduktion aus dem Tatbestand des § 23 Abs. 1 S. 1 Nr. 2 S. 4 EStG auszunehmen.

(4) Ergebnis

Lending und Staking stellen zwar eigenständige Erwerbsgrundlagen dar und fallen damit tatbestandlich unter die Zehnjahresfrist. Der Tatbestand ist aber, im Ergebnis übereinstimmend mit der herrschenden Literaturmeinung, teleologisch zu reduzieren. Allein die Einbeziehung von Wirtschaftsgütern aus Steuersparmodellen ist nach Sinn und Zweck der Regelung gerechtfertigt. Die teleologische Reduktion ist aber, anders als in der Literatur vertreten, nicht im Wege einer Zweckgerichtetheit oder eines Vergleichs mit verzinsten Fremdwährungsdarlehen zu begründen. Vielmehr bedarf es einer objektiven Betrachtung hinsichtlich des Vorliegens einer Steuersparmodells. Nur auf diesem Wege wird der Ratio Legis in angemessener Weise Rechnung getragen. Insgesamt wird eine Verlängerung der Haltefrist durch Lending und Staking daher nicht zu befürchten sein. Die Haltefrist angeschaffter blockchain-basierter Vermögenswerte beträgt daher ein Jahr, § 23 Abs. 1 S. 1 Nr. 2 S. 1 EStG.

e) Zusammenfassung

Die Betrachtung privater Veräußerungsgeschäfte über blockchain-basierte Vermögenswerte hat eine versprengte Besteuerungssituation aufgezeigt. Die Erfüllung des Tatbestandes ist stark inhomogen und hängt maßgeblich von der Form der Erlangung der Token ab. Originär erworbene Token sind nicht angeschafft und können daher steuerfrei veräußert werden. Derivativ erworbene Token sind entweder angeschafft oder müssen anhand des Rechtsvorgängers beurteilt werden. Die Berechnung der Haltefrist erfolgt nach der Einzelbewertung; die FiFo-Methode als Vereinfachungsnorm ist nicht anwendbar, da es keiner Vereinfachung bedarf und die Voraussetzungen einer Analogie nicht gegeben sind.

V. Zusammenfassung der Ergebnisse

Die bisherige Untersuchung hat aufgezeigt, dass die steuerliche Behandlung der Verwendung blockchain-basierter Vermögenswerte enorme Probleme aufwirft, die insbesondere von ihrer technischen Beschaffenheit herrühren. Pauschale und typisierende Einordnungen sind faktisch immer zu „einfach“ und treffen oft nicht zu, da viele Erwerbs- oder Veräußerungsformen weitere Sonderformen kennen, welche eine andere steuerrechtliche Beurteilung nach sich ziehen. So ergibt sich eine kleinschrittige Herangehensweise, die allerdings notwendig ist, um die Besteuerungstatbestände korrekt zu qualifizieren.

Das Lending wird über § 22 Nr. 3 EStG der Einkommensteuer unterliegen. Eine Besteuerung über § 20 EStG erscheint zwar sachgerecht, scheitert jedoch an tatbestandlichen Problemen.

Vor dem Hintergrund des Freibetrags dürften Airdrops und Faucets kaum fiskalische Bedeutung haben. Diese unterliegen tatbestandlich nur dann § 22 Nr. 3 EStG, wenn ein qualifiziertes Tätigwerden der steuerpflichtigen Person zum Erhalt notwendig ist. Selbst dann handelt es sich um Gegenwerte, die den Cent-Bereich regelmäßig nicht überschreiten.

Zahlreiche Probleme haben sich bei Veräußerungsgeschäften über blockchain-basierte Vermögenswerte offenbart. Bereits die Abgrenzung zwischen gewerblicher und vermögensverwaltender Tätigkeit ist problematisch und nicht ohne weiteres anhand tradierter Muster zu führen. Innerhalb der privaten Veräußerungsgeschäfte ist die Herkunft der Token ausschlaggebend. Bei der Betrachtung der Haltefrist ergeben sich weitere Probleme hinsichtlich der Ermittlungsmethode und einer möglichen Fristverlängerung.

F. Bewertung der Untersuchung und Schlussbetrachtung

Bei der anfänglichen Betrachtung des Forschungsgegenstandes wurde die Frage aufgeworfen, ob die Normen des Einkommensteuerrechts die disruptive Blockchain-Technologie erfassen können.[968] Dies ist abschließend überwiegend mit Ja zu beantworten. Es haben sich jedoch auch Probleme und Zweifelsfragen aufgetan.

Im Zuge der Untersuchung wurden zunächst keine planwidrigen Besteuerungslücken festgestellt. Die Steuertatbestände erweisen sich als flexibel genug, um auch Steuervorfälle blockchain-basierter Vermögenswerte zu erfassen. Soweit eine Steuerfreiheit von Einkünften festgestellt wurde, erscheint diese systemgerecht und folgerichtig. Dies bedeutet jedoch nicht, dass die Besteuerung von blockchain-basierten Vermögenswerten problemlos erreicht werden kann sowie system- und gleichheitsgerecht ist. Vielmehr haben sich im Rahmen der Untersuchung rechtliche und praktische Probleme gezeigt. Im Rahmen einer Schlussbetrachtung sollen die Ergebnisse der Untersuchung daher bewertet und analysiert werden. Dies wird in den nachfolgenden sieben Punkten zusammengefasst:

1. Das EStG kann die Phänomenologie der blockchain-basierten Vermögenswerte erfassen und einer Besteuerung zugänglich machen. Es ist nicht ersichtlich, dass durch die Novität der Blockchain-Technologie Besteuerungslücken entstanden wären. Auch wenn der Gesetzgeber – mangels Möglichkeit – bei Schaffung der Besteuerungstatbestände neue Technologien nicht bedacht hatte, führt dies nicht zu lückenhafter Besteuerung oder gar verfassungswidrigen Analogien.[969] Die einzelnen Tatbestandsmerkmale können und müssen vielmehr im Kontext des neuartigen Lebenssachverhalts ausgelegt und angewendet werden. Die Normen des EStG zeigen sich dabei überwiegend als flexibel genug, um die neuen Besteuerungsfragen aufzufangen (s. einschränkend aber Punkte 2 und 7).
2. Eine Vielzahl von Rechtsproblemen ergeben sich aufgrund der technischen Natur und des Charakters der blockchain-basierten Vermögenswerte:

968 S. Abschnitt A II., S. 26.

969 Vgl. *Hötzel*, Virtuelle Währungen, 11 f.; zur Methodik bei technisch neuartigen Entwicklungen s. auch *Englisch* in: T/L, Tz. 5.76.

So stellt die Blockchain kein Rechtssubjekt dar, wodurch es an einem Leistungsaustausch und möglichem Anspruchsgegner fehlt. Weiterhin liegt in blockchain-basierten Vermögenswerten – trotz ihrer Konzeption – kein Geld im Rechtssinne, was eine divergierende Einordnung im Vergleich zu Fiat-Geld bedingt. Weiterhin gibt es innerhalb der Netzwerke eine große Inhomogenität in der Funktionsweise von Konsensmechanismen, Vergütungsmodellen und Token. Die rechtliche Einordnung erweist sich daher bereits technisch-abstrakt als herausfordernd, bedarf aber dennoch einer weiter differenzierenden Betrachtung auf Ebene der verschiedenen Netzwerke. Dadurch lassen sich feststehende Ergebnisse häufig nicht bilden und es bleibt nur der Verweis auf die Umstände des Einzelfalls. Dies bedingt für die Finanzverwaltung, dass die Besteuerungssachverhalte besonders sorgfältig und detailliert ermittelt werden müssen.[970]

3. Die technischen Faktoren haben auch für die Steuerpflichtigen Folgen. Dadurch, dass die Herkunft aller Token lückenlos nachverfolgt werden kann, müssen sie über ihre Token-Bestände genau Buch führen und die steuerrelevanten Tatsachen von ihnen ableiten. Dies bedingt etwa, dass die FiFo- oder Durchschnittsmethode zur Ermittlung von Haltefristen im Rahmen privater Veräußerungsgeschäfte keine Anwendung findet. Für diese Vereinfachung gibt es keinen Bedarf, da die Herkunft der Token präzise aufzuschlüsseln ist. Ebenfalls für private Veräußerungsgeschäfte kann relevant werden, ob der Rechtsvorgänger der Token diese auf originärem oder derivativem Wege erlangt hat. Das deterministische Prinzip der Blockchain hat daher rechtserhebliche Folgen.

4. Eine Kategorisierung der Phänomenologie lässt sich anhand der Verwendungs- bzw. Zuflussform von Token treffen. Herstellungsprozesse bzw. der Originärerwerb von Token sind nach der Untersuchung fast ausschließlich steuerfrei, solange man sie isoliert betrachtet. Dies deckt sich mit der Maßgabe des Einkommensteuergesetzes, bloße Zuwächse an finanzieller Leistungskraft – insbesondere die Herstellung von Gütern – grundsätzlich nicht der Besteuerung zu unterwerfen, solange diese nicht realisiert

970 Andernfalls manifestieren sich Ermittlungsschwierigkeiten im gerichtlichen Verfahren, was auch seitens des FG Nürnberg an einem Beschluss des FG Berlin-Brandenburg kritisiert wurde, s. FG Nürnberg v. 8.4.2020 – 3 V 1239/19, juris, und auch *Büchter-Hole*, EFG 2020, 1076 (1077): „(…) weil sich das Gericht mangels Sachverhaltsermittlungen des FA nicht einmal ansatzweise in der Lage sah, ein eigenes Bild vom Sachverhalt zu machen, zumal noch nicht einmal bekannt war, mit welchen virtuellen Währungen der Ast. gehandelt hat (…)".

werden.[971] Die Steuerfreiheit dieser Prozesse erweist sich daher als folgerichtig. Dies betrifft das (Solo-)Mining, Staking und die Hard Fork. Verwendungsformen bzw. der Derivativerwerb unterliegen hingegen überwiegend der Steuerpflicht – vor allem als sonstige Leistungen und private Veräußerungsgeschäfte. Da diese Verwendungen Wertrealisierungen bzw. eine Steigerung der Leistungsfähigkeit bedingen, erscheint auch dieses Ergebnis sachgerecht.

5. Blockchain-basierte Vermögenswerte sind zwar zumeist als Ersatzzahlungsmittel konzipiert. Sie werden aber kaum als solche verwendet. Der größte Teil der Steuervorfälle lässt sich auf die Nutzung der Wertaufbewahrungsfunktion blockchain-basierter Vermögenswerte zurückführen. Daher ist die Bezeichnung der Werteinheiten als „Währung" (z.B. virtuelle Währung; Kryptowährung) zumindest juristisch falsch. Eine Gleichstellung mit Fiat-Geld oder Fremdwährungen, soweit es um den Einsatz als Zahlungsmittel geht, ist daher nicht sachgerecht. Blockchain-basierte Vermögenswerte stellen kein Geld dar und sind auch nicht als solches zu behandeln. Dies kann sich allerdings ändern, sofern sie in Zukunft explizit in den staatlichen Geldapparat einbezogen werden.

6. Abgrenzungsfragen zwischen Gewerbebetrieb und privater Vermögensverwaltung stellen sich auch für blockchain-basierte Vermögenswerte, speziell in den Bereichen des Handels und des Minings. Es fehlt dabei noch an Erfahrungswerten und Typisierungen, was eine trennscharfe Abgrenzung erschwert. Ein belastbares Bild wird sich erst mit fortschreitender Rechtsprechung und aktuellen Verwaltungsschreiben konturieren. In Verwaltung und Literatur wird oftmals die Funktionsweise der Bitcoin-Blockchain auf alle Netzwerke übertragen, sodass eine nicht sachgerechte Gleichbehandlung von Sachverhalten erfolgt. Auch bei der Abgrenzung von Gewerbebetrieb und privater Vermögensverwaltung muss anhand der jeweiligen Blockchain differenziert werden. Bei Handelstätigkeiten bietet sich eine Synthese der Kriterien zum Wertpapier- und Goldhandel an, während es beim Mining eigener Abgrenzungskriterien bedarf. Generell sind Parallelen zu anderen Fallgruppen oder Kategorien nur vorsichtig zu ziehen. Die Phänomenologie blockchain-basierter Vermögenswerte ist mit bereits bekannten Modellen nicht deckungsgleich; einer Übertragbarkeit entsprechender Kriterien ist daher mit Vorsicht zu begegnen.

---

971 Vgl. *Tipke*, StRO II, 629 f., 678; *Lang*, Bemessungsgrundlage, 50; *P. Kirchhof* in: FS BFH II, 1197 (1209 f.); *Seer* in: Kirchhof/Seer, § 2 Tz. 56.

7. Viele Steuervorfälle im Zusammenhang mit der Verwendung blockchain-basierter Vermögenswerte könnten steuersystematisch am ehesten unter § 20 EStG eingeordnet werden.[972] Denn ihr Zufluss begründet sich in einer Verwendung oder Veräußerung von Kapital. Allerdings ist dies, wie gezeigt[973], de lege lata tatbestandsbedingt zu verneinen. Der Gesetzgeber muss evaluieren, ob eine Anpassung der Normen geboten ist, sodass zumindest Verwertungsgeschäfte unter § 20 EStG fallen. Dies hätte nicht nur steuersystematische Vorzüge, sondern könnte auch die erheblichen Ermittlungsschwierigkeiten beseitigen, die sich bei blockchain-basierten Vermögenswerten stellen. Durch eine Einbettung in das System der Abgeltungsteuer könnte die Erhebung von Steuerdaten institutionalisiert werden und gleichheitsgerecht erfolgen – wie bereits in der Vergangenheit für Veräußerungsgeschäfte über Wertpapiere geschehen.[974]

---

972 Vgl. *Kollmann* in: Handbuch Kryptowerte, § 17 Tz. 15.

973 S. insbesondere die Behandlung des Lendings, Abschnitt E. II. 3. a), S. 156 ff.

974 Seit dem Unternehmensteuerreformgesetz v. 14.8.2007, BGBl. I 2007, 1912 werden private Wertpapiergeschäfte ausschließlich nach § 20 EStG und nicht mehr nach §§ 22 Nr. 2, 23 Abs. 1 S. 1 Nr. 2 EStG besteuert, s. auch *Wernsmann* in: K/S/M, § 23 Tz. A 40.

Literaturverzeichnis

Ammann, Thorsten, Bitcoin als Zahlungsmittel im Internet – Rechtliche Fragestellungen und Lösungsansätze, in: CR 2018, 379 – 386

Albrecht, Julian / John, David, Die einkommensteuerliche Abgrenzung zwischen Gewerbebetrieb und Vermögensverwaltung bei Investitionen in Kryptotoken, in: FR 2019, 393 – 407

Albrecht, Julian / Sahrmann, Philipp, Blockchain und Steuern, in: IWB 2018, 587 – 591

Anzinger, Heribert, Anmerkung zu BFH, Urt. v. 19.1.2017 – IV R 50/14 (FG Münster), in: NZG 2017, 599 – 600

Assmann, Heinz-Dieter / Schütz, Rolf / Buck-Heeb, Petra (Hrsg.), Handbuch des Kapitalanlagerechts, 5. Auflage, Verlag C. H. Beck, München 2020 (zit.: *Bearbeiter* in: HdB d. Kapitalanlagerechts)

Bal, Aleksandra, Taxation, Virtual Currency and Blockchain, Dissertation, Verlag Wolters Kluwer, Alphen aan den Rijn/Niederlande 2019 (zit.: *Bal*, Taxation, Virtual Currency and Blockchain)

Beck, Benjamin, Bitcoins als Geld im Rechtssinne, in: NJW 2015, 580 – 586

Beck, Benjamin / König, Dominik, Bitcoin: Der Versuch einer vertragstypologischen Einordnung von kryptographischem Geld, in: JZ 2015, 130 – 138

Becker, Enno, Erläuterungen zur Rechtsprechung. A. Allgemeines Steuerrecht. Einkommensteuerrecht. Gewerbesteuer., in: StuW Teil I 1938, 867 – 898

Behrendt, Philipp / Janken, Sven, Kryptowährung - das digitale Fremdwährungskonto, in: DStZ 2018, 342 – 350

Beutelspacher, Albrecht, Kryptologie, 10. Auflage, Verlag Springer Spektrum, Wiesbaden 2015

Blank, Matthias / Christ, Ramona, Besteuerungsfragen der Blockchain-Technologie – Bestandsaufnahme und Ausblick, in: StB, 47 – 52

Blümich, Klaus (Begr.), Einkommensteuergesetz - Körperschaftsteuergesetz - Gewerbesteuergesetz Kommentar, Stand: 155. Ergänzungslieferung November 2020, Verlag Franz Vahlen, München (zit.: *Bearbeiter* in: Blümich)

Bock, Torsten, Die Steuerbarkeit von Inhaberschuldverschreibungen auf Lieferung einer Sachleistung am Beispiel von Xetra-Gold - Zugleich Anmerkung zum Urteil des Sächsischen Finanzgerichts vom 27.3.2014 – 1 K 1406/13, in: DStR 2014, 2102 – 2106

Böhme, Rainer / Pesch, Paulina Jo, Technische Grundlagen und datenschutzrechtliche Fragen der Blockchain-Technologie, in: DuD 2017, 473 – 481

Börding, Andreas / Jülicher, Tim / Röttgen, Charlotte / v. Schönfeld, Max, Neue Herausforderungen der Digitalisierung für das deutsche Zivilrecht, in: CR 2017, 134 – 140

Borkert, Kristian, Einordnung und rechtliche Rahmenbedingungen von Tokensales, insb. Initial Coin Offerings, in: ITRB 2018, 39 – 43

Brandt, Jürgen, Anwendung von Vereinfachungszwecknormen und Vereinfachung als Auslegungstopos – Aus Sicht der Rechtsprechung, in: Klaus-Dieter Drüen / Johanna Hey / Rudolf Mellinghoff (Hrsg.): Festschrift für den Bundesfinanzhof, Band I, Verlag Dr. Otto Schmidt, Köln 2018, S. 289 – 319 (zit.: *Brandt* in: FS BFH I)

Bräutigam, Peter / Rücker, Daniel (Hrsg.), E-Commerce Rechtshandbuch, 1. Auflage, Verlag C.H. Beck, München 2017 (zit.: *Bearbeiter* in: Bräutigam/Rücker)

Brinkmann, Marco / Meseck, Marius, Besteuerung von Kryptowährungen im Privatvermögen in Deutschland, in: RdF 2018, 231 – 238

Büchter-Hole, Anmerkung zu FG Nürnberg, Beschluss vom 8.4.2020 – 3 V 1239/19, in: EFG 2020, 1076 – 1077

Bydlinski, Franz, Juristische Methodenlehre und Rechtsbegriff, 2. Auflage, Springer-Verlag, Wien/New York 1991 (zit.: *Bydlinski,* Methodenlehre)

Campbell-Verduyn, Malcom, Introduction – What are blockchains and how are they relevant to governance in the global political economy?, in: Malcom Campbell-Verduyn (Hrsg.), Bitcoin and Beyond, RIPE Series in Global Political Economy, Verlag Routledge, London/New York 2019, S. 1 – 24 (zit.: *Campbell-Verduyn* in: Bitcoin and Beyond)

Carlé, Thomas / Winkler, Claas, Führt das sog. Bitcoin-Lending im Zusammenhang mit einer späteren Veräußerung dazu, dass die Haltefrist nach § 23 Abs. 1 Satz 1 Nr. 2 Satz 4 EStG anzuwenden ist?, in: DStZ 2020, 882 – 885

Creifelds, Carl (Begr.), Rechtswörterbuch, 25. Edition, Verlag C. H. Beck, München 2020 (zit.: *Bearbeiter* in: Creifelds Rechtswörterbuch)

Dietsch, David R., Umsatzsteuerliche Einordnung von Initial Coin Offerings, in: MwStR 2018, 546 – 551

Diverse, Beck'sches Steuer- und Bilanzrechtslexikon, 54. Edition 1.1.2021, Verlag C. H. Beck, München 2020 (zit.: *Bearbeiter* in: Steuer- und Bilanzrechtslexikon)

Djazayeri, Alexander, Die virtuelle Währung Bitcoin - Zivilrechtliche Fragestellungen und internationale regulatorische Behandlung, in: jurisPK-BKR 2014, Ausgabe 6 Anmerkung 1

Dornheim, Bertram, Ertragsteuerliche Beurteilung von Xetra-Goldwertpapieren - Zugleich Anm. zur aktuellen Finanzrechtsprechung, in: DB 2014, 2312 – 2316

Dürr, Christiane, Die Kryptowährung „Bitcoin“: ausgewählte Fragestellungen bei den Gewinneinkunftsarten, in: FR 2019, 656 – 660

Dies., Einkünfte aus Kapitalvermögen und privaten Veräußerungsgeschäften bei der Kryptowährung „Bitcoin“, in: DStZ 2019, 562 – 573

Eckert, Kim-Patrick, Steuerliche Betrachtung elektronischer Zahlungsmittel am Beispiel sog. Bitcoin-Geschäfte, in: DB 2013, 2108 – 2111

Eckhoff, Rolf, Rechtsanwendungsgleichheit im Steuerrecht, Habilitation, Verlag Dr. Otto Schmidt, Köln 1999 (zit.: *Eckhoff*, Rechtsanwendungsgleichheit)

Engelhardt, Christian / Klein, Sascha, Bitcoins – Geschäfte mit Geld, das keines ist; Technische Grundlagen und zivilrechtliche Betrachtung, in: MMR 2014, 355 – 360

Englisch, Joachim, Daten als Entgelt - Ein mehrwertsteuerlich fragwürdiger Ansatz, in: DB 2017, M4 – M5

Erman, Walter Alexander (Begr.), Bürgerliches Gesetzbuch Handkommentar, 16. Auflage, Verlag Dr. Otto Schmidt, Köln 2020 (zit.: *Bearbeiter* in: Erman)

Ertel, Wolfgang / Löhmann, Ekkehard, Angewandte Kryptographie, 6. Auflage, Verlag Carl Hanser, München 2020 (zit.: *Ertel/Löhmann*, Angewandte Kryptographie)

Fill, Hans-Georg / Meier, Andreas, Blockchain kompakt - Grundlagen, Anwendungsoptionen und kritische Bewertung, Verlag Springer Vieweg, Wiesbaden 2020 (zit.: *Fill/Meier*, Blockchain kompakt)

Dies., Blockchain – Grundlagen, Anwendungsszenarien und Nutzungspotenziale, Verlag Springer Vieweg, Wiesbaden 2020 (zit.: *Bearbeiter* in: Blockchain)

Fuhrmann, Claas / Rosner, Christian, Erfordert ein Grundstücksveräußerungsgeschäft nach § 23 Abs. 1 Satz 1 Nr. 1 EStG den Übergang des dinglichen Eigentums?, in: DStZ 2006, 152 – 155

Goger, Thomas, Bitcoins im Strafverfahren – Virtuelle Währung und reale Strafverfolgung, in: MMR 2016, 431 – 434

Gsell, Beate / Krüger, Wolfgang / Lorenz, Stephan / Reymann, Christoph (Hrsg.), beck-online Grosskommentar Zivilrecht, Stand 1.3.2021, Verlag C. H. Beck, München 2021 (zit.: *Bearbeiter* in: BeckOGK BGB)

Habersack, Mathias / Mülbert, Peter O. / Schlitt, Michael (Hrsg.), Unternehmensfinanzierung am Kapitalmarkt, 4. Auflage, Verlag Dr. Otto Schmidt, Köln 2019 (zit.: *Bearbeiter* in: Habersack/Mülbert/Schlitt)

Hahn, Hugo / Häde, Ulrich, Währungsrecht, 2. Auflage, Verlag C.H. Beck, München 2010 (zit.: *Hahn/Häde*, Währungsrecht)

Hakert, Anja / Kirschbaum, Benjamin, Ether Classic und Bitcoin Cash: Bilanzierung und Besteuerung von Kryptowährungen aus einer Hard Fork, in: DStR 2018, 881 – 886

Hau, Wolfgang / Poseck, Roman (Hrsg.), Beck'scher Online-Kommentar BGB, 57. Edition 1.2.2021, Verlag C. H. Beck, München 2021 (zit.: *Bearbeiter* in: BeckOK BGB)

Heck, Johannes, Funktionsweise und Grundzüge der steuerlichen Behandlung von Blockchain-basierten Kryptowährungen, in: DStZ 2019, 106 – 112

Henssler, Martin / Strohn, Lutz (Hrsg.), Gesellschaftsrecht, 5. Auflage, Verlag C. H. Beck, München 2021 (zit.: *Bearbeiter* in: Henssler/Strohn)

Herkens, Jens, Verkauf von Alltagsgenständen des Privatvermögens, in: EStB 2018, 34 – 38

Herrmann, Carl / Heuer, Gerhard / Raupach, Arndt (Begr.), Einkommensteuer- und Körperschaftsteuergesetz Kommentar, Stand: 302. Ergänzungslieferung Februar 2021, Verlag Dr. Otto Schmidt, Köln (zit.: *Bearbeiter* in: H/H/R)

Heuel, Ingo / Matthey, Isabell, Im Privatvermögen gehaltene Kryptowährungen, in: EStB 2018, 263 – 270

Dies., Im Privatvermögen gehaltene Kryptowährungen (II), in: EStB 2018, 300 – 307

Dies., Steuerliche Behandlung von Kryptowährungen im Privatvermögen, in: NWB 2018, 1037 – 1055

Hinerasky, Ansgar / Kurschildgen, Michael, Künstliche Intelligenz und Blockchain - neue Technologien in der Besteuerungspraxis, in: DB-Beilage 04/ 2016, 35 – 39

Hoeren, Thomas / Sieber, Ulrich / Holznagel, Bernd (Hrsg.), Handbuch Multimedia-Recht, Stand: 54. Ergänzungslieferung Oktober 2020, Verlag C. H. Beck, München (zit.: *Bearbeiter* in: Hoeren/Sieber/Holznagel)

Hornung, Christian / Westermann, Benjamin, Ertragsteuerrechtliche Erfassung von Gewinnen aus Kauf, Verkauf und Tausch von Kryptowährungen, in: DStZ 2018, 302 – 307

Hötzel, David, Virtuelle Währungen im System des deutschen Steuerrechts, Dissertation, Verlag C.H. Beck, München 2018 (zit.: *Hötzel*, Virtuelle Währungen)

Hötzel, David / Krüger, Fabian / Niermann, Marcus / Scherer, Lukas / Lehmann, Daniel, Unternehmensfinanzierung durch Ausgabe von Kryptotoken – Besteuerung in Deutschland und in der Schweiz, ifst-Schriftenreihe Band 533, Berlin/Köln 2020 (zit.: *Hötzel/Krüger/Niermann/Scherer/Lehmann*, ifst-Schrift 533)

Hötzel, David / Schober, Tibor / Wicher, Christoph, Steuerfragen zu Kryptowährungen, in: IWB 2018, 392 - 399

Hütten, Moritz / Thiemann, Matthias, Moneys at the margins - From political experiment to cashless societies, in: Malcom Campbell-Verduyn (Hrsg.), Bitcoin and Beyond, RIPE Series in Global Political Economy, Verlag Routledge, London/New York 2019, S. 25 - 47 (zit.: *Hütten/Thiemann* in: Bitcoin and Beyond)

Ismer, Roland, Glück im Spiel - Pech für die Dogmatik? Zur Einkommensteuerbarkeit von Spielgewinnen, in: FR 2007, 235 - 240

Jauernig, Othmar (Begr.), Bürgerliches Gesetzbuch, 18. Auflage, Verlag C. H. Beck, München 2021 (zit.: *Bearbeiter* in: Jauernig)

Kanders, Thomas / Thonemann-Micker, Susanne / Gräfe, Maren, Geschäfte mit Kryptowährungen - Abgrenzung zwischen Gewerbebetrieb und privater Vermögensverwaltung und weitere Problemstellungen aus Anlegerperspektive, in: ErbStB 2018, 145 - 151

Kaulartz, Markus, Die Blockchain-Technologie - Hintergründe zur Distributed Ledger Technology und zu Blockchains, in: CR 2016, 474 - 480

Kaulartz, Markus / Matzke, Robin, Die Tokenisierung des Rechts, in: NWB 2018, 3278 - 3283

Kilian, Wolfgang / Heussen, Benno (Begr.), Computerrechts-Handbuch, Stand: 35. Ergänzungslieferung Juni 2020, Verlag C.H. Beck, München (zit.: *Bearbeiter* in: Kilian/Heussen)

Kirchhof, Gregor / Kulosa, Egmont / Ratschow, Eckart (Hrsg.), Beck'scher Online-Kommentar EStG, 9. Edition 1.1.2021, Verlag C. H. Beck, München 2021 (zit.: *Bearbeiter* in: BeckOK EStG)

Kirchhof, Paul / Söhn, Hartmut / Mellinghoff, Rudolf (Hrsg.), Einkommensteuergesetz Kommentar, Stand: 312. Ergänzungslieferung März 2021, Verlag C.F. Müller, Heidelberg (zit.: *Bearbeiter* in: K/S/M)

Kirchhof, Paul / Seer, Roman (Hrsg.), Einkommensteuergesetz, 20. Auflage, Verlag Dr. Otto Schmidt, Köln 2021 (zit.: *Bearbeiter* in: Kirchhof/Seer)

Kirchhof, Paul, Bedeutung von Einkommensbegriffen und Einkommenstheorien, in: Klaus-Dieter Drüen / Johanna Hey / Rudolf Mellinghoff (Hrsg.): Festschrift für den Bundesfinanzhof, Band II, Verlag Dr. Otto Schmidt, Köln 2018, S. 1197 - 1228 (zit.: *P. Kirchhof* in: FS BFH II)

Kortendick, Andreas / Rettenmaier, Felix, Besteuerung von Token-Transaktionen im Privatvermögen - Ausgewählte Einzelfragen und Erklärungspflichten, in: FR 2019, 412 - 421

Krauß, Wilfried / Blöchle, Daniel, Einkommensteuerliche Behandlung von direkten und indirekten Investments in Kryptowährungen, in: DStR 2018, 1210 – 1215

Krey, Sylvia, Besteuerung sonstiger Leistungen - Eine Untersuchung unter besonderer Berücksichtigung der Einkommensteuerpflicht von privaten Spielgewinnen, Dissertation, Verlag LIT, Münster 2011 (zit.: *Krey*, Besteuerung sonstiger Leistungen)

Krüger, Fabian, Kryptowährungen: Gewinne aus Token-Verkäufen als Einkünfte aus privaten Veräußerungsgeschäften, in: BB 2018, 1887 – 1893

Krüger, Fabian / Lampert, Michael, Augen auf bei der Token-Wahl - privatrechtliche und steuerliche Herausforderungen im Rahmen eines Initial Coin Offering, in: BB 2018, 1154 – 1160

Kuhlmann, Nico, Bitcoins – Funktionsweise und rechtliche Einordnung der digitalen Währung, in: CR 2014, 691 – 696

Kütük-Markendorf, Merih Erdem, Rechtliche Einordnung von Internetwährungen im deutschen Rechtssystem am Beispiel von Bitcoin, Dissertation, Verlag Peter Lang, Frankfurt am Main 2016 (zit.: *Kütük-Markendorf*, Internetwährungen)

Lang, Joachim, Die Bemessungsgrundlage der Einkommensteuer, Habilitation, Verlag Dr. Otto Schmidt, Köln 1988 (zit.: *Lang*, Bemessungsgrundlage)

Lerch, Marcus, Bitcoin als Evolution des Geldes: Herausforderungen, Risiken und Regulierungsfragen, in: ZBB 2015, 190 – 204

Liegmann, Bastian / Farruggia-Weber, Francesco, Stablecoins – Zur steuerlichen Behandlung von "tokenisierten Fiat-Währungen" – Teil I: Besteuerung der privaten Einkünfte, in: BB 2019, 2455 – 2461

Dies., Stablecoins – Zur steuerlichen Behandlung von "tokenisierten Fiat-Währungen" – Teil II: Gewerblicher Handel mit Stablecoins, in: BB 2019, 2524 – 2530

Lohmar, Oliver / Jeuckens, Julien, Besteuerung von Kryptowährungen im Privatvermögen: Bestandsaufnahme und Ausblick, in: FR 2019, 110 – 119

Lutzenberger, Helena, Die Besteuerung von Bitcoin und sonstigen Blockchain-Währungen, in: GmbHR 2018, 794 – 799

Dies., Initial Coin Offerings, in: GmbHR 2018, R231 – R232

Maume, Philipp / Maute, Lena / Fromberger, Mathias (Hrsg.), Rechtshandbuch Kryptowerte, Verlag C. H. Beck, München 2020 (zit.: *Bearbeiter* in: Handbuch Kryptowerte)

Moritz, Joachim / Strohm, Joachim, Besteuerung von Investitionen in virtuelle Währungen bei privaten Kapitalanlegern, in: DB 2018, 3012 – 3019

Möslein, Florian / Omlor, Sebastian, FinTech-Handbuch, Verlag C. H. Beck, München 2019 (zit.: *Bearbeiter* in: FinTech-Handbuch)

Müller, Robert, Eine KI- und Blockchain-Plattformökonomie für das Steuerrecht, in: StB 2020, Heft 11 S. I

Nakamoto, Satoshi, Bitcoin: A Peer-to-Peer Electronic Cash System, 2008, abrufbar unter https://bitcoin.org/bitcoin.pdf

Narayanan, Arvind / Bonneau, Joseph / Felten, Edward / Miller, Andrew / Goldfeder, Steven, Bitcoin and Cryptocurrency Technologies – A comprehensive Introduction, Verlag Princeton University Press, Princeton/USA 2016 (zit.: *Narayanan et al.*, Bitcoin and Cryptocurrency Technologies)

Niedling, Dirk / Merkel, Florian, Initial Coin Offerings (ICO) – Steuerliche Rahmenbedingungen einer neuen Finanzierungsform, in: RdF 2018, 141 – 149

Omlor, Sebastian, Geld und Währung als Digitalisate, in: JZ 2017, 754 – 763

Ders., Kryptowährungen im Geldrecht, in: ZHR 2019, 294 – 345

Paulus, David / Matzke, Robin, Smart Contracts und das BGB – Viel Lärm um nichts?, in: ZfPW 2018, 431 – 465

Penner, Silke, Virtuelle Wirtschaftsgüter – ein Ansatz zur einkommensteuerlichen Erfassung von Einkünften aus virtuellen Welten, Dissertation, Verlag Dr. Kovac, Hamburg 2018 (zit.: *Penner*, Virtuelle Wirtschaftsgüter)

Pesch, Paulina Jo, Cryptocoin-Schulden – Haftung und Risikoverteilung bei der Verschaffung von Bitcoins und Alt-Coins, Dissertation, Verlag C.H. Beck, München 2017 (zit.: *Pesch*, Cryptocoin-Schulden)

Pesch, Paulina Jo / Böhme, Rainer, Datenschutz trotz öffentlicher Blockchain?, in: DuD 2017, 93 – 98

Pielke, Walther, Besteuerung digitaler Währungen – Steuerliche Aspekte von Bitcoin und anderen blockchainbasierten Zahlungsmitteln, in: IWB 2018, 234 – 239

Ders., Besteuerung von Kryptowährungen, Verlag Springer Gabler, Wiesbaden 2018

Ders., Die Besteuerung von Kryptowährungen, AD 2020, 194 – 198

Pinkernell, Reimar, Ertrag- und umsatzsteuerliche Behandlung von Bitcoin-Transaktionen, in: Ubg 2015, 19 – 27

Pohlmann, Norbert, Cyber-Sicherheit – Das Lehrbuch für Konzepte, Prinzipien, Mechanismen, Architekturen und Eigenschaften von Cyber-Sicherheitssystemen in der Digitalisierung, 1. Auflage, Verlag Springer Vieweg, Wiesbaden 2019 (zit.: *Pohlmann*, Cyber-Sicherheit)

Prinz, Ulrich / Kahle, Holger (Hrsg.), Beck'sches Handbuch der Personengesellschaften, 5. Auflage, Verlag C. H. Beck, München 2020 (zit.: *Bearbeiter* in: Prinz/Kahle)

Reinhart, Stephanie, Die Besteuerung privater Veräußerungsgewinne, Dissertation, Verlag C. H. Beck, München 2005 (zit.: *Reinhart*, Private Veräußerungsgewinne)

Reiter, Christian / Massoner, Christian, Privatinvestments in Kryptowährungen – Update zur internationalen Besteuerung in Deutschland und Österreich, in: ISR 2018, 424 – 430

Reiter, Christian / Nolte, Dirk, Bitcoin und Krypto-Assets - ein Überblick zur steuerlichen Behandlung beim Privatanleger und im Unternehmen, in: BB 2018, 1179 – 1185

Richter, Lutz / Augel, Christian, Geld 2.0 (auch) als Herausforderung für das Steuerrecht - Die bilanzielle und ertragsteuerliche Behandlung von virtuellen Währungen anhand des Bitcoins, in: FR 2017, 937 – 949

Dies., Die Spaltung des Bitcoins: Entstehung steuerfreier Veräußerungsgewinne?, in: FR 2017, 1131 – 1133

Dies., Zur Besteuerung abgespaltener Bitcoin Cash – Erwiderung auf den Beitrag von Siegel, FR 2018, 306, in: FR 2018, 308 – 309

Ritzrow, Manfred, An- und Verkauf von Wertpapieren: Private Vermögensverwaltung?, in: EStB 2011, 187 – 191

Rodin, Andreas / Veith, Amos / Bärenz, Uwe, Einkommensteuerliche Behandlung von Venture Capital und Private Equity Fonds – Abgrenzung der privaten Vermögensverwaltung vom Gewerbebetrieb, in: DB 2004, 103 – 110

Rosenberger, Patrick, Bitcoin und Blockchain - Vom Scheitern einer Ideologie und dem Erfolg einer revolutionären Technik, Verlag Springer Vieweg, Berlin 2018 (zit.: *Rosenberger*, Bitcoin und Blockchain)

Säcker, Franz Jürgen / Rixecker, Roland / Oetker, Hartmut / Limperg, Bettina (Hrsg.), Münchener Kommentar zum Bürgerlichen Gesetzbuch, Band 1 - Allgemeiner Teil, 8. Auflage, Verlag C. H. Beck, München 2018 (zit.: *Bearbeiter* in: MüKo BGB^{1})

Dies., Münchener Kommentar zum Bürgerlichen Gesetzbuch, Band 3 - Schuldrecht – Allgemeiner Teil II, 8. Auflage, Verlag C. H. Beck, München 2019 (zit.: *Bearbeiter* in: MüKo BGB^{3})

Dies., Münchener Kommentar zum Bürgerlichen Gesetzbuch, Band 5 - Schuldrecht – Besonderer Teil II, 8. Auflage, Verlag C. H. Beck, München 2020 (zit.: *Bearbeiter* in: MüKo BGB^{5})

Dies., Münchener Kommentar zum Bürgerlichen Gesetzbuch, Band 6 - Schuldrecht – Besonderer Teil III, 8. Auflage, Verlag C. H. Beck, München 2020 (zit.: *Bearbeiter* in: MüKo BGB[6])

Dies., Münchener Kommentar zum Bürgerlichen Gesetzbuch, Band 7 - Schuldrecht – Besonderer Teil IV, 8. Auflage, Verlag C. H. Beck, München 2020 (zit.: *Bearbeiter* in: MüKo BGB[7])

Salzmann, Stephan, Noch Klärungsbedarf zu den Altfällen beim Goldhandel? Zugleich Stellungnahme zu den BFH-Urteilen v. 19.1.2017 – IV R 10/14 und IV R 50/14, in: DStR 2017, 978 – 979

Schimansky, Herbert / Bunte, Hermann-Josef / Lwowski, Hans-Jürgen (Hrsg.), Bankrechts-Handbuch, 5. Auflage, Verlag C. H. Beck, München 2017 (zit.: *Bearbeiter* in: Schimansky/Bunte/Lwowski)

Schlund, Albert / Pongratz, Hans, Distributed Ledger Technologie und Kryptowährungen - eine rechtliche Betrachtung, in: DStR 2018, 598 – 604

Schmidt, Ludwig (Begr.), Einkommensteuergesetz, 40. Auflage, Verlag C. H. Beck, München 2021 (zit.: *Bearbeiter* in: Schmidt)

Schmidt-Liebig, Axel, Einkommensteuerbarkeit und Einkunftsqualifikation von Spiel- und ähnlichen Gewinnen – Anmerkungen zum Urteil des BFH v. 11.11.1993 XI R 48/91, in: StuW 1995, 163 – 172

Schoor, Hans Walter, Vermeidung von Spekulationsgewinnen, in: INF 1998, 174 – 179

Schrey, Joachim / Thalhofer, Thomas, Rechtliche Aspekte der Blockchain, in: NJW 2017, 1431 – 1436

Schroen, Oliver Christian, Sind „Bitcoin und Co." Wirtschaftsgüter gemäß der gefestigten BFH-Rechtsprechung?, in: DStR 2019, 1369 – 1375

Siegel, Theodor, Bitcoins: Zur Besteuerung von erfüllten Hoffnungen, in: FR 2018, 306 – 307

Sixt, Elfriede, Bitcoins und andere dezentrale Transaktionssysteme, Verlag Springer Gabler, Wiesbaden 2017 (zit.: *Sixt,* Bitcoins)

Spindler, Gerald / Bille, Martin, Rechtsprobleme von Bitcoins als virtuelle Währung, in: WM 2014, 1357 – 1369

Theisen, Manuel R. / Raßhofer, Martin, Die Erzielung nichtsteuerbarer Einnahmen – systematisiert am Beispiel von Preis- und Fördergeldern, in: Rudolf Mellinghoff / Wolfgang Schön / Hermann-Ulrich Viskorf (Hrsg.), Steuerrecht im Rechtsstaat, Festschrift für Wolfgang Spindler zum 65. Geburtstag, Verlag Dr. Otto Schmidt, Köln 2011, S. 819 – 832 (zit.: *Theisen/Raßhofer* in: FS Spindler)

Tipke, Klaus / Kruse, Heinrich Wilhelm (Begr.), Kommentar zur AO und FGO inkl. Steuerstrafrecht, Stand: 164. Ergänzungslieferung Februar 2021, Verlag Dr. Otto Schmidt, Köln(zit.: *Bearbeiter* in: T/K)

Tipke, Klaus / Lang, Joachim (Begr.), Steuerrecht, 24. Auflage, Verlag Dr. Otto Schmidt, Köln 2020 (zit.: *Bearbeiter* in: T/L)

Tipke, Klaus, Die Steuerrechtsordnung – Band I, 2. Auflage, Verlag Dr. Otto Schmidt, Köln 2000 (zit.: *Tipke*, StRO I)

Ders., Die Steuerrechtsordnung – Band II, 2. Auflage, Verlag Dr. Otto Schmidt, Köln 2003 (zit.: *Tipke*, StRO II)

Trinks, Beate / Trinks, Matthias, Besteuerung von Bitcoin und anderen Kryptowährungen, in: NWB-Beilage 1/2018, 21 – 24

Varro, Daniel, Bitcoin-Mining: nicht steuerbares Glücksspiel?, in: taxlex 2017, 399 – 403

Walter, Andreas, Bitcoin, Libra und sonstige Kryptowährungen aus zivilrechtlicher Sicht, in: NJW 2019, 3609 – 3614

Wank, Rolf, Juristische Methodenlehre, Verlag Franz Vahlen, München 2019 (zit.: *Wank*, Methodenlehre)

Wätjen, Dietmar, Kryptographie - Grundlagen, Algorithmen, Protokolle, 3. Auflage, Verlag Springer Vieweg, Wiesbaden 2018 (zit.: *Wätjen*, Kryptographie)

Weißbrodt, Jan / Michalke, Dirk, Die sonstige Kapitalforderung i. S. von § 20 Abs. 1 Nr. 7 EStG, in: DStR 2012, 1533 – 1537

Werneburg, Martin, Steuerliche Behandlung von Erträgen aus Security Token, in: BB 2019, 2844 – 2850

Wichmann, Gerd, Anschaffung und Herstellung als Vorgänge im Wirtschaftsleben – und deren steuerrechtliche Beurteilung, in: DStR 1984, 547 – 556

Wighardt, Nils Christian / Krekeler, Jan, Die Besteuerung blockchainbasierter Vermögenswerte, in: StB 2019, 16 – 22

Zhang, Wenbin / Huang, Sheng, A Privacy-Preserving Voting Protocol on Blockchain, in: 2018 IEEE 11th International Conference on Cloud Computing (CLOUD 2018), herausgegeben v. Institute of Electrical and Electronics Engineers (IEEE), San Francisco/USA 2018, S. 401 – 408 (zit.: *Zhang/Huang*, A Privacy-Preserving Protocol on Blockchain)

Zimmermann, Reimar / Hottmann, Jürgen / Kiebele, Sabrina / Schaeberle, Jürgen / Scheel, Thomas / Schustek, Heribert / Szczesny, Michael (Hrsg.), Die Personengesellschaft im Steuerrecht, 12. Auflage, Verlag Erich Fleischer, Achim 2017 (zit.: *Bearbeiter* in:Die Personengesellschaft im Steuerrecht)

Zöllner, Lukas, Kryptowerte vs. Virtuelle Währungen - Die überschießende Umsetzung der Fünften EU-Geldwäscherichtlinie, in: BKR 2020, 117 – 125

www.ingramcontent.com/pod-product-compliance
Ingram Content Group UK Ltd.
Pitfield, Milton Keynes, MK11 3LW, UK
UKHW021815051026
8980IPUK00042B/225